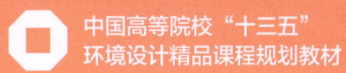

孟莎　任远　李笑寒　主编

Engineering Drawing
工程制图

中国青年出版社

图书在版编目（CIP）数据

工程制图 / 孟莎，任远，李笑寒主编. —北京：中国青年出版社，2016.8（2022.8重印）
中国高等院校"十三五"环境设计精品课程规划教材
ISBN 978-7-5153-4425-6

I.①工… II.①孟… ②任… ③李… III.①工程制图—高等学校—教材 IV.①TB23

中国版本图书馆CIP数据核字（2016）第189089号

律师声明

北京默合律师事务所代表中国青年出版社郑重声明：本书由著作权人授权中国青年出版社独家出版发行。未经版权所有人和中国青年出版社书面许可，任何组织机构、个人不得以任何形式擅自复制、改编或传播本书全部或部分内容。凡有侵权行为，必须承担法律责任。中国青年出版社将配合版权执法机关大力打击盗印、盗版等任何形式的侵权行为。敬请广大读者协助举报，对经查实的侵权案件给予举报人重奖。

侵权举报电话

全国"扫黄打非"工作小组办公室　　中国青年出版社
010-65233456　65212870　　　　　010-59231565
http://www.shdf.gov.cn　　　　　　E-mail: editor@cypmedia.com

工程制图
中国高等院校"十三五"环境设计精品课程规划教材

主　　编：孟莎　任远　李笑寒
企　　划：北京中青雄狮数码传媒科技有限公司
责任编辑：张军
助理编辑：张君娜　杨佩云
书籍设计：吴艳蜂
出版发行：中国青年出版社
社　　址：北京市东城区东四十二条21号
网　　址：www.cyp.com.cn
电　　话：（010）59231565
传　　真：（010）59231381
印　　刷：北京永诚印刷有限公司
规　　格：787×1092　1/16
印　　张：8
字　　数：106千字
版　　次：2016年8月北京第1版
印　　次：2022年8月第3次印刷
书　　号：978-7-5153-4425-6
定　　价：49.80元

如有印装质量问题，请与本社联系调换
电话：（010）59231565
读者来信：reader@cypmedia.com
投稿邮箱：author@cypmedia.com
如有其他问题请访问我们的网站：http://www.cypmedia.com

前言

室内设计工程制图被喻为"工程技术界的语言",是表达设计意图和交流技术思想的重要媒介。在培养学生制图技能和空间想象力的同时,更能培养学生严谨的设计理念和工作态度。

本书专门针对本科类、专科类院校环境设计专业的学生而编写,全书由制图的基本知识、投影的基本原理、工程图纸的识读、工程图纸的作图方法等几个方面组成。本教材的目的是体现制图必备的知识理论,并与实践工程相结合。

本书不同于其他教材之处:
(1)本书以培养人才为出发点,注重理论与实践的紧密结合;
(2)注重实践教学环节,采用工程实践课题的形式,以实践为主线,以理论为辅线的课题设计,提高学生解决实际问题的能力。

一、工程制图的历史

根据历史记载,我国很早就使用了较好的作图方法,如在《周髀算经》中就有商高用直角三角形边长为3∶4∶5的比例作直角的记载。在春秋战国时的著作中,也曾提及绘图与施工划线工具的应用,如在墨子的著述中就有"为方以矩,为圆以规,直以绳,衡以水,正以县"。其中,矩是直角尺,规是圆规,绳是木工用于绘制直线的墨绳,水是用水面来衡量是否水平的工具,垂是用绳悬挂重锤来校正铅垂方向的工具。

二、工程制图的重要性

工程制图几乎是所有艺术设计院校中都需要进修的课程,环境设计、室内设计、工业设计、家具设计、包装设计、广告设计等都是依据图纸来制作和实施。因为上述设计的造型、尺寸和做法,都不是纯绘画或语言文字所能描述清楚的,这必须借助一系列的制图。如在房屋建筑工程中,当进行初步设计时,要用到能简明地反映房屋建筑功能、特色的方案设计图;当进行施工设计时,要用到能详细地表达房屋建筑的平面布局、立面外形、内部空间结构等的建筑平面图、立面图、剖面图,以及必要的结构施工图、设备施工图等。随着技术、工艺、材料和人们认识的发展变化,人们对所生活的环境空间的要求也越来越高。过去,根据客户的需要，通常只需要在有关的平面图、立面图和剖面图中加注文字说明或加绘一些局部详图就可以了。现在，因客户和设计师对布局、装饰和质量等有不同的艺术品位和要求，再加之新技术、新材料和新工艺的快速发展应用，之前的"附带说明"已不能达到设计表达的目的，于是工程制图更加凸显其重要性。所以，学好工程制图的基本知识和理论是非常重要的。

三、工程制图的教学培养目标

（一）培养学生的空间想象能力

工程制图在表达初步设计、创意构思，以及便于交流的同时，还可以提高学生的空间想象能力，即从二维平面图样到三维立体形态的想象。这是一种重要的空间训练，因为今后进行艺术设计创作，需要经常不断地将头脑中想象的画面落实到图面上，或根据图面制成立体形态。从感性到理性，从技术到艺术，这是从二维思维到三维思维，又是从三维思维到二维思维的过渡。设计的过程是一个需要反复的渐进过程，每一个环境空间的设计与塑造都经历了这样一个反复与蜕变的过程。我们需要借工程制图这一课程训练掌握这种思维方式和绘画技巧。

（二）培养学生自学的能力

我们的设计教学理论必须和设计实践相结合才能学以致用。随着科技的发展，材料的更新速度也是不容忽视的。在教学实践中，我们可以借助工程制图的详图和结构图，让学生将自己的设计材料充分与市场接轨，掌控材料市场的更新变化。如我们在布置作业时，可以限定其某一部分材料且只能用近半年市场和设计界最流行的材料类型，目的是激励学生自学积淀，从而养成自学习惯，提高自学能力，这是工程制图培养的又一目标。

（三）培养学生严谨的设计和工作态度

设计的构思阶段是大胆的，设计的表现阶段是细腻的，二者的区别不容混淆和忽视。这是一个优秀设计师内在素养的体现。整套设计方案的尺寸稍有纰漏，很容易造成工程事故。设计的效果，除了施工工艺外，考究的就是设计结构。很多独特或是独树一帜的设计都需要设计师一丝不苟的专业精神。

工程制图就像是一座桥，它将构思理念与图样交替编织、完美结合，以独特的形式向我们展示一个又一个独特而清晰的工程图样形象。

目录

第1章
制图的基础知识和标准规定

1.1 制图工具　2
- 1.1.1 铅笔　2
- 1.1.2 图板　2
- 1.1.3 丁字尺　2
- 1.1.4 三角板　2
- 1.1.5 比例尺　3
- 1.1.6 模板　3
- 1.1.7 擦图片　3
- 1.1.8 曲线板和蛇形尺　4
- 1.1.9 一字尺　4
- 1.1.10 圆规和分规　4
- 1.1.11 针管笔　5
- 1.1.12 鸭嘴笔　5

1.2 制图的有关标准规定　6
- 1.2.1 图纸幅面　6
- 1.2.2 标题栏与会签栏　7
- 1.2.3 比例　7
- 1.2.4 字体　8
- 1.2.5 图线　9
- 1.2.6 尺寸标注　11

1.3 几何作图　14
- 1.3.1 直线　14
- 1.3.2 正多边形画法　14
- 1.3.3 求已知圆弧的圆心　15
- 1.3.4 黄金比矩形　15
- 1.3.5 椭圆画法　15
- 1.3.6 两相交直线的连接　16
- 1.3.7 直线与圆弧的连接　16
- 1.3.8 圆弧与圆弧的连接　16

第2章
投影的基本知识

2.1 投影的概念和分类　18
- 2.1.1 投影的概念　18
- 2.1.2 投影的分类　18

2.2 投影的基本特征　18
- 2.2.1 投影的一般性质　18
- 2.2.2 平行投影的特殊性质　19

2.3 三视图的形成及投影关系　19
- 2.3.1 三视图的形成　19
- 2.3.2 三视图与空间方位的关系　20
- 2.3.3 三视图间的尺寸关系　21
- 2.3.4 三视图的绘制　21
- 2.3.5 三视图实例　21

第3章
点、直线和平面的三面投影

3.1 点的投影　23
- 3.1.1 点的投影规律　23
- 3.1.2 判断两点在空间的相对位置　23

3.2 直线的投影　23

- 3.2.1 投影面平行线　24
- 3.2.2 投影面垂直线　24
- 3.2.3 一般位置直线　24
- 3.2.4 直线与点的相对位置　25
- 3.2.5 两直线的相对位置　26

3.3 平面的投影　27

- 3.3.1 平面的表示方法　27
- 3.3.2 投影面垂直面　27
- 3.3.3 投影面平行面　27
- 3.3.4 一般位置平面　27

第4章 基本形体的投影

4.1 平面体的投影　31

- 4.1.1 棱柱体的三视图　31
- 4.1.2 棱锥体的三视图　32
- 4.1.3 常见平面体的三视图　32

4.2 曲面体的投影　33

- 4.2.1 圆柱　33
- 4.2.2 圆锥　34
- 4.2.3 圆球　35

4.3 组合体的投影　35

- 4.3.1 组合体的投影分析方法　35
- 4.3.2 组合体的类型　36
- 4.3.3 组合体三视图的画法　36

4.4 投影图的尺寸标注　37

- 4.4.1 尺寸标注的要求　37
- 4.4.2 基本形体的尺寸标注　37
- 4.4.3 尺寸的种类　38
- 4.4.4 尺寸标注的原则　38

第5章 轴测图

5.1 轴测投影的基本知识　40

- 5.1.1 轴测投影的形成　40
- 5.1.2 轴测轴、轴间角、轴向伸缩系数　40
- 5.1.3 轴测图的种类　40
- 5.1.4 轴测图的基本性质　40

5.2 轴测图的分类与画法　41

- 5.2.1 正等轴测图的轴间角、轴向伸缩系数　41
- 5.2.2 正二等轴测图的轴间角、轴向伸缩系数　41
- 5.2.3 斜二等轴测图的轴间角、轴向伸缩系数　42
- 5.2.4 水平斜轴测图的轴间角、轴向伸缩系数　42
- 5.2.5 轴测图的画法　42

5.3 轴测图的选择　43

- 5.3.1 各种轴测图的特点及应用　43
- 5.3.2 轴测投影类型选择时应注意的问题　43

第6章 工程图样的规定画法

6.1 视图　45
- 6.1.1 基本视图　45
- 6.1.2 斜视图　45
- 6.1.3 局部视图　46
- 6.1.4 展开视图　46
- 6.1.5 镜像视图　46

6.2 剖面图　46
- 6.2.1 剖面图的形成　46
- 6.2.2 剖面图的画法　46
- 6.2.3 剖面图的种类　48
- 6.2.4 剖面图图例　49

6.3 断面图　50
- 6.3.1 断面图的概念　50
- 6.3.2 断面图的种类及画法　50
- 6.3.3 断面图例　51

6.4 简化画法　53
- 6.4.1 投影简化　53
- 6.4.2 对称结构的画法　53
- 6.4.3 剖面图图例　53
- 6.4.4 较长构件的画法　54
- 6.4.5 构件的分部画法　54

第7章 建筑施工图

7.1 建筑施工图概述　56
- 7.1.1 房屋的组成及作用　56
- 7.1.2 施工图的产生及分类　56
- 7.1.3 施工图的图示特点　56
- 7.1.4 读施工图的步骤　56

7.2 房屋建筑制图的有关标准规定　57
- 7.2.1 比例　57
- 7.2.2 图线　57
- 7.2.3 定位轴线　57
- 7.2.4 标高　58
- 7.2.5 索引符号与详图符号　60
- 7.2.6 引出线　60
- 7.2.7 指北针和风玫瑰图　60
- 7.2.8 建筑构造及配件图例　61

7.3 建筑总平面图　67
- 7.3.1 建筑总平面图的形成及作用　67
- 7.3.2 建筑总平面图的读图　67

7.4 建筑平面图　67
- 7.4.1 建筑平面图的形成及作用　68
- 7.4.2 建筑平面图的种类　68
- 7.4.3 建筑平面图的图示内容及画法要求　70
- 7.4.4 建筑平面图的画图步骤　71

7.5 建筑立面图　73
- 7.5.1 建筑立面图的形成及作用　73
- 7.5.2 建筑立面图的命名　74

7.5.3 建筑立面图的图示内容及画法要求	74
7.5.4 建筑立面图的画图步骤	74

7.6 建筑剖面图　75
7.6.1 建筑剖面图的形成及作用	75
7.6.2 建筑剖面图的图示内容及画法要求	75
7.6.3 建筑剖面图的画图步骤	76

7.7 建筑详图　76
7.7.1 建筑详图的形成及作用	76
7.7.2 建筑详图的特点	76
7.7.3 建筑详图的分类和内容	77

第8章 室内装饰施工图

8.1 概述　79
8.2 室内平面图　79
8.2.1 室内平面图的形成	79
8.2.2 室内平面图表达内容	79
8.2.3 室内平面图的表达方法及要求	80
8.2.4 室内平面图的作图步骤	80

8.3 室内顶棚平面图　82
8.3.1 室内顶棚平面图的形成	82
8.3.2 室内顶棚平面图的表达内容	82
8.3.3 室内顶棚平面图的表达方法及要求	82
8.3.4 室内顶棚平面图的作图步骤	83

8.4 室内立面图　84
8.4.1 室内立面图的表达内容	84
8.4.2 室内立面图的表达方法及要求	87
8.4.3 室内立面图的作图步骤	87

8.5 室内详图　89
8.5.1 室内详图的表达内容	89
8.5.2 室内详图的表达方法及要求	89

8.6 室内施工图中的常用图例　90

第9章 综合实训范例

9.1 居住空间设计施工图　95
9.1.1 目录及工程概况部分	95
9.1.2 平面图部分	95
9.1.3 立面图部分	103

9.2 餐厅设计施工图　107
9.2.1 目录及工程概况部分	107
9.2.2 平面图部分	107
9.2.3 立面图部分	112

9.3 办公空间设计施工图　114

第1章 制图的基础知识和标准规定

课题概述

图纸是设计师表达设计理念的基本语言,制图是学习设计的基础,也是同行交流的载体以及施工的重要依据。在绘制工程图样时,必须掌握正确使用绘图工具的方法,熟知常用几何图形的画法,了解国家标准的相关规定。

本章主要讲解制图的基本知识、常用绘图工具的用途及用法、制图标准,平面图形的画法。

教学目标

正确掌握铅笔、图板、丁字尺、三角板、比例尺、模板、擦图片、曲线板和蛇形尺、一字尺、圆规和分规、针管笔、鸭嘴笔等制图工具的特性与使用方法,掌握国家制图标准的有关规定以及常用几何图形的画法。

章节重点

熟练掌握国家制图标准的有关规定,并运用在室内设计制图中。

1.1 制图工具

标准规范的工程图样通常是用制图工具和仪器绘制的，正确使用制图工具和仪器是保证图样质量和提高绘图速度的基础。在绘制图纸之前，我们必须了解所需的制图工具和这些工具的正确使用方法。下面简要介绍常用的制图工具，如铅笔、图板、丁字尺、三角板、比例尺、模板、擦图片、曲线板和蛇形尺、一字尺、圆规和分规、针管笔、鸭嘴笔等。

1.1.1 铅笔

绘图所用的铅笔大多是用石墨做成的笔芯。铅笔的分类正是按照笔芯中石墨的分量来划分的，一般划分为H、HB、B三大类。H是Hardness（硬）的缩写，B是Black（黑）的缩写。铅笔标号前面的数字越大，表示铅笔的铅芯越黑或越硬，按照笔芯的硬度从软到硬分别为8B、6B、5B、4B、3B、2B、B、HB、H、2H、3H、4H、5H、6H、8H、9H、10H。

使用铅笔时，应注意：当削铅笔时，保留型号，削成锥形或铲形，铅芯露出6mm~8mm，其余25mm~30mm。如图1-1-1所示。

1.1.2 图板

图板是铺放图纸用的，要求板面平整光滑，工作边平直。当绘图时，图纸用胶带固定在图板左上方。如图1-1-2所示。

1.1.3 丁字尺

丁字尺又称T形尺，为一端有横档的"丁"字形直尺，由互相垂直的尺头和尺身构成。丁字尺是画水平线和配合三角板作图的工具，一般可直接用于画平行线或用作三角板的支撑物来画与直尺成各种角度的直线。丁字尺多用木料或塑料制成，一般有45cm、60cm、90cm、120cm四种规格。如图1-1-3所示。

1.1.4 三角板

一副三角板一般有两块，即一块两个锐角均为45°的等腰直角三角形，以及一块两个锐角分别为30°和60°的直角三角形。另外还有一种可调角度的三角板。常见的三角板的使用方法有以下几种。

①三角板和丁字尺配合使用，可画出垂直线。当画垂直线时，画线须自上而下，三角尺必须紧靠丁字尺尺身。如图1-1-4所示。

②利用两种角度的三角板组合，可画出各种15°角倍数的倾斜直线。如图1-1-5所示。

③两块三角板配合也可画出各种角度的平行线及垂直线，如图1-1-6所示。单块三角板不能独立用来绘制平行线组。

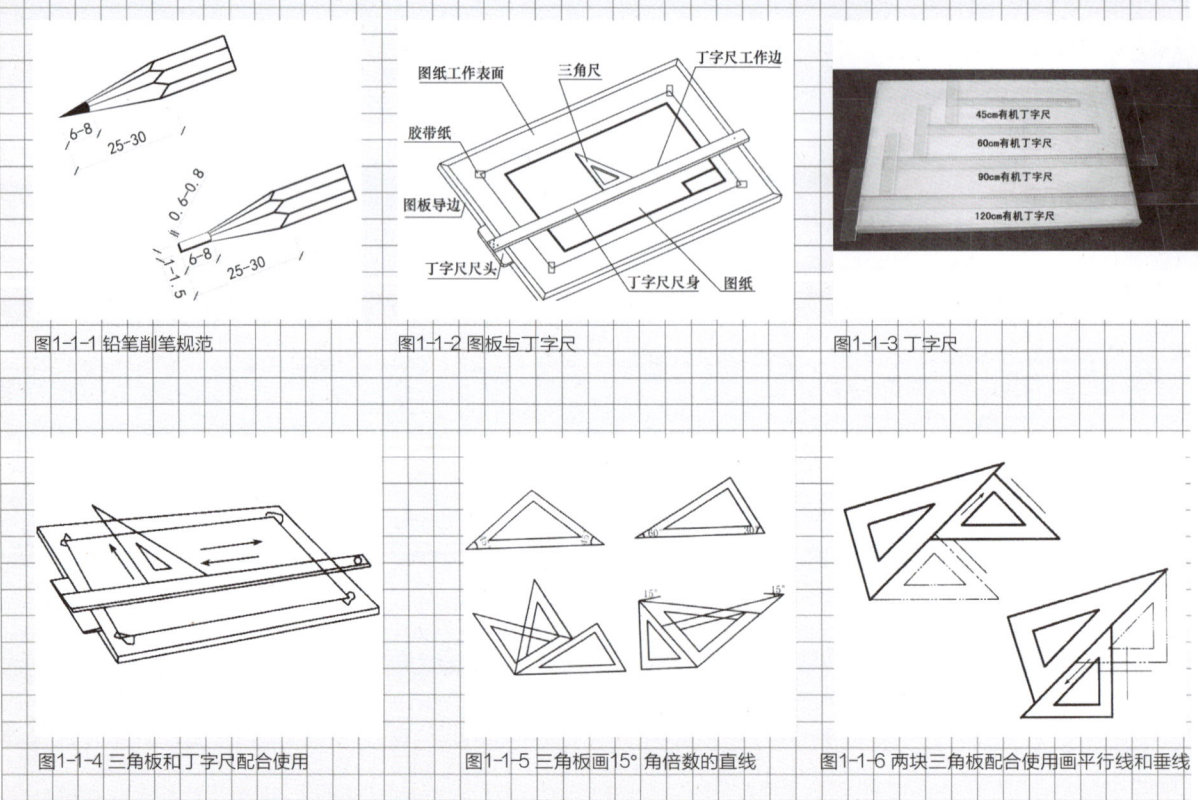

图1-1-1 铅笔削笔规范

图1-1-2 图板与丁字尺

图1-1-3 丁字尺

图1-1-4 三角板和丁字尺配合使用

图1-1-5 三角板画15°角倍数的直线

图1-1-6 两块三角板配合使用画平行线和垂线

1.1.5 比例尺

比例尺通常有平行和三角形两种,三角形比例尺又称三棱尺。常见的比例尺有百分比例和千分比例两种,如图1-1-7所示。

百分比例的比例尺身上每边有1/100、1/200、1/300、1/400、1/500、1/600这6种刻度。千分比例的比例尺身上的刻度为1/500、1/1000、1/1250、1/1500、1/2000、1/2500。

利用比例尺作图,无须进行比例换算,可大大提高作图速度和精度。使用时,首先要学会读识尺面上不同比例刻度所代表的数值。如图1-1-8所示。

1.1.6 模板

为了提高制图的质量和速度,可以把制图时常用的一些图形、符号、比例等刻在一块有机玻璃上,作为模板使用。模板的种类非常多,通常有专业型模板和通用型模板。常见的专业型模板有家居制图模板、厨卫制图模板等。这些专业型模板以一定的比例刻制不同类型家居或厨卫设备的平面图、立面图、剖面形式及尺寸。通用型模板中则有圆模板、椭圆模板、方模板、三角模板等不同尺寸、角度和几何形状的模板。如图1-1-9、图1-1-10所示。

作图时,应根据不同的需求选择相应合适的模板。当用模板作直线时,笔尖可稍向运笔方向倾斜;当作圆或椭圆形时,笔尖应尽量与直面垂直,且紧贴模板;当用模板画墨线图时,应避免墨水渗到模板下使图纸污损。

1.1.7 擦图片

擦图片主要用于擦去画错的线条,可避免擦去临近有用的图线。如图1-1-11所示。

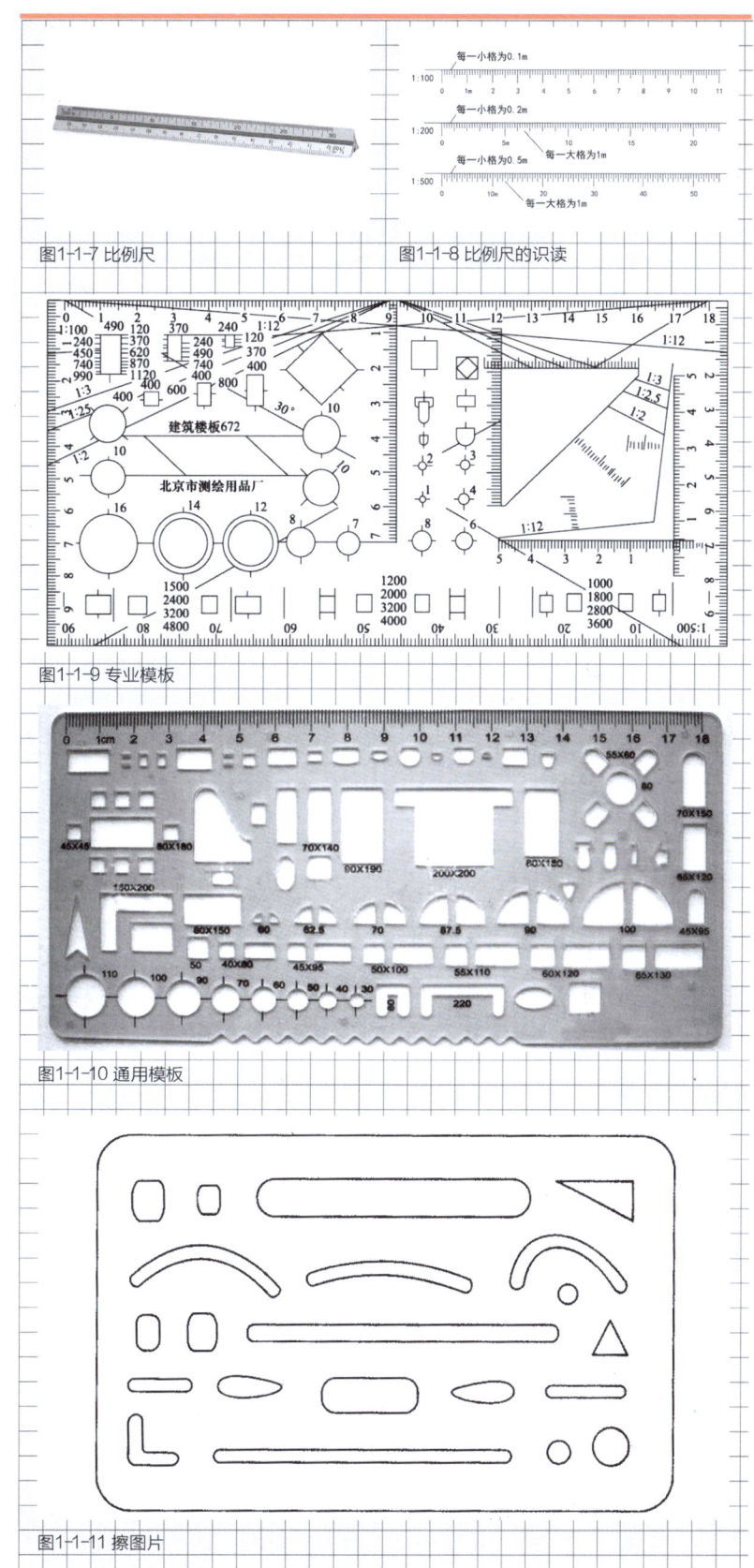

图1-1-7 比例尺

图1-1-8 比例尺的识读

图1-1-9 专业模板

图1-1-10 通用模板

图1-1-11 擦图片

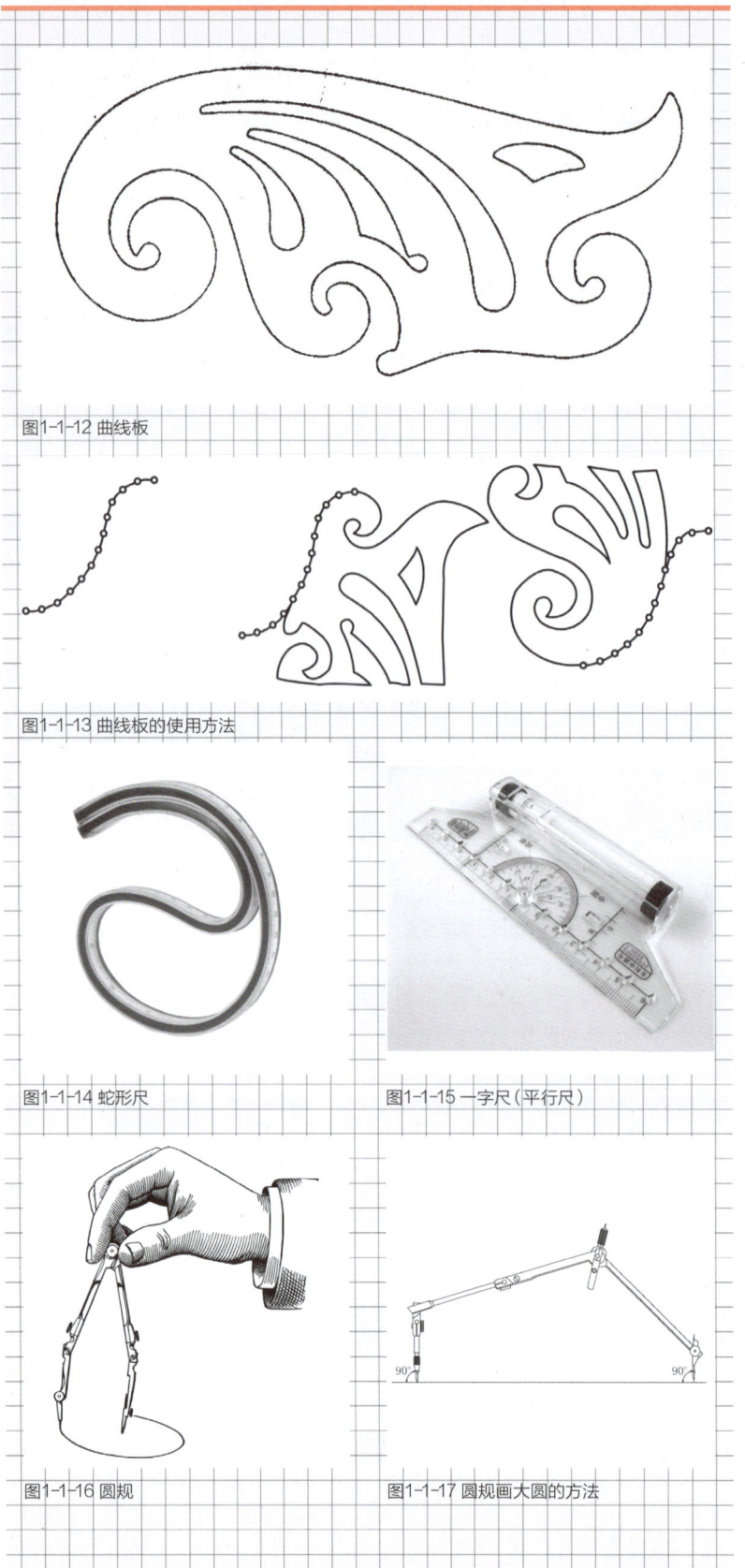

图1-1-12 曲线板

图1-1-13 曲线板的使用方法

图1-1-14 蛇形尺

图1-1-15 一字尺（平行尺）

图1-1-16 圆规

图1-1-17 圆规画大圆的方法

1.1.8 曲线板和蛇形尺

(1) 曲线板

曲线板主要用来绘制难以用圆规画出的曲线（通称非圆曲线），其轮廓线由多段不同曲率半径的曲线组成。如图1-1-12所示。

曲线板的使用方法如图1-1-13所示。作图时，先徒手用铅笔轻轻地把曲线上一系列的点顺次连接起来，然后选择曲线板上曲率合适的部分与徒手连接的曲线贴合，并将曲线描深。每次连接应至少通过曲线上三个点，并注意每画一段线，都要比曲线板边与曲线贴合的部分稍短一些，这样才能使所画的曲线过渡光滑。

(2) 蛇形尺（又称蛇尺）

用曲线板、三角板无法绘制的任意曲线，可利用蛇形尺绘制。蛇尺可根据需要弯曲成任何形状，利用蛇尺能绘制出不太规则的平滑曲线。在绘制时，先徒手勾画曲线，再弯曲蛇尺，使其形状与勾画的曲线相一致，然后用针管笔绘出曲线。图1-1-14所示即为蛇尺。

1.1.9 一字尺

一字尺又称平行尺，通过滑轮和弦线装置，在绘图板上能保持上下平移，其作用相当于丁字尺，较丁字尺平稳方便。如图1-1-15所示。

1.1.10 圆规和分规

(1) 圆规

圆规主要用来画圆和圆弧，如图1-1-16所示。当画圆时，针尖使用有台阶的一端，台阶可防止图纸上的针孔扩大使圆心画不准，同时用右手转动圆规手柄，使圆规略向前进方向倾斜，按顺时针方向旋转画成。

画较大圆时，应使圆规的钢针和铅笔芯插腿垂直于纸面，需要时还可以接上延伸杆。如图1-1-17所示。

（2）分规

分规用来等分线段或在线段上量截尺寸，分规的两根针尖应密合，分规的使用方法如图1-1-18所示。

1.1.11 针管笔

针管笔又称绘图笔，是一种使用广泛的描图工具，如图1-1-19所示。它的笔头是一支针管，针管直径有0.1mm、0.2mm、0.3mm、0.4mm、0.5mm、0.6mm、0.8mm、1.0mm、1.2mm等数种粗细不同的规格，可画出不同的线宽。绘图时根据图纸需要，常用0.1mm、0.4mm、0.8mm或0.2mm、0.6mm、1.0mm或0.3mm、0.8mm、1.2mm等三支套装针管笔。

使用需要加墨水的针管笔时应该注意使用碳素墨水和专用绘图墨水，以保证使用时墨水流畅，并在使用后用清水及时把针管清洗干净，以免堵塞。

1.1.12 鸭嘴笔

鸭嘴笔又称直线笔，笔头由两片弧形的钢片相向合成，略呈鸭嘴状，是传统的上墨、描图仪器。如图1-1-20所示。

画线前，根据所画线条的粗细，旋转螺钉调好两叶片的间距，用吸墨管把墨汁注入两叶片之间，墨汁高度以5mm~6mm为宜。画线时，执笔不能内外倾斜，上墨不能过多，入笔不要太重，行笔要流畅、匀速，不能停顿、偏转和晃动，以免影响图线质量。鸭嘴笔装在圆规上可画出墨线圆或圆弧。

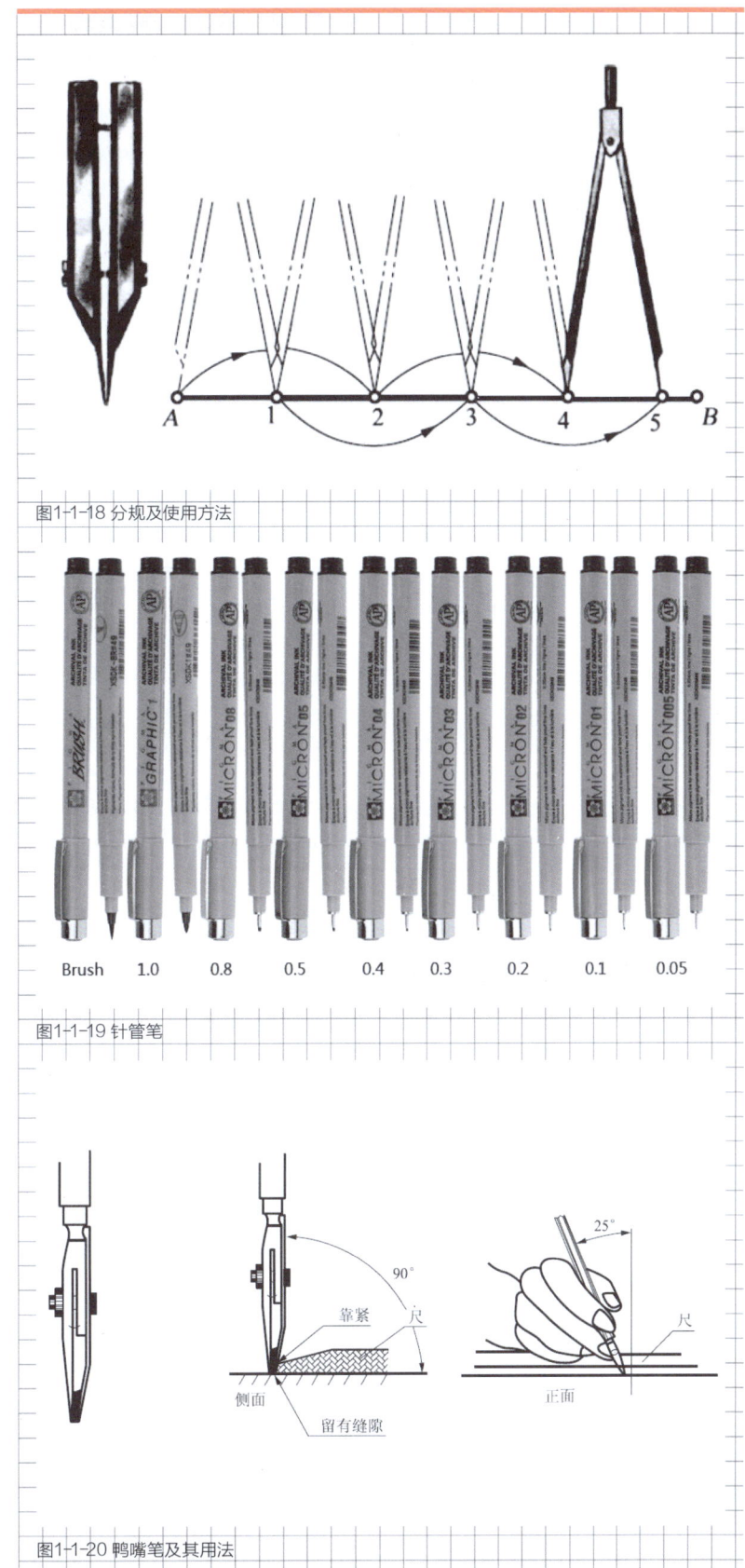

图1-1-18 分规及使用方法

图1-1-19 针管笔

图1-1-20 鸭嘴笔及其用法

1.2 制图的有关标准规定

标准规范的工程图样通常是制图国家标准（简称国标）对与图样有关的画法、尺寸和技术要求的标注等做出的统一规定，是一项所有工程人员在设计、施工、管理中必须严格执行的国家条例。本节将主要介绍《房屋建筑制图统一标准》（GB/T 50001—2010）的有关规定。

国际符号说明：

GB——强制性国家标准

GB/T——推荐性国家标准

GB/Z——指导性国家标准

GBJ——国家工程建设标准

代号的含义：GB表示国标（国标的汉语拼音缩写），T表示推荐使用，50001表示该标准的标号，2010表示颁布年号。

本书主要采用由住房和城乡建设部发布的制图的相关标准：《房屋建筑制图统一标准》（GB/T 50001-2010）、《总图制图标准》（GB/T 50103-2010）、《建筑制图标准》（GB/T 50104-2010）、《建筑结构制图标准》（GB/T 50105-2010）、《建筑给水排水制图标准》（GB/T 50106-2010）。

1.2.1 图纸幅面

图纸幅面简称图幅，即绘图所采用的图纸尺寸，是为了合理使用图纸，便于管理、装订而统一规定的，详见表1-1。表中B为图纸的宽，L为图纸的长，c为图框线到图纸上、下及右边缘的距离，a为装订边，是图框线到图纸左边缘的距离。

表中相邻代号的图纸幅面相差一倍，A1号幅面为A0号幅面的对裁，A2号幅面为A1号幅面的对裁，依此类推。如图1-2-1所示。

"图纸有横式和立式两种，如图1-2-2～图1-2-5所示。A4只用立式。为了缩微复制，需画对中标志。图纸必须按图幅大小裁，且要画图框线。"

若有必要，如所绘制的图形长宽比较小时，可按国标的规定加长图纸长度，加长量为原长的1/8倍。如图1-2-6所示。

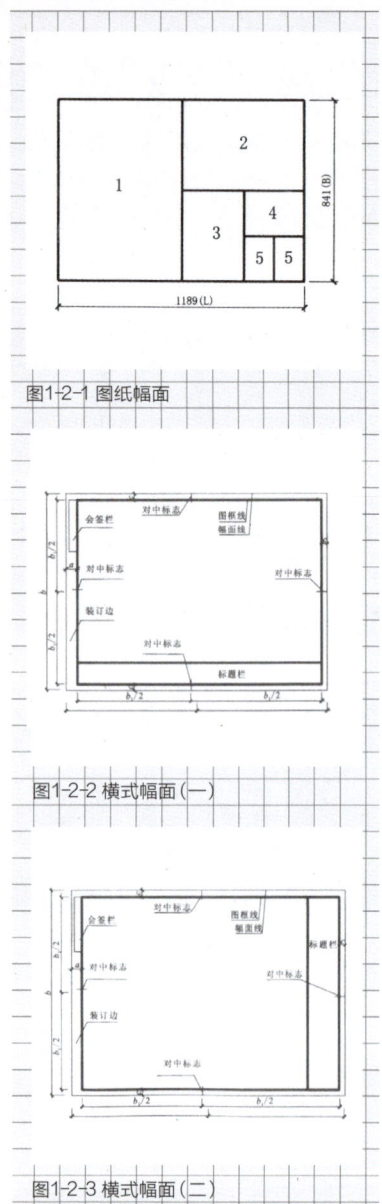

图1-2-1 图纸幅面

图1-2-2 横式幅面（一）

图1-2-3 横式幅面（二）

表1-1 图纸幅面（单位mm）

幅面代号	A0	A1	A2	A3	A4
B×L	841×1189	594×841	420×594	297×420	210×297
a	25				
c	10				5
a	25				

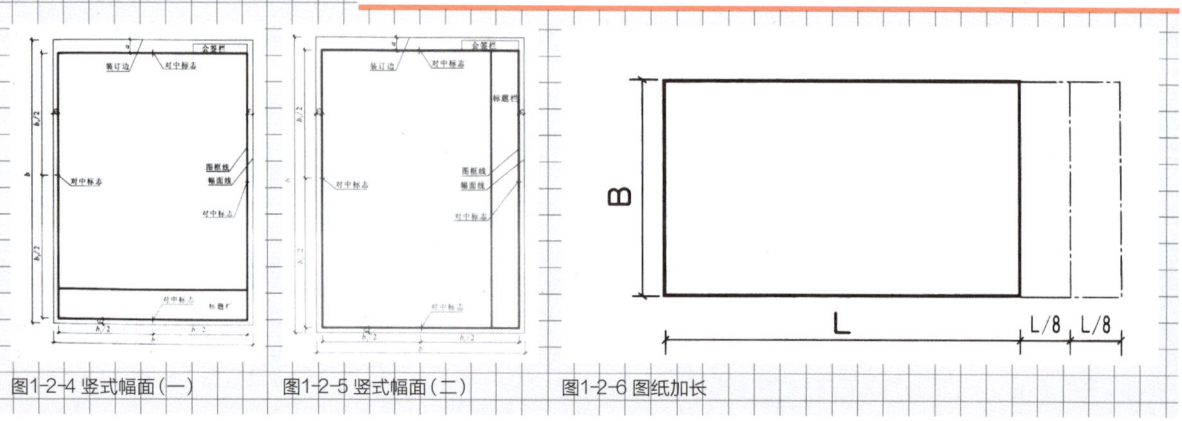

图1-2-4 竖式幅面（一）　　图1-2-5 竖式幅面（二）　　图1-2-6 图纸加长

1.2.2 标题栏与会签栏

(1) 标题栏

标题栏指将工程名称、图名、图号、设计号及设计人、绘图人、审批人的签名和出图日期等信息集中列表，并放在图纸右下角也被称为图标。其格式和内容可根据需要自行确定。如图1-2-7为工程用标题栏，图1-2-8为学生作业用标题栏。

(2) 会签栏

会签栏是为各工种负责人签字用的表格，如图1-2-9所示。一个会签栏不够时，可另加一个，注意两个会签栏应并列放置。

1.2.3 比例

比例是指图形与实物相对应的线性尺寸之比，如1:100的含义就是图纸上1个单位代表实际的100个单位。比例的大小是指比值的大小，如1:50大于1:100。比值大于1的为放大比例，比值小于1的为缩小比例。在画图时根据需要和实际情况，可按实际大小画出，即采用1:1等比例画出，也可以采用放大或缩小的比例画出。但图纸上标注的数字均为物体的实际数字，与比例无关。

国家制图标准对常用的比例做了如表1-3所示的规定。

若整张图同一比例，可将其写在标题栏中。若同一图纸上各图形比例不同，则应将所用比例注写在各图形下方图名的右侧。如图1-2-10所示。

表1-2 图纸长边加长尺寸（单位mm）

幅面代号	长边尺寸	长边加长后尺寸
A0	1189	1486(A0+1/4l) 1635(A0+3/8l) 1783(A0+1/2l) 1932(A0+5/8l) 2080(A0+3/4l) 2230(A0+7/8l) 2378(A0+1l)
A1	841	1051(A1+1/4l) 1261(A1+1/2l) 1471(A1+3/4l) 1682(A1+1l) 1892(A1+5/4l) 2102(A1+3/2l)
A2	594	743(A2+1/4l) 891(A2+1/2l) 1041(A2+3/4l) 1189(A2+1l) 1338(A2+5/4l) 1486(A2+3/2l) 1635(A2+7/4l) 1783(A2+2l) 1932(A2+9/4l) 2080(A2+5/2l)
A3	420	630(A3+1/2l) 841(A3+1l) 1051(A3+3/2l) 1261(A3+2l) 1471(A3+5/2l) 1682(A3+3l) 1892(A3+7/2l)

注：有特殊需要的图纸，可采用b×l为841mm×891mm与1189mm×1261mm的幅面。

表1-3 图样比例

常用比例	1:1、1:2、1:5、1:10、1:20、1:30、1:50、1:100、1:150、1:200、1:500、1:1000、1:2000
可用比例	1:3、1:4、1:6、1:15、1:25、1:40、1:60、1:80、1:250、1:300、1:400、1:600、1:5000、1:5000、1:10000、1:20000、1:50000、1:100000、1:200000

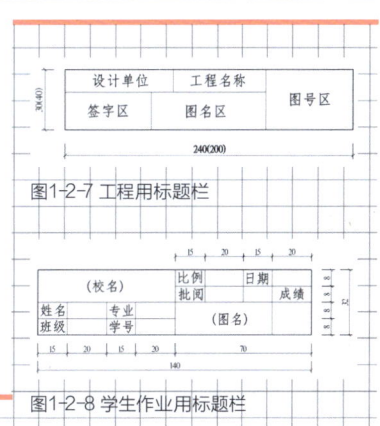

图1-2-7 工程用标题栏

图1-2-8 学生作业用标题栏

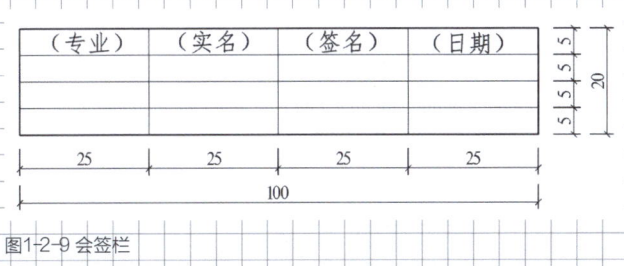

图1-2-9 会签栏

图1-2-10 比例的标注

表1-4 长仿宋体字高宽关系（单位mm）

字高	20	14	10	7	5	3.5
字宽	14	10	7	5	3.5	2.5

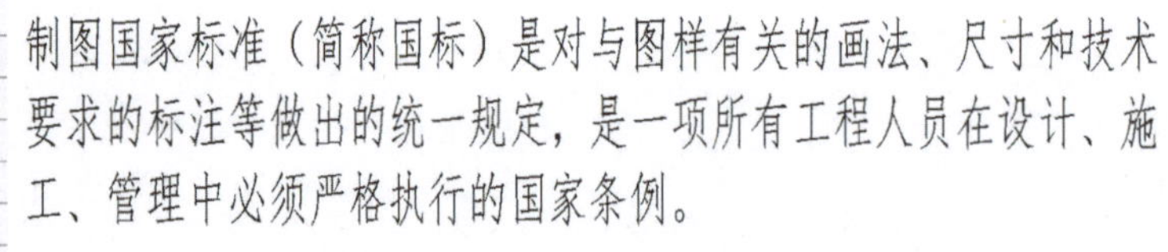

1.2.4 字体

工程图样中的汉字应采用国家正式公布的《汉字简化方案》中规定的简化字，使用长仿宋体，字体高度与宽度之比大致为3:2，并一律从左到右横向书写，详见表1-4。各类字体的写法介绍如图1-2-11、图1-2-12、图1-2-13所示。

① 图纸上所需书写的文字、数字或符号等，均应笔画清晰、字体端正、排列整齐，标点符号应清楚正确。

② 字体的号数即字体的高度，应从3.5mm、5mm、7mm、10mm、14mm、20mm中选用。如需书写更大的字，其高度应按2的比值递增。

③ 图及说明性的汉字，宜采用长仿宋体简化字书写，必须符合国务院公布的《汉字简化方案》的相关规范。字体的宽度与高度的关系应符合表l-4的规定。大标题、图册封面、地形图等的汉字，也可书写成其他字体，但应易于辨认。

④ 拉丁字母、阿拉伯数字与罗马数字的字高，应不小于2.5mm。拉丁字母、阿拉伯数字与罗马数字根据需要可以写成直体字和斜体字。如需写成斜体字，其斜度应是从字的底线逆时针向上倾斜75°。斜体字的高度与宽度应与相应的直体字相等。当字母单独用作代号或符号时，尽量不使用I、Z、O三个字母，以免同阿拉伯数字1、2、0相混淆。

⑤ 数量的数值注写，应采用正体阿拉伯数字。各种计量单位凡前而有量值的，均应采用国家颁布的单位符号注写。单位符号应采用正体字母。

⑥ 分数、百分数和比例数的注写，应采用阿拉伯数字和数学符号，例如：四分之三、百分之二十五和一比二十应分别写成3/4、25%和1:20。

⑦ 当注写的数字小于1时，必须写出个位的"0"，小数点应采用圆点，齐基准线书写，例如0.01。

制图国家标准（简称国标）是对与图样有关的画法、尺寸和技术要求的标注等做出的统一规定，是一项所有工程人员在设计、施工、管理中必须严格执行的国家条例。

图1-2-11 长仿宋体汉字示范

图1-2-12 汉语拼音字母、英文字母和希腊字母示范

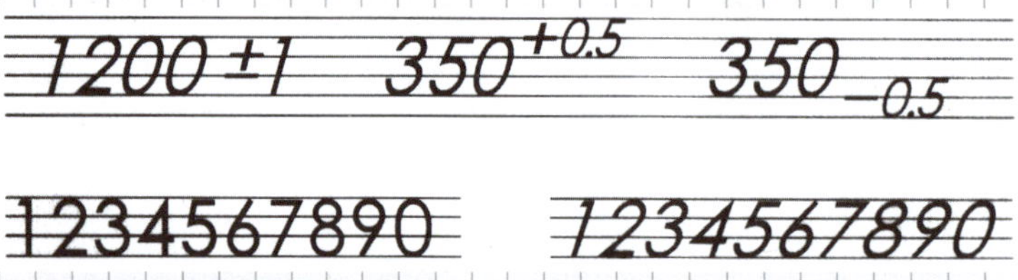

图1-2-13 阿拉伯数字示范

1.2.5 图线

图形是由图线组成的，为了表示图中不同的内容，便于识图，并且能分清主次，必须使用不同的线型和不同粗细的图线。每种线条则代表不同的形式、宽度、用途及意义。

（1）《房屋建筑统一标准》（GB/T 50001-2001）

建筑专业、室内设计专业制图采用的各种图线，以及图线的宽度均应根据图样的复杂程度和比例，按照《房屋建筑统一标准》(GB/T 50001-2001)中图线的规定选用，具体内容请参见表1-5。

（2）线宽b与线宽粗

线宽b是指图线的粗度。它应从0.18mm、0.25mm、0.35mm、0.5mm、0.7mm、1.0mm、1.4mm、2.0mm线宽系列中选用，可以看出下一级约是上一级的1.4倍。配套使用的线宽称为线宽组。它应根据图形的复杂程度、线条的密集程度、绘图比例的大小，按表1-6所列线宽组选用。

（3）图框线与标题栏线宽

图纸的图框线和标题栏的线宽，如表1-7所示。

（4）各种线宽的应用

① 较简单的图形可采用两种线宽的线宽组，其线宽比为b:0.25b，如图1-2-14所示。

② 复杂图形图线宽度选用示例，如图1-2-15所示。

（5）图线画法

① 在同一张图纸内，相同比例的各图样，应选用相同的线宽组。

② 相互平行的图线，其净间隙或线中间隙不宜小于0.2mm。

③ 虚线、单点长画线或双点长画线的线段长度和间隔，宜各自相等。如图1-2-16所示。

④ 单点长画线或双点长画线的两端不应是点，如图1-2-17所示。如果图形较小，画点画线或双点画线有困难时，可用实线代替，如图1-2-18所示。

⑤ 各种线型相交时，均应交于线段处，但当虚线为实线段的延长线时，不得与实线连接。如图1-2-19所示。

⑥ 图线不得与文字、数字或符号重叠、混淆，不可避免时，应首先保证文字、数字或符号等的清晰。如图1-2-20所示。

表1-5 线型、线宽及其用途

名称		线型	线宽	一般用途
实线	粗	———————	b	主要可见轮廓线
	中粗	———————	0.7b	可见轮廓线
	中	———————	0.5b	可见轮廓线、尺寸线、变更云线
	细	———————	0.25b	图例填充线、家具线
虚线	粗	- - - - - - -	b	见各有关专业制图标
	中粗	- - - - - - -	0.7b	不可见轮廓线
	中	- - - - - - -	0.5	不可见轮廓线、图例线
	细	- - - - - - -	0.25b	图例填充线、家具线
单点长画线	粗	—·—·—·—	b	见各有关专业制图标准
	中	—·—·—·—	0.5b	见各有关专业制图标准
	细	—·—·—·—	0.25b	中心线、对称线、轴线等
双点长画线	粗	—··—··—	b	见各有关专业制图标准
	中	—··—··—	0.5b	见各有关专业制图标准
	细	—··—··—	0.25b	假想轮廓线、成型前原始轮廓线
折断线	细	∿∿∿∿	0.25b	断开界限
波浪线	细	～～～～	0.25b	断开界限

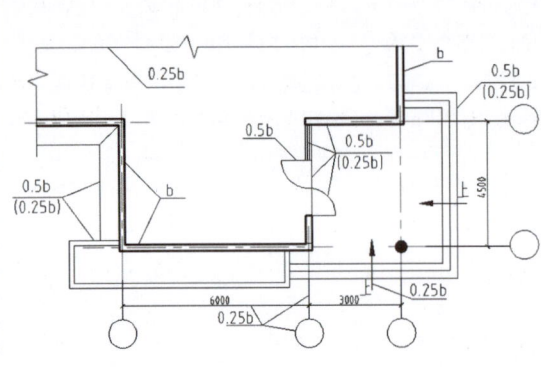

图1-2-14 较简单图形线宽示例

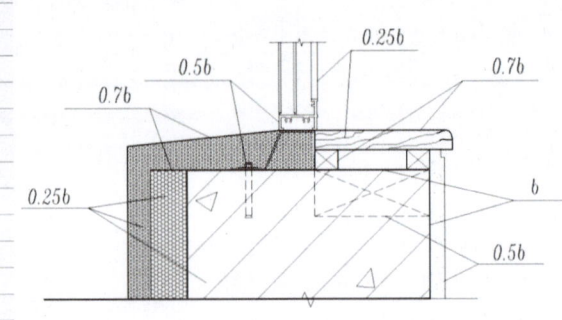

图1-2-15 复杂图形线宽示例

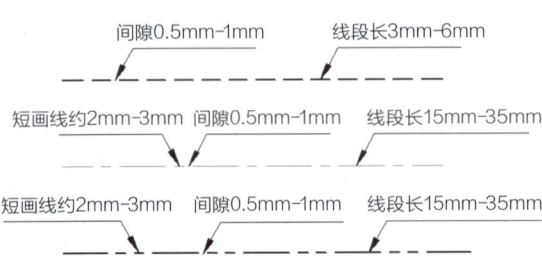

图1-2-16 虚线、单点长画线或双点长画线的线段长度和间隔

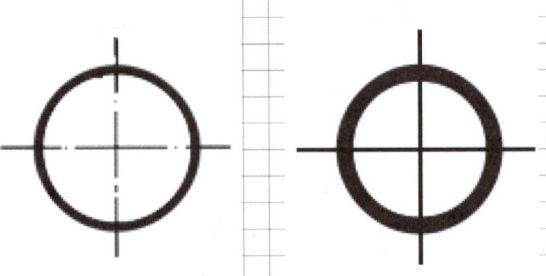

图1-2-17 细单点长画线作圆中心线　图1-2-18 细实线作圆中心线

表1-6 线宽组

线宽比	线宽粗			
b	1.4	1	0.7	0.5
0.7b	1.0	0.7	0.5	0.35
0.5b	0.7	0.5	0.35	0.25
0.25b	0.35	0.25	0.18	0.13

注：1.需要微缩的图纸，不宜采用0.18mm及更细的线宽；2.同一张图纸内，各不同线宽中的细线，可统一采用较细的线宽组的细线

图1-2-19 各种线型相交画法示例

表1-7 图框线和标题栏的线宽

幅面代号	图框线	标题栏外框线	标题栏分格线
A0、A1	b	0.5b	0.25b
A2、A3、A4	b	0.7b	0.35b

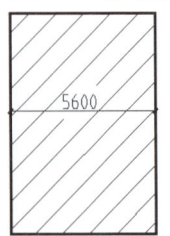

图1-2-20 图线与文字、数字重叠示例

1.2.6 尺寸标注

在工程图上,除了按比例画出工程形体的形状外,还必须标注出完整的实际尺寸,作为施工的依据。国标中对尺寸标注的基本方法做了一系列规定,必须严格遵守。尺寸标注应做到正确、完整、清晰、合理。

(1) 基本原则

①无论比例大小,图样上所注尺寸均为实际尺寸,与图样的大小及绘图的准确度无关。

②图样上的尺寸单位,必须以毫米为单位(标高及总平面图除外),在图上不必写出"毫米"或"mm"。

③物体的每一尺寸一般只标注一次,并且应标注在反映该结构最清晰的图形上。

(2) 尺寸组成

图样上一个完整的尺寸一般包括尺寸界线、尺寸线、尺寸起止符号、尺寸数字,如图1-2-21所示。

①尺寸界线用细实线绘制。由图形轮廓线、轴线或中心线处引出,但引出端应留有2mm以上的间隔,另一端超出尺寸线2mm~3mm。一般规定与备注长度垂直。

②尺寸线均用细实线绘制。尺寸线画在两尺寸界线之间,长度不宜超出尺寸界线,应与被标注的长度方向平行。互相平行的尺寸线,应从被注图样的轮廓线开始由近向远整齐排列,小尺寸在里,大尺寸在外。距图形轮廓线最近的一排尺寸线,它们之间的距离不宜小于10mm。平行排列的尺寸线间距,宜为7mm~10mm。同一张图纸上,间距大小应保持一致。轮廓线、轴线、中心线、尺寸界线及它们的延长线,按规定一律不准用作尺寸线。

③尺寸线与尺寸界线的相交点是尺寸的起止点,在起止点上必须画出尺寸起止符号。尺寸起止符号一般用中粗斜短线绘制,其倾斜方向应与尺寸界线成顺时针45°角,长度宜为2mm~3mm,如图1-2-22所示。半径、直径、角度与弧长的尺寸起止符号,宜用箭头表示。当相邻尺寸界线间隔很小时,起止符号采用小圆点表示。

④尺寸数字表示线段的真实大小,与图样的大小及绘图的准确性无关。尺寸数字一般应依据其方向注写在靠近尺寸线的上方中部,如图1-2-23所示。图上的尺寸单位,除标高及总平面以米为单位外,其他一律以毫米为单位。如没有足够的注写位置,最外边的尺寸数字可注写在尺寸界线的外侧,中间相邻的尺寸。

数字可错开注写,如图1-2-24所示。各种方向尺寸数字的写法,如图1-2-25(a)、图1-2-25(b)所示。

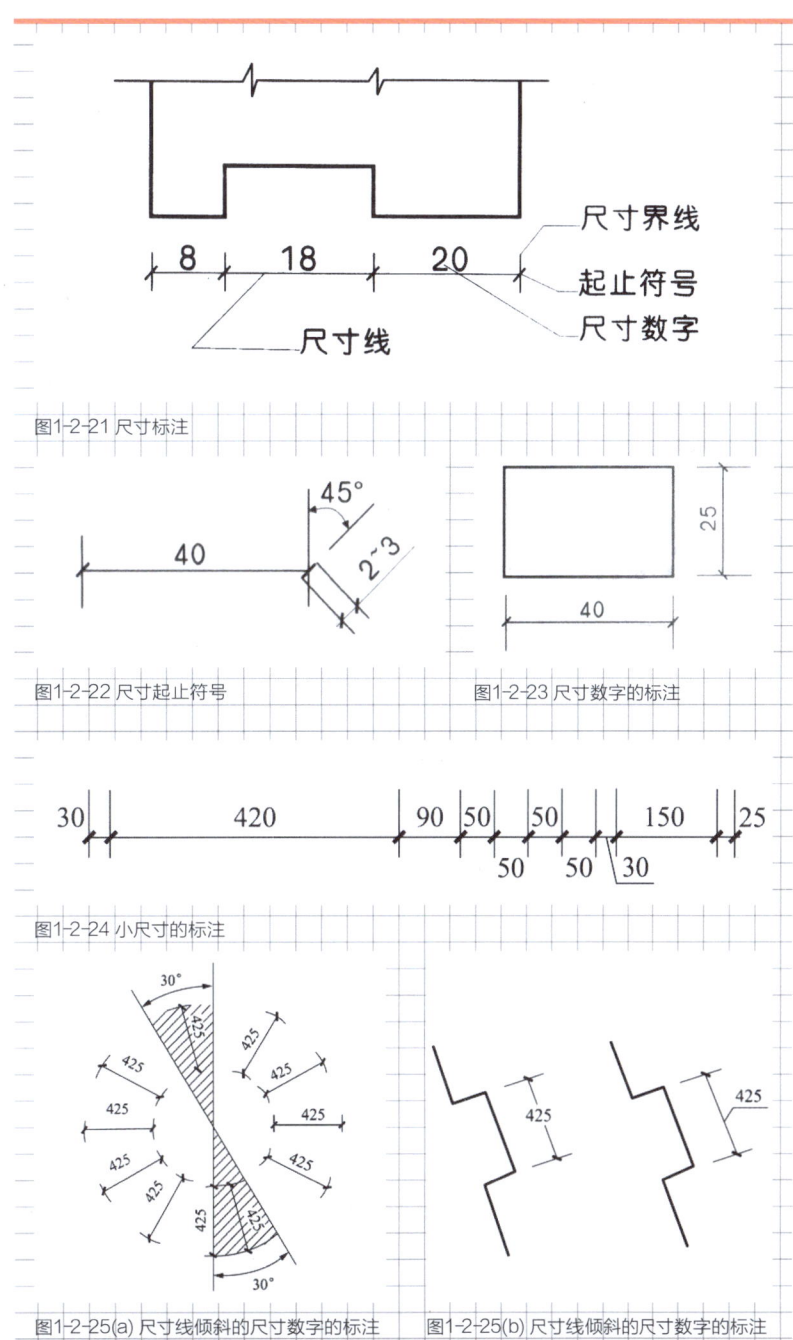

图1-2-21 尺寸标注

图1-2-22 尺寸起止符号

图1-2-23 尺寸数字的标注

图1-2-24 小尺寸的标注

图1-2-25(a) 尺寸线倾斜的尺寸数字的标注

图1-2-25(b) 尺寸线倾斜的尺寸数字的标注

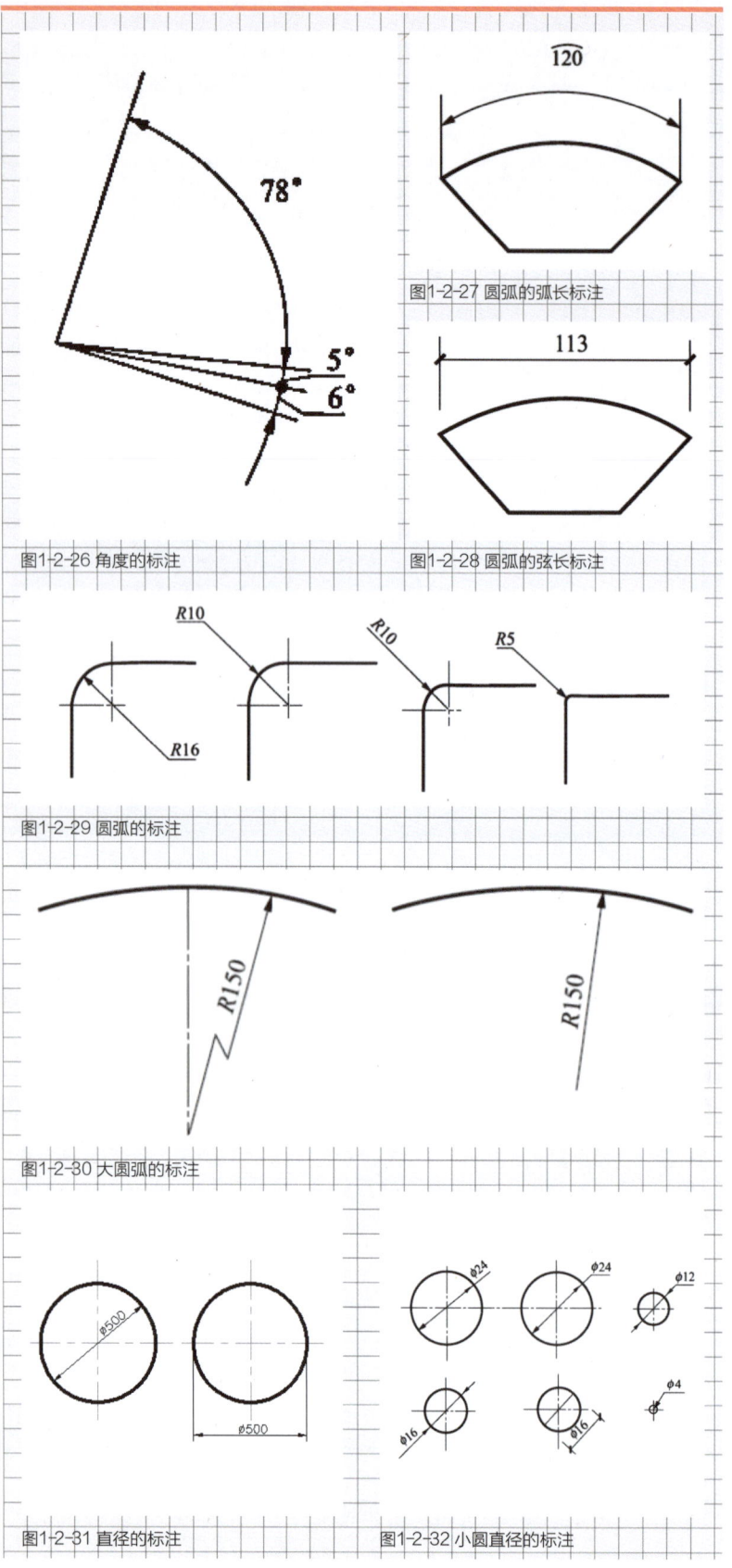

（3）常见尺寸标注方法

①角度的标注。角度的尺寸线应以圆弧表示。该圆弧的圆心应是该角的顶点，角的两条边为尺寸界线。起止符号应以箭头表示，如没有足够位置画箭头，可用圆点代替，角度数字应按水平方向注写，如图1-2-26所示。

②标注圆弧的弧长时，尺寸线应以与该圆弧同心的圆弧线表示，尺寸界线应垂直于该圆弧的弦，起止符号用箭头表示，弧长数字上方应加注圆弧符号"⌒"，如图1-2-27所示。

标注圆弧的弦长时，尺寸线应以平行于该弦的直线表示，尺寸界线应垂直于该弦，起止符号用中粗斜短线表示，如图1-2-28所示。

③半圆和小于半圆的弧，一般注半径，尺寸线的一端从圆心开始，另一端用箭头作尺寸的起止符号，指向圆弧，在半径数字前加注半径符号"R"。较小圆弧的半径数字，可引出标注，如图1-2-29所示。较大圆弧的尺寸线可画成折线状，但必须对准圆心，如图1-2-30所示。

④整圆或大于半圆直径。直径尺寸应在尺寸数字前加注符号"φ"。尺寸线通过圆心，尺寸线终端画成箭头，如图1-2-31所示。较小圆的直径尺寸可标在圆外，如图1-2-32所示。

⑤标注球的半径尺寸时，应在尺寸前加注符号"SR"。标注球的直径尺寸时，应在尺寸数字前加注符号"SΦ"。注写方法与圆弧半径和圆直径的尺寸标注方法相同，如图1-2-33所示。

⑥在薄板板面标注板厚尺寸时，应在厚度数字前加厚度符号"t"，如图1-2-34所示。

⑦标注矩形断面尺寸可以用一次引出方法标注，应把引出的一边的尺寸写在前面，以免两个尺寸大小相近造成误解，如图1-2-35所示。

标注正方形的尺寸时，可用"边长×边长"的形式，也可在边长数字前加正方形符号"□"，如图1-2-36所示。

⑧标注坡度时，应加注坡度符号，该符号为单面箭头，箭头应指向下坡方向；坡度也可用直角三角形形式标注，如图1-2-37所示。

⑨外形为非圆曲线的构件，可用坐标形式标注尺寸，如图1-2-38所示；复杂的图形，可用网格形式标注尺寸，如图1-2-39所示。

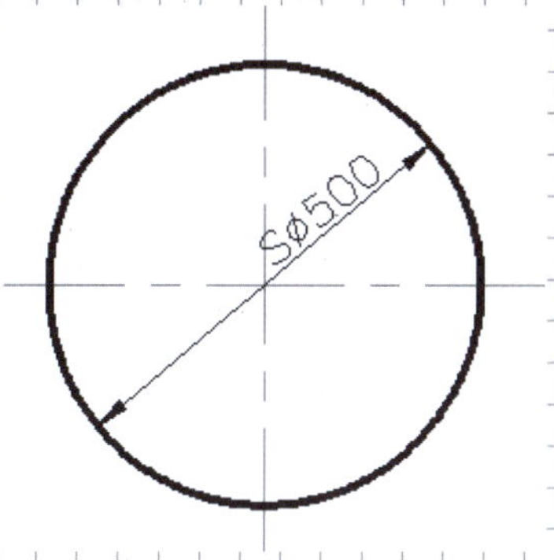

图1-2-33 圆球的标注

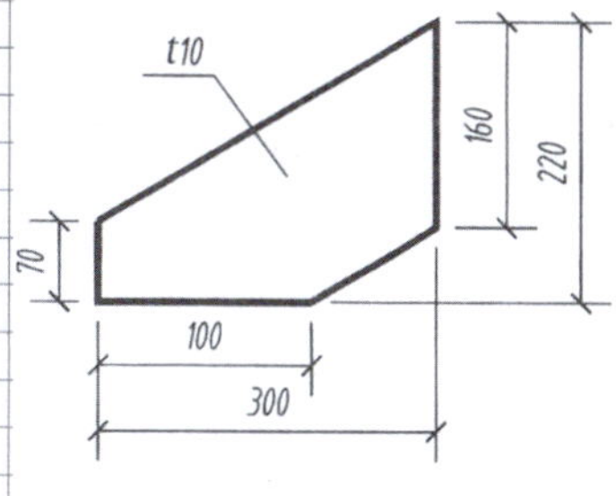

图1-2-34 薄板厚度的标注

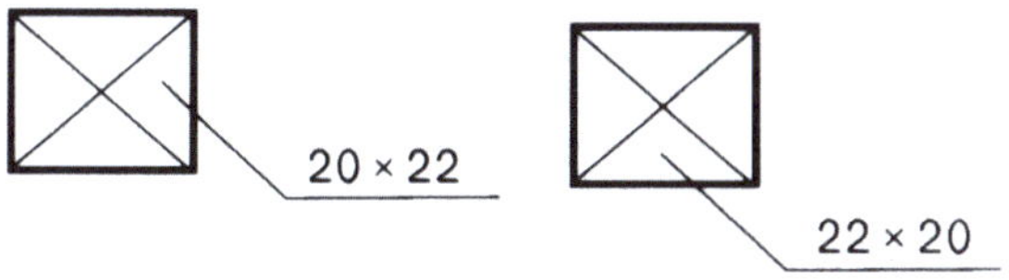

图1-2-35 矩形断面的标注方法

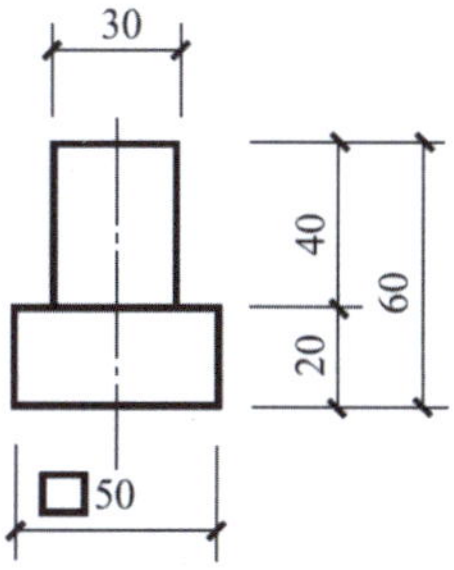

图1-2-36 正方形的标注方法

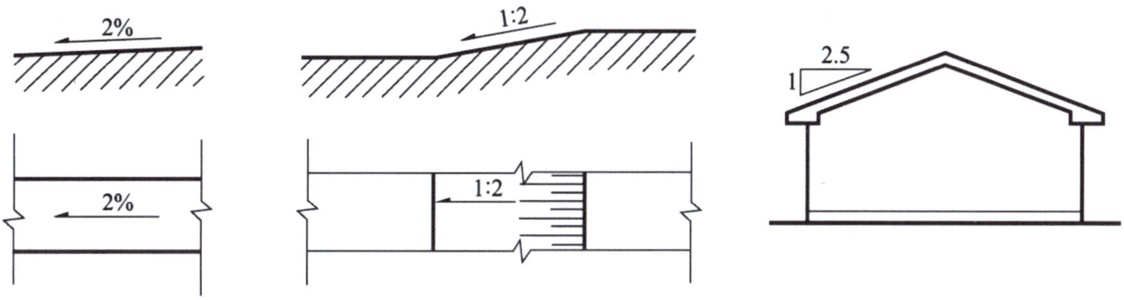

图1-2-37 坡度的标注

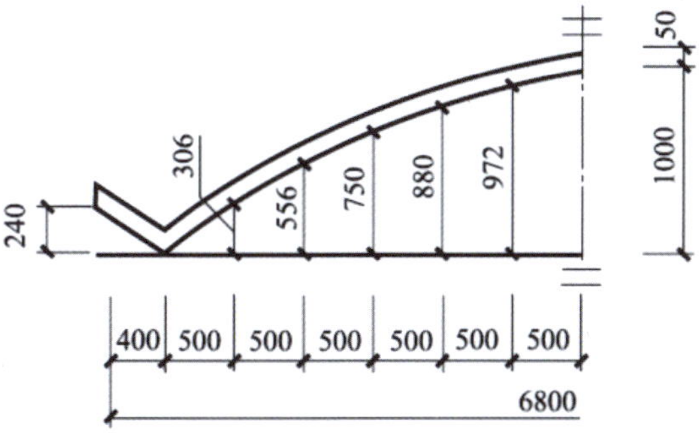

图1-2-38 坐标形式标注尺寸

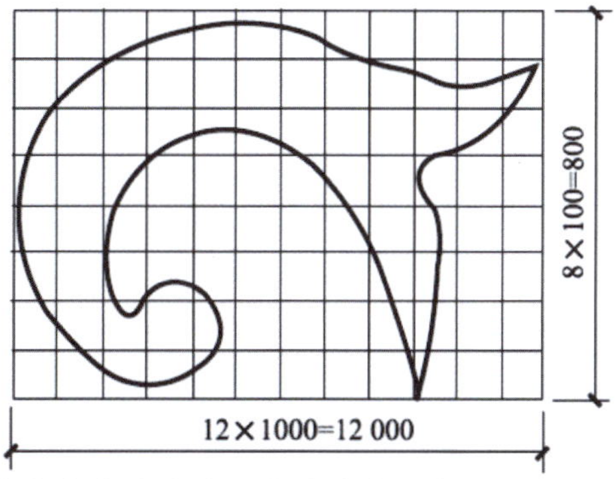

图1-2-39 网格形式标注尺寸

1.3 几何作图

几何作图是根据已知条件,以几何学的原理及作图方法,准确地画出几何图形,是绘制各种图的基础。下面介绍常用的几何作图方法。

1.3.1 直线

(1) 画已知直线的平行线

已知直线AB,过点C作其平行线,如图1-3-1所示。

作图步骤:①用45°三角板的一个直角边对齐直线AB(与AB平行),再用30°三角板的一条边紧靠45°三角板的另一个直角边。②按住30°三角板不动,沿其边下移45°三角板到C点,过C点画直线即为所求。

(2) 任意等分线段

将已知直线AB任意等分(以五等分为例),如图1-3-2所示。

作图步骤:①过点A任作一斜线AC,自点A起在AC上截取相等的5个单位长,得到1、2、3、4、5五个点。②连接B点和5点,再过1、2、3、4各点作B5的平行线,分别交AB于1′、2′、3′、4′各点,完成对AB的五等分。

(3) 等分两平行线间的距离

以五等分已知两平行线AB和CD之间的距离为例,如图1-3-3所示。

作图步骤:①已知平行线AB和CD。②置直尺0点于CD上,摆动尺身,使刻度5落在AB直线上,截得1、2、3、4、5各等分点。③过各等分点作AB(或CD)的平行线,即为所求。

1.3.2 正多边形画法

(1) 作圆的内接正五边形

下面以正五边形为例,介绍圆内接正多边形的画法,如图1-3-4所示。

作图步骤:①已知圆O。②以N为圆心,NO为半径作圆弧,连FG与ON交于M点,M点即为ON的中点。③以M为圆心,MA为半径画弧,交水平直径于H。④以AH为长度,分圆周为五等分,依次连接各五等分点。

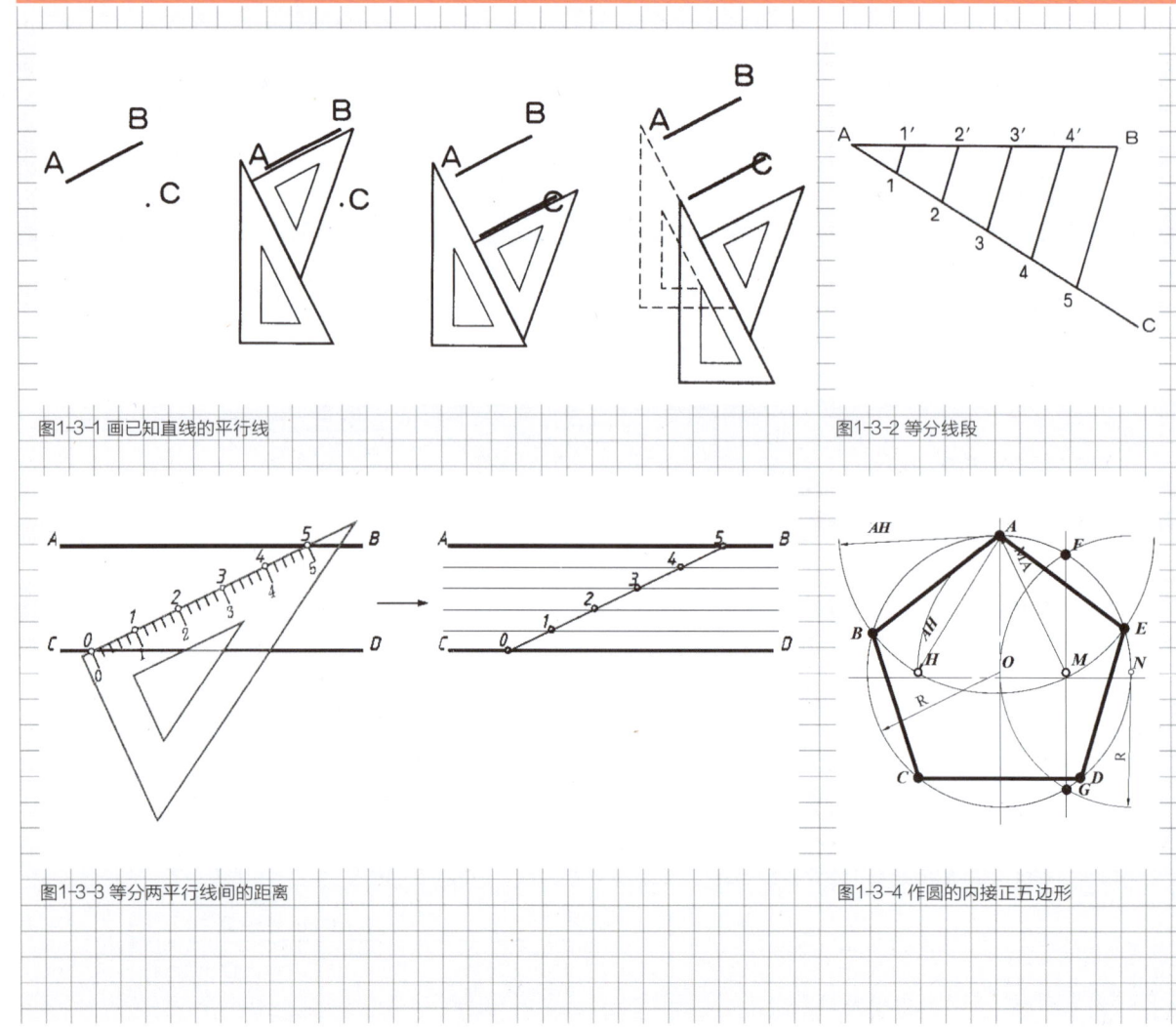

图1-3-1 画已知直线的平行线

图1-3-2 等分线段

图1-3-3 等分两平行线间的距离

图1-3-4 作圆的内接正五边形

(2) 作圆的内接正六边形

下面以正六边形为例,介绍内接正多边形的画法,如图1-3-5所示。

作图步骤:①已知圆O。②用R划分圆周为六等分。过圆心O作直径AD;以A为圆心OA为半径画圆交圆O于B、F;以D为圆心OD为半径画圆交圆O于C、E;顺连接AB、BC、CD、DE、EF、FA则六边形ABCDEF所求圆内接六边形。如图1-3-5所示。

(3) 作正多边形(以圆内接正七边形为例)

作图步骤:①把直径AK七等分。②以K(或A)为圆心,KA为半径画弧,与水平直径的延长线交于M、N两点。③过M、N两点与直径KA上的偶数(或奇数)等分点连线,并延长与圆周交于点B、C、D、E、F、G点,依次连接各等分点,即得所求正七边形,如图1-3-6所示。

(4) 已知边长作正多边形

已知边长AB,求做一个正七边形,如图1-3-7所示。

作图步骤:①作AB的垂直平分线,过A或B作与AB成45°角的斜线交于垂直平分线上的一点4。以A或B为圆心,以AB长为半径画弧与垂直平分线交于点6。②取6和4的中点5,以6到5的距离长沿垂直平分线上6点向上截取,可得7、8、9点。③以7点为圆心,7A或7B长为半径画圆,以AB长为半径,从A或B开始,在圆周上截取各点,然后连接各点,即为所求正七边形。

1.3.3 求已知圆弧的圆心

作图步骤:在已知圆弧上任意取三点A、B、C,连AB、BC,分别作AB、BC的垂直平分线,两条垂直平分线的交点即为所求圆弧的圆心,如图1-3-8所示。

1.3.4 黄金比矩形

作图步骤:先以任意矩形的宽为边长画正方形ABCD,画对角线求出中线EF。连FD,以F为圆心,FD长为半径画弧,交于BC的延长线上得到G点。BG即为黄金比矩形的长,如图1-3-9所示。

1.3.5 椭圆画法

(1) 四心圆法作椭圆

已知椭圆的长轴ab和短轴cd,可以用四心圆法求做椭圆,如图1-3-10所示。

作图步骤:①以o为圆心,oa为半径作圆弧交cd的延长线于e,连接ac,以c为圆心,ce为半径作圆弧交ca于点f。②做af的垂直平分线交长轴于O_1,交短轴(或其延长线)于O_2。在ab上截$OO_3 = OO_1$,又在延长线上截$OO_4 = OO_2$。③连接O_1O_2、O_2O_3、O_3O_4、O_1O_4并延长,此四条线为连心线。④分别以O_2和O_4为圆心,O_2c为半径作弧至连心线,再以O_1和O_3为圆心,O_2a为半径作弧,与前面作的两个弧连接,即完成所求椭圆。

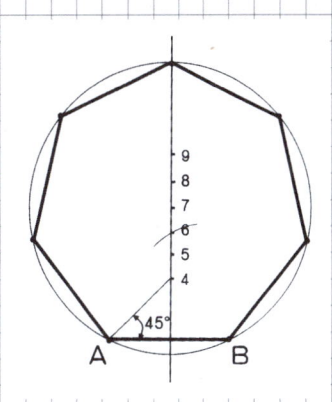

图1-3-7 已知边长作正多边形

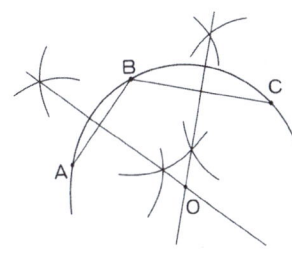

图1-3-8 求已知圆弧的圆心

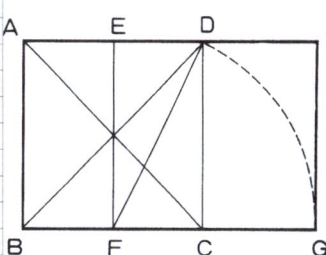

图1-3-9 黄金比矩形的画法

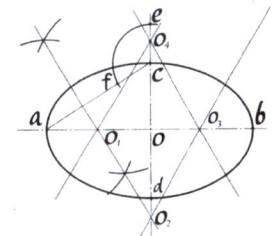

图1-3-10 四心圆法作椭圆

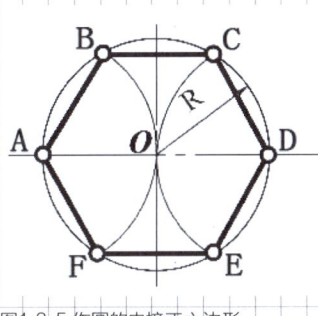

图1-3-5 作圆的内接正六边形

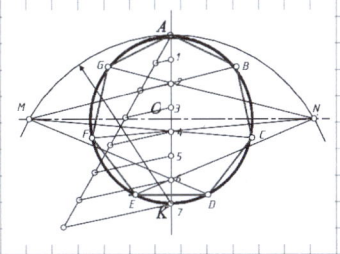

图1-3-6 作圆的内接正七边形

(2) 同心圆法作椭圆

已知椭圆的长轴 ab 和短轴 cd，求作椭圆，如图1-3-11所示。

作图步骤：①以椭圆的长轴 ab 和 cd 为直径作大小两圆，并分两圆周为若干等分，例如十二等分。②从大圆的各等分点作竖直线，与过小圆的各对应等分点所作的水平线相交，得椭圆上各点。用曲线板连接起来，即为所求椭圆。

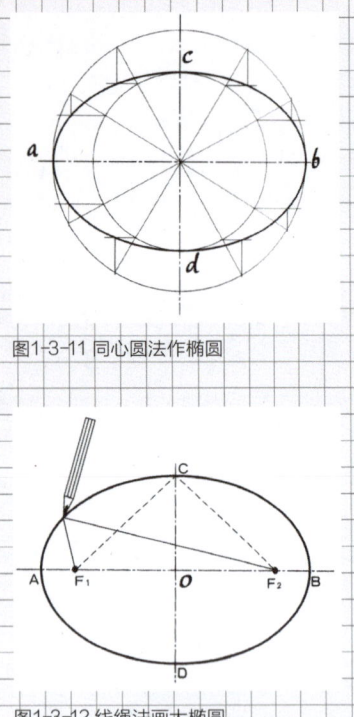

图1-3-11 同心圆法作椭圆

图1-3-12 线绳法画大椭圆

(3) 线绳法画大椭圆

已知椭圆长轴和短轴的尺寸，求作椭圆，如图1-3-12所示。

作图步骤：①画出椭圆长轴 AB，短轴 CD，椭圆中心为 O 点。②取一细线，长度等于 AB，两端用图钉固定于 F_1 及 F_2 点，使 $CF_1 = CF_2 = OA = OB$。③用笔绷紧线绳移动一周画曲线，即为所求椭圆。

1.3.6 两相交直线的连接

两相交直线的连接是指通过一个已知弧连接两相交直线。下面就用已知半径为 r 的圆弧连接 AB、BC 两条直线，如图1-3-13所示。

作图步骤：①作与 AB、BC 距离均为 r 的平行线，两平行线交于 O，O 即为连接弧的圆心。②过 O 点分别向 AB、BC 作垂线，垂足 D、E 为连接点。③以 O 为圆心，r 为半径，自点 E 至点 D 作弧，即为所求连接弧。

1.3.7 直线与圆弧的连接

已知圆 O 的半径为 R，圆外直线 m，连接弧半径为 r。求作半径为 r 的圆弧连接圆和直线 m，如图1-3-14所示。

作图步骤：①作与直线 m 平行、距离为 r 的直线 L。②以点 O 为圆心，$R+r$ 为半径作弧，与直线 L 交于 O_1，O_1 即为连接弧的圆心。③过 O_1 向直线 m 作垂线交于 a，连接 O_1O、与圆 O 交于 b。④以 O_1 为圆心，r 为半径，自点 b 至点 a 作弧，完成直线与弧的连接。

1.3.8 圆弧与圆弧的连接

(1) 外连接

已知 O_1、O_2 两个圆，半径分别为 r_1、r_2，连接弧半径为 r。求作两圆弧的外连接，如图1-3-15所示。

(2) 内连接

已知 O_1、O_2 两个圆，半径分别为 r_1、r_2，连接弧半径为 r。求作两圆弧的内连接，如图1-3-16所示。

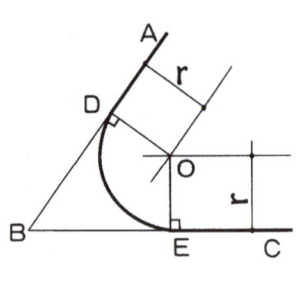

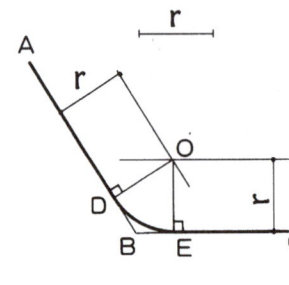

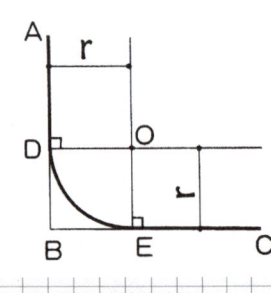

图1-3-13 两相交直线的连接

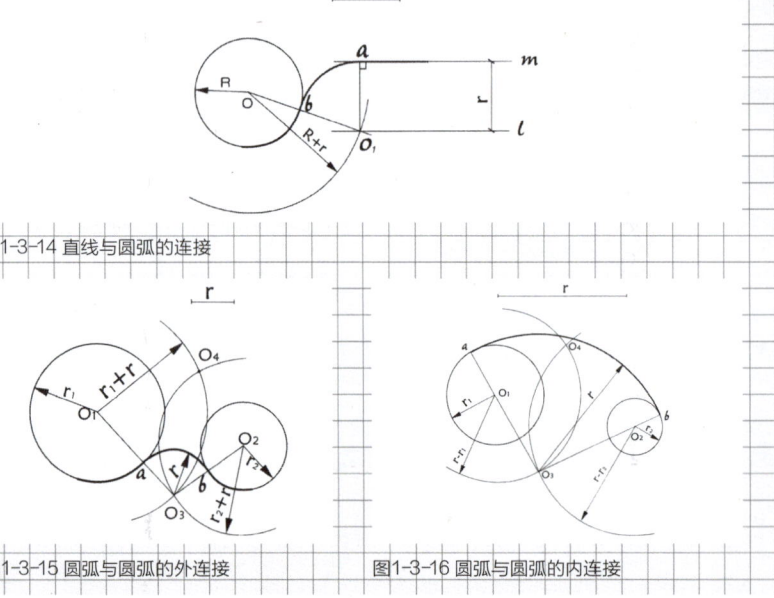

图1-3-14 直线与圆弧的连接

图1-3-15 圆弧与圆弧的外连接

图1-3-16 圆弧与圆弧的内连接

第2章　投影的基本知识

课题概述

本章从投影的现象进行分析研究，对在三投影面体系中的投影进行了深入的分析，总结出中心投影法和平行投影法两种投影法，进而找出正投影的特点，介绍三视图的形成原理，为以后绘制较复杂物体的投影打下良好基础。

教学目标

通过对本章知识的学习，要掌握投影的概念、分类、基本特性，正投影图与三视图的组合关系及三视图的绘制。

章节重点

正投影与三视图的组合关系以及三视图的绘制。

2.1 投影的概念和分类

2.1.1 投影的概念

在日常生活中经常能看到这样一些现象，如物体在灯光或日光照射下，会在地面、墙面或其他物体的表面上产生影子，并能在某种程度上显示出物体的形状和大小，并随光线照射方向的不同而变化。投影的方法就是人们从这些自然现象中受到启发提出来的。

简单来说，我们看到物体在灯光或阳光的照射下会在墙面或地面上产生影子的现象就叫投影。

2.1.2 投影的分类

由投影中心把物体通过投影线射到投影面上，从而得出其投影的方法，我们称之为投影法。建筑工程图的绘制是以投影法为依据绘制的，常用的投影法有中心投影法和平行投影法两大类。

(1) 中心投影法

投影线相交于一点（投影中心）的投影称为中心投影，如人的视觉、放电影等，具有中心投影的性质，投影原理图示如图2-1-1所示。

中心投影法得出的影像反映不出物体的真实尺寸和准确的形状。主要应用于绘制建筑物富有逼真感的立体图，也称透视图，以及绘制透视阴影。

(2) 平行投影法

假设将光源移至无限远处，则靠近物体的所有投影线就可以看作是相互平行的，这种投影线相互平行的投影方法就叫平行投影法。

根据投影线与投影面是否垂直，平行投影法又可分为正投影法和斜投影法。

①正投影法：指投影线彼此平行且垂直于投影面的投影图的投影方法，如图2-1-2所示。用正投影法得到的投影叫正投影，正投影图能反映物体各个面的实际情况和大小，可用正投影图画建筑的平面图、立面图、剖面图等。各种工程制图就是以正投影法为基础建立的制图体系。

②斜投影法：相互平行的投影线倾斜于投影面的投影法，如图2-1-3所示。它画法简便，有立体感，各部线段能反映实际尺寸，可以直接量度，主要用于绘制轴测图。

2.2 投影的基本特征

中心投影和平行投影之间具有一定的共同性质，称为一般性质。而平行投影所独有的性质，称为特殊性质。

2.2.1 投影的一般性质

中心投影和平行投影的一般性质如下：

(1) 从属性

点在线段上，则点的投影一定在该线段的同面投影上。点 M 在线段 AB 上，那么点 M 的投影 m 也一定在线段 AB 的投影 ab 上，如图2-2-4所示。

(2) 积聚性

当直线或平面平行于投影方向时，则直线的投影积聚为点，平面的投影积聚为直线，称积聚性。如图2-2-2所示，直线 AB 在 H 面上的投影积聚为点 $a(b)$，平面 DCE 在 H 面上的投影积聚为线段 ce。

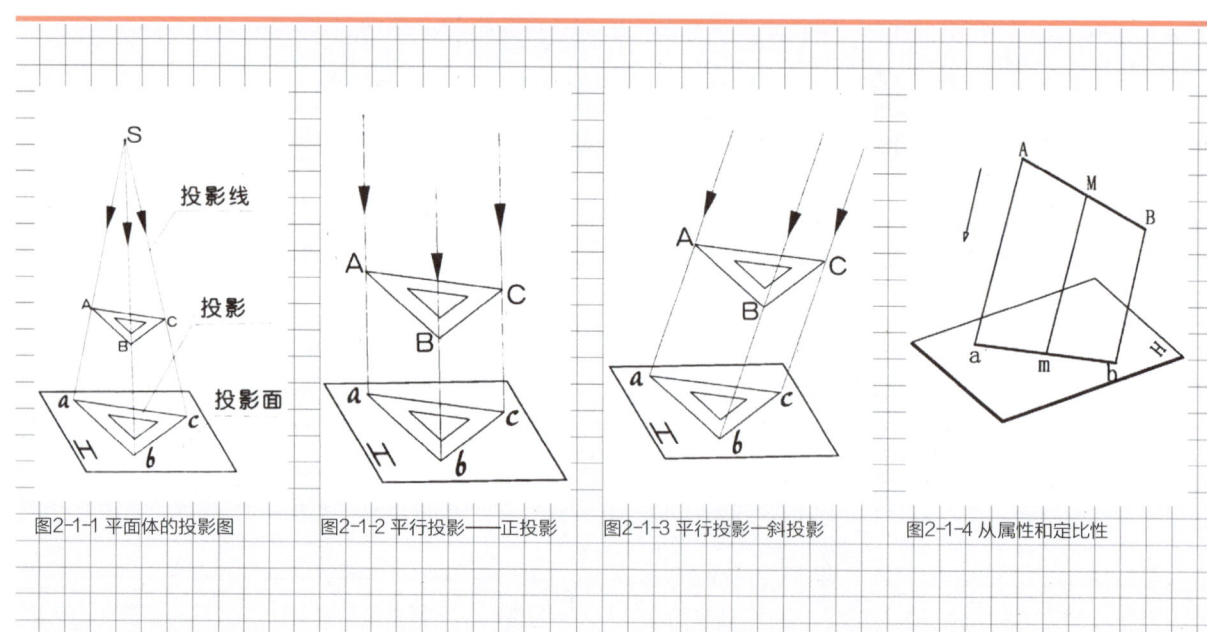

图2-1-1 平面体的投影图　　图2-1-2 平行投影——正投影　　图2-1-3 平行投影—斜投影　　图2-1-4 从属性和定比性

2.2.2 平行投影的特殊性质

(1) 同素性

一般情况下,点的投影仍为点,线段的投影仍为线段,如图2-2-3所示。

(2) 平行性

空间两直线平行,其同面投影亦平行。空间直线AB∥CD,其投影ab∥cd,如图2-2-4所示。

(3) 定比性

点分线段之比,投影后保持不变。即$AM:MB=ab:ab$。

空间两平行线之比等于其投影之比。

(4) 实形性(度量性或可量性)

当直线或平面平行于投影面时,则直线的投影反映实长,平面的投影反映实形。如图2-2-5所示,直线AB与其在H面上的投影ab相同,面CED与其在H面上的投影面ced相同。

(5) 类似性

当直线或平面图形倾斜于投影面时,直线的投影变短了。而平面图形变成小于原图形的类似形,称类似性。如图2-2-6所示,直线AB在H面上的投影ab较原图形缩短了一些;面CDEF为方形,面cdef也为方形。

2.3 三视图的形成及投影关系

三视图是设计施工图的最基本表现方式,均采用正投影图,如建筑与室内装饰的平、立、剖面图即是三视图。三视图究竟是如何形成的?与正投影图的关系又如何呢?我们来进行深入的分析。

2.3.1 三视图的形成

投影与视图有着重要的关系,在工程制图中,运用正投影的理论,向投影面作投影画出工程形体的图样,其基本要求应首先考虑看图方便,在完整、清晰地表达工程形体的前提下,力求制图简便。利用正投影法绘制得到图样,最大的优点就是能够反映图形的本来形状和实际大小。将工程形体向投影面作正投影,所得的图样称为视图。

施工制图要解决的问题,是怎样将立体实物的形状和尺寸,准确地反映在平面图纸上。正投影图只能表现出物体的一个方位的形状,不能表现全部的形状。如果将物体放在三个相互垂直的投影面之间,用分别垂直于三个投影面的平行投影,即可得到三个正投

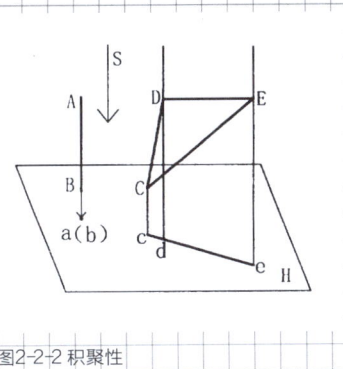

图2-2-2 积聚性

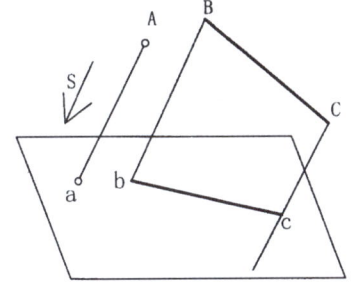

图2-2-3 同素性

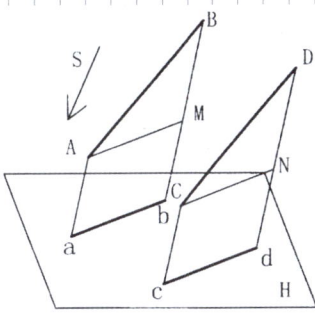

图2-2-4 平行性

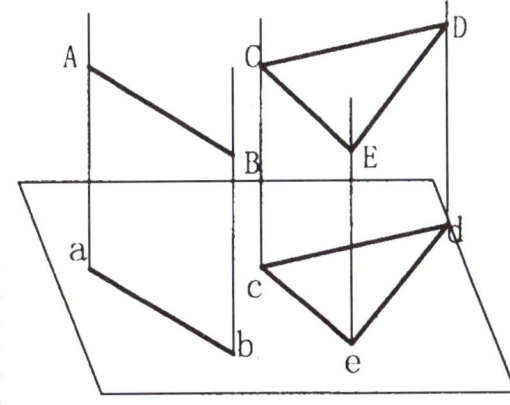

图2-2-5 实形性

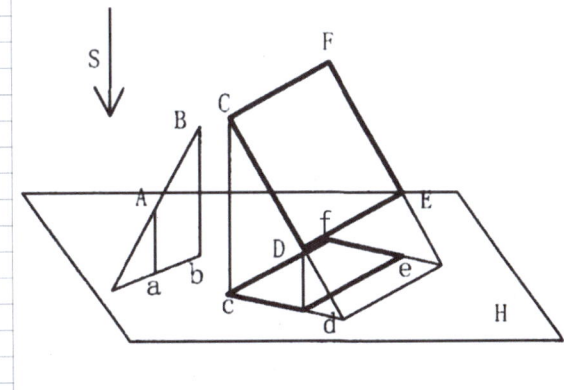

图2-2-6 类似性

影图,如图2-3-1所示。组合起来,便可以反映出物体的全部形状和大小。

如图2-3-1设置三个互相垂直的平面作为投影面,三个互相垂直的投影面相交的三条棱线称为投影轴。

平行投射线由前垂直向后,垂直V面所产生的投影称为正投影图。它在观察者的正前方,用字母V表示。

平行投射线由上垂直向下,垂直H面所产生的投影称为水平投影图。它在观察者的正下方,用字母H表示。

平行投射线由左垂直向右,垂直W面所产生的投影称为侧投影图。它在观察者的正右方,用字母W表示。

这三个投影面构成一个三投影面体系。平面图(H面)着重反映工程形体的平面形状,立面图(V和W面)表达它的立面外形。

图2-3-1中的三个投影图,是在设想的三维空间中,互相垂直的投影面上。但是在绘制施工图时,必须将它们转移到二维的平面上。为了把互相垂直的三个投影面上的投影画在一张二维的图纸上,我们将其展开,展开后的3条投影轴成为互相垂直的十字形轴线,所形成的图形称为三视图。如图2-3-2所示,假设V面不动,把H面沿OX轴向下旋转90°,使得三个投影面处于一个平面内,即得到位于同一平面上的三个正投影面。这个形体的三面投影图叫作"三视图",又称基本视图。将V投影称为正立面图,H投影称为平面图,HW投影称为侧立面图。

在画立体的三面投影图时,一般不画投影轴,这样得到的一组图形就叫立体的三视图。其中的每一面投影都叫作视图,三个视图分别叫作正立面图、平面图和左侧立面图,如图2-3-3所示。

视图:国家标准规定,用正投影法绘制的物体的图形叫作视图;

正立面图:由前向后投影所得的图形,也就是正面投影得到的图形;

平面图:由上向下投影所得的图形,也就是水平面投影得到的图形;

侧立面图:由左向右投影所得的图形,也就是侧面投影得到的图形。

2.3.2 三视图与空间方位的关系

形体在空间中有六个方位,上、下、左、右、前、后。三视图中的每一个视图都能反映形体的两个空间方位,如图2-3-4所示。

正立面图:反映形体的上、下和左、右方位;

平面图:反映形体的前、后和左、右方位;

侧立面图:反映形体的上、下和前、后方位。

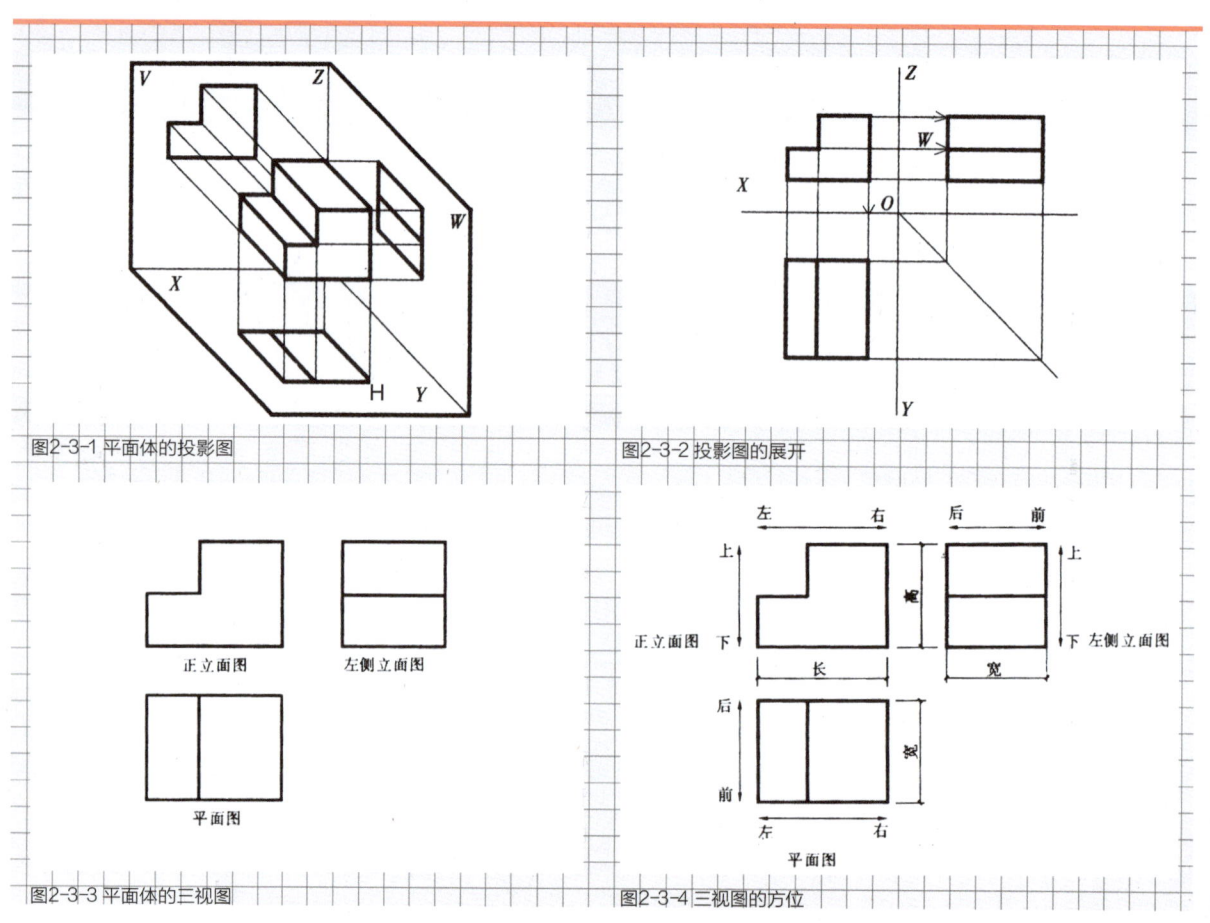

图2-3-1 平面体的投影图
图2-3-2 投影图的展开
图2-3-3 平面体的三视图
图2-3-4 三视图的方位

2.3.3 三视图间的尺寸关系

从三视图的形成过程可看出，3个投影面的位置不能随意摆放。三视图是在形体安放位置不变的情况下从三个方向投影的结果，它们共同表达同一形体，因此它们之间存在内在的联系。

① V 投影和 H 投影都反映形体的长度，投影面展开后所反映的长度不变，因此画图时必须使它们左右对正，即"长对正"的关系。

② 同样，V、W 的投影都反映形体的高度，展开后，两投影上下对齐，即"高平齐"的关系。

③ H、W 投影都反映形体的高度，展开后，两投影前后对齐，即"宽相等"的关系。

简单来说就是：

正立面图和平面图长度相等且对正；

正立面图和侧立面图高度相等且平齐；

侧立面图和平面图宽度相等且对应；

简称"长对正、高平齐、宽相等"，如图2-3-5所示。

在制图中，无论是对形体总的轮廓还是局部细节，都应把握三个投影之间的正确关系。只有符合"三等关系"，图形与轴线的距离才可以灵活安排。在工程图中一般不画投影轴，各投影图的位置可以灵活安排，也可将各投影图绘制在不同的图纸上。

2.3.4 三视图的绘制

在画三视图的过程中，需要注意以下几点。

① 形体分析：工程形体的种类繁多，从表面上看去很复杂，初学者很难掌握，但通过仔细分析形体会发现，这些形状都是由若干个基础几何体组成的。因此，要学会工程制图的表达，首先要学会将一个复杂的形体分解为若干个简单的几何体，然后分析它们的位置和特点，才能清晰、快速地画好工程图样。

② 正立面的选择：当画工程形体的视图时，应首先确定正立面图的投影方向。通常是工程形体处于自然位置状态下，使物体的各个主要表面平行于基本投影面，以表现工程形体信息量最多的那个面作为正立面图。

③ 合理地布置图面：在形体分析和确定正立面图后，根据组合体的大小和复杂程度，选择适当的绘图比例，然后计算出总长、总宽、总高。根据选定的绘图比例，按照长对正、高平齐、宽相等布置三个投影图位置。在视图之间，除应留出标注尺寸的足够位置外，还应考虑布置要均匀。

2.3.5 三视图实例

按照三面投影图的特性分析实例图2-3-6，可以发现以下规律。

① 正立面（V 面投影）和平面图（H 面投影）的对应长度相等；

② 正立面（V 面投影）和侧立面图（W 面投影）的对应高度相等；

③ 平面图（H 面投影）和侧立面图（W 面投影）的对应宽度相等。

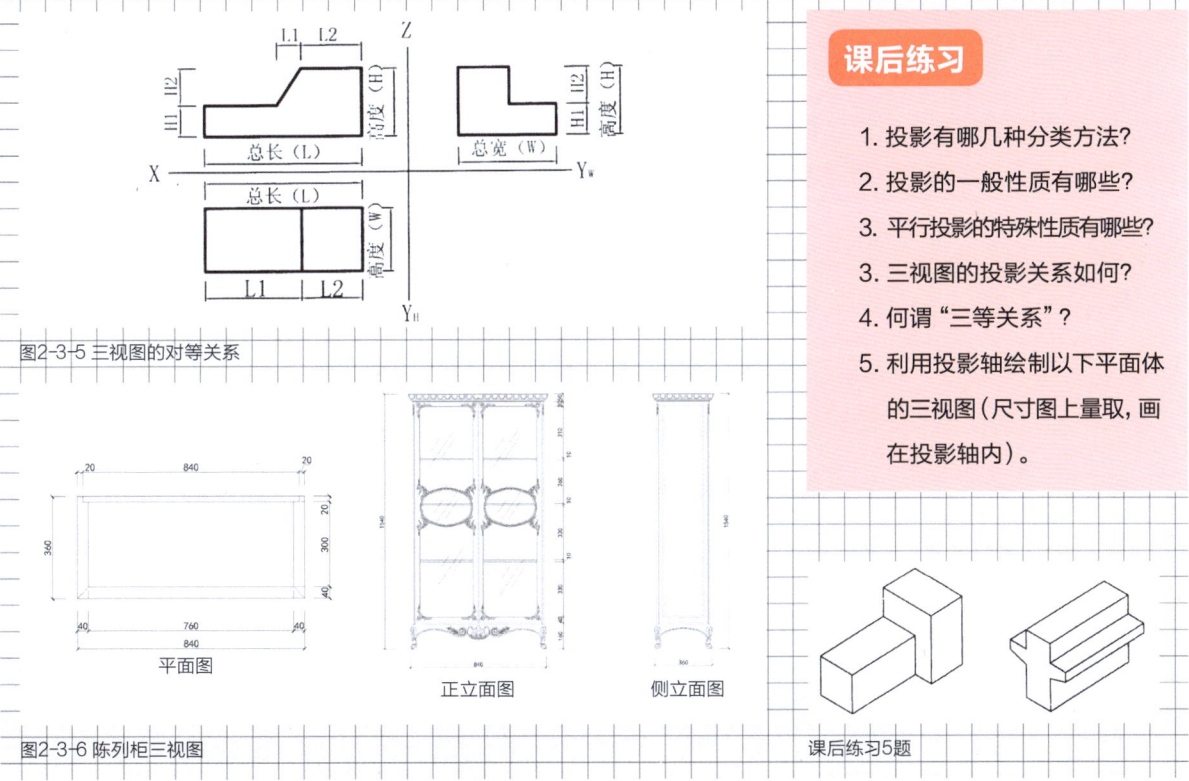

图2-3-5 三视图的对等关系

图2-3-6 陈列柜三视图

课后练习

1. 投影有哪几种分类方法？
2. 投影的一般性质有哪些？
3. 平行投影的特殊性质有哪些？
3. 三视图的投影关系如何？
4. 何谓"三等关系"？
5. 利用投影轴绘制以下平面体的三视图（尺寸图上量取，画在投影轴内）。

课后练习5题

第3章　点、直线和平面的三面投影

课题概述

点、直线和平面是构成物体的最基本的几何元素，因此学习投影图必须先研究点、线、面投影的基本规律。

教学目标

分析点、直线和平面在三投影面体系中的投影建立和特点，为以后绘制较复杂的投影打下一个良好的基础。

章节重点

点的投影、直线的投影、平面的投影。

3.1 点的投影

点是形体最基本的元素,在几何学中无大小、薄厚、宽窄,只占有位置。空间点用大写字母表示,投影点用小写字母表示。

3.1.1 点的投影规律

设立一个投影面P,则A1、A2、A3点在投影面P上的正投影是唯一的。但反过来,若只有一个投影,由于缺少一个坐标,便不能够确定点的空间位置,如图3-1-1所示。

在三面投影体系中,如图3-1-2所示,长方体上有一点A,A点的三面投影就是由A向三个投影面所做垂线的垂足。

A点在水平面H上的投影成为水平投影,用a表示;

A点在正面V上的投影成为正面投影,用a'表示;

A点在侧面W上的投影成为侧面投影,用a''表示;

A点的三面投影在长方体三视图上的位置如图3-1-3所示;

点A的水平投影a和正面投影a'的连线垂直于OX轴,即aa'⊥OX;

①点A的正面投影a'和侧面投影a''的连线垂直于OZ轴,即a'a''⊥OZ;

②点A的水平投影a到OX轴的距离等于其侧面投影a''到OZ轴的距离。

以上三点是点在三投影面体系中的投影规律,由图可以看出,A点的三个投影之间的投影关系与三视图之间的三等关系是一致的。

3.1.2 判断两点在空间的相对位置

A、B两点的三面投影如图3-1-4所示,根据投影与空间方位关系,若以A点为基准,由V面投影可看出B点在A点的右方、下方,再由H面投影可以看出,B点在A点的前方,所以可以得出B点在A点的右下前方。

3.2 直线的投影

两点决定一条直线,确定了直线上两点的投影,也就确定了直线的投影。即直线上两点的同面投影的连线就是直线的投影,如图3-2-1所示。

根据直线在三投影面体系中的不同位置,可分为投影面平行线、投影面垂直线和一般位置直线三种。

投影面平行线:只平行于某一投影面而与其余两投影面倾斜的直线;

投影面垂直线:垂直于某一投影面而与另两投影面平行的直线;

一般位置直线:对三个投影面都倾斜的直线。

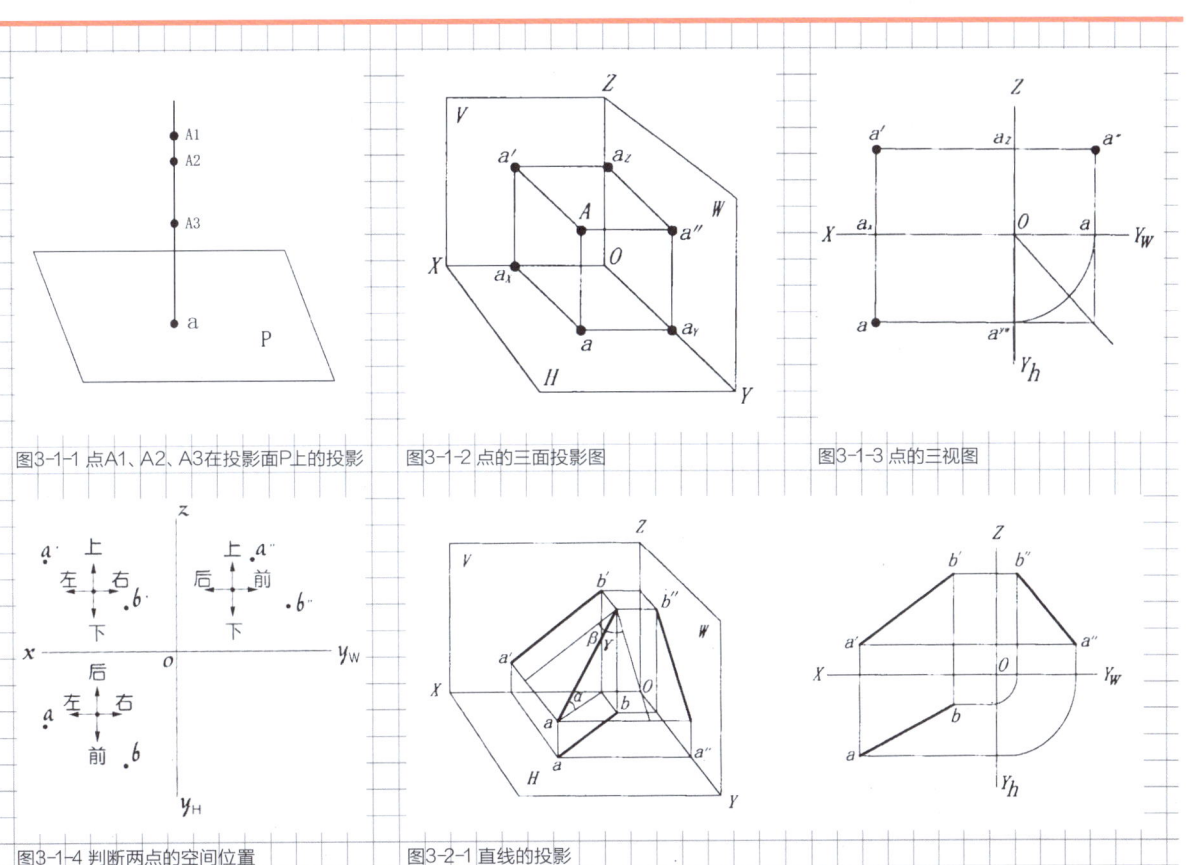

图3-1-1 点A1、A2、A3在投影面P上的投影

图3-1-2 点的三面投影图

图3-1-3 点的三视图

图3-1-4 判断两点的空间位置

图3-2-1 直线的投影

3.2.1 投影面平行线

仅平行于一个投影面而与另两个投影面倾斜的直线称为投影面平行线,有以下三种:

①正平线,与V面平行,倾斜于H面和W面;

②水平线,与H面平行,倾斜于V面和W面;

③侧平线,与W面平行,倾斜于V面和H面。见表3-1。

投影面平行线的投影特征:

①直线在与其平行的投影面上的投影反应实长,并倾斜投影轴;

②其余两个投影分别平行于不同的投影轴,共同垂直于同一投影轴,且小于实长。

同样,对于水平线和侧平线也有类似的特性。投影面平行线的投影特性见表3-1。

3.2.2 投影面垂直线

在投影面垂直线中,垂直于水平面的直线称为铅垂线;垂直于正面的直线称为正垂线;垂直于侧面的直线称为侧垂线。

①铅垂线,垂直于H面,平行于V面和W面;

②正垂线,垂直于V面,平行于H面和W面;

③侧垂线,垂直于W面,平行于V面和H面。见表3-2。

投影面垂直线的投影特征:

①直线在与其垂直的投影面上的投影积聚为一点;

②直线的其他两个投影分别垂直于不同的投影轴,共同平行于同一投影轴,且反应实长。

3.2.3 一般位置直线

与三个投影面既不垂直也不平行的直线称为一般位置线,其投影与投影轴的夹角不能反映直线对投影面的倾角α、β、γ,如图3-2-2所示。

图3-2-3(1)表示一般位置直线AB的三面投影,一般位置直线对三个投影面都是倾斜的。

从图3-2-3(2)可看出,一般位置直线的投影特性:三个投影都倾斜于投影轴且都小于实长,其也不反映与投影面的真实倾角。

表3-1:投影面平行线

名称	正平线	水平线	侧平线
直观图	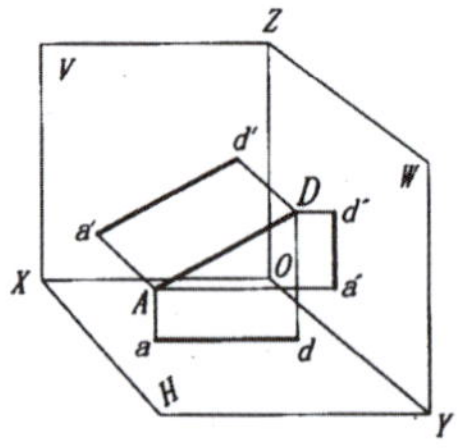	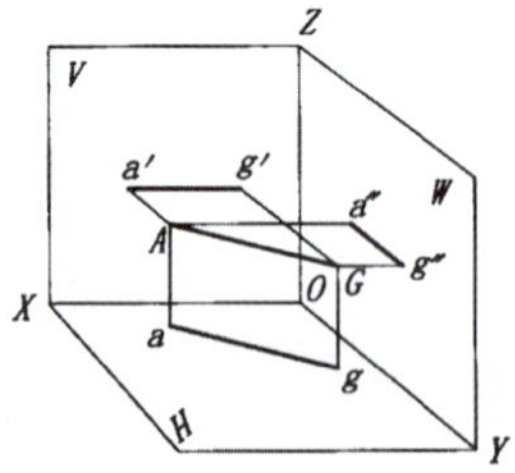	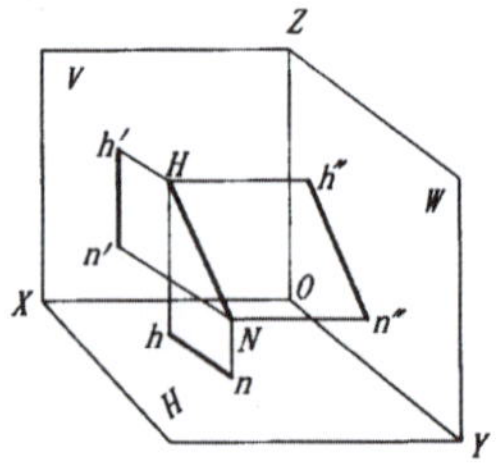
投影图	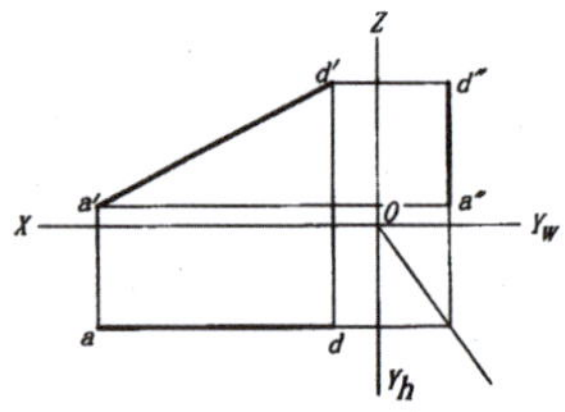	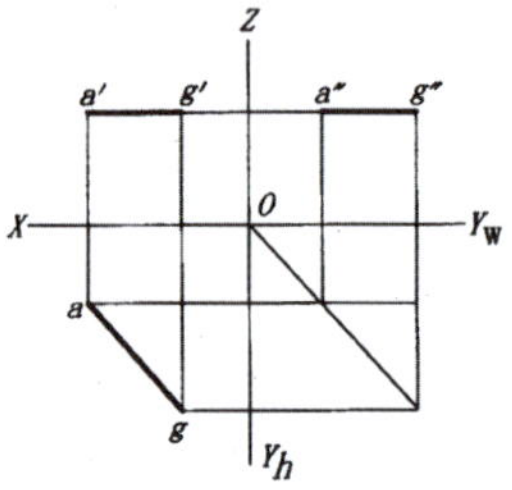	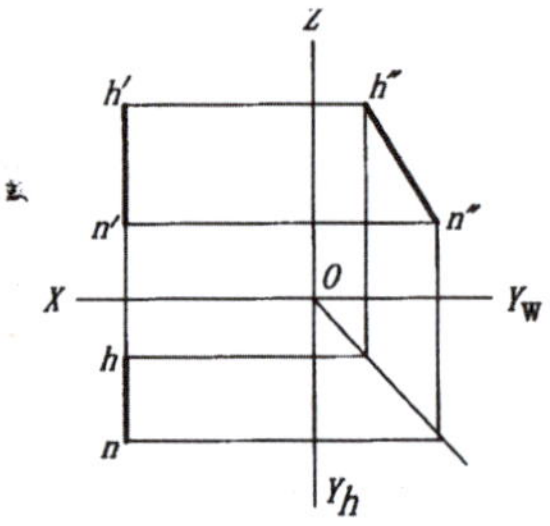
投影特性	α=实长投影与OX轴的夹角,β=0,γ=实长投影与OZ的夹角	α=0,β=实长投影与OX轴的夹角,γ=实长投影与OYH的夹角	α=实长投影与OYW轴的夹角,β=实长投影与OZ的夹角,γ=0

3.2.4 直线与点的相对位置

点与直线的相对位置可以分为两种，即点在直线上和点不在直线上。

若点在直线上，则点的各个投影必在直线的同名投影上，并分割线段的各个投影成定比，如图3-2-4所示。

若点的任一投影不在直线的同面投影上或点分线段的投影长度不成定比，则该点不在该直线上。如图3-2-5所示，已知直线AB和C点的正面投影和水平投影，判断点C是否在线段AB之上？

解法1：先画出直线AB的侧面投影a″b″，以及C点的侧面投影c″，然后看c″是否在a″b″上。从图3-2-5（1）的侧面投影可看出，c″不在a″b″上，所以C点不属于直线AB。

解法2：用分割线段成定比关系进行判断。如图3-2-5（2）所示，过点a作直线aB，取a′b′=ab及a′c′=aco，因为ac/cb≠aco/cob，所以C点不属于直线AB。

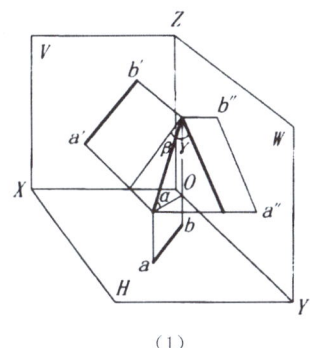

图3-2-2 一般位置直线

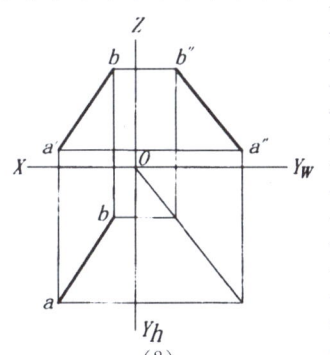

（1）　　　　　　　　　（2）

图3-2-3 一般位置直线投影

表3-2 投影面垂直线

名称	铅垂线	正垂线	侧垂线
直观图			
投影图			
投影特性	α=90°，β=0°，γ=0°	α=0°，β=90°，γ=0°	α=0°，β=0°，γ=90°

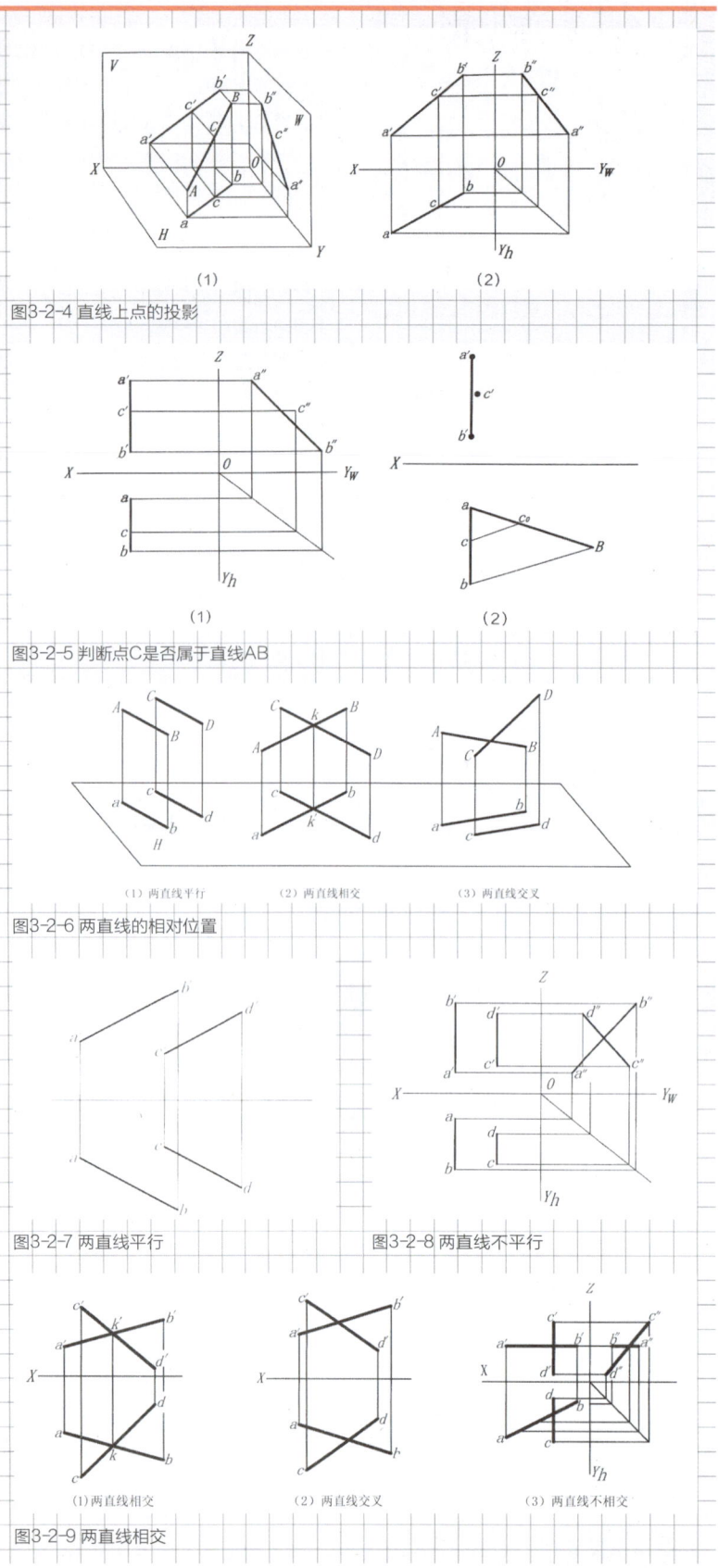

图3-2-4 直线上点的投影

图3-2-5 判断点C是否属于直线AB

图3-2-6 两直线的相对位置

图3-2-7 两直线平行

图3-2-8 两直线不平行

图3-2-9 两直线相交

3.2.5 两直线的相对位置

空间两直线的相对位置有三种：平行、相交、交叉，如图3-2-6所示。

(1) 平行两直线

从平行投影的基本特性可知：若空间两直线平行，则其同面投影必然互相平行；反之，则不平行，如图3-2-7所示。

对于一般位置的两直线，只要已知其任意两对同面投影平行，就能确定这两条直线在空间平行。但是当两直线同时平行于同一投影面时，第三面投影是否平行？例如，图3-2-7中给出了两条侧平线AB和CD的正面投影和水平投影，虽然a′b′//c′d′，ab//cd，但仍不能确定它们在空间中是否平行，必须求出其侧面投影才能确定。从图3-2-8通过其侧面投影可知，由于a″b″与c″d″不平行，所以空间两直线AB和CD不平行。

(2) 相交两直线

空间两直线相交，其在各投影面的同面投影必相交，且投影的交点正是空间同一点的投影（即符合空间一个点的投影规律）。反之亦然。当判断时，若其中一条线为特殊位置线，视情况还需应用定比法或作第三投影，如图3-2-9(1)所示。

(3) 交叉两直线

空间既不平行也不相交的两直线称为交叉（异面）直线。交叉两直线的同面投影可能相交，但"交点"不符合空间一个点的投影规律，如图3-2-9(2)、图3-2-9(3)所示。

注：根据直角定理，两直线垂直相交（或交叉），其中有一条直线为投影面平行线，则二直线在所平行的投影面上的投影仍垂直。那么，垂直是相交、交叉的特殊情况。相反，根据直角定理逆定理，两直线之一为某投影面平行线，且两直线在该投影面上的投影垂直，则空间两直线垂直。

3.3 平面的投影

在投影图中，为了形象起见，常采用平面图形表示一个平面。这种平面图形可能仅表示其本身，也有可能表示包括该图形在内的一个无限广阔的平面。

3.3.1 平面的表示方法

在投影图上表示空间平面，可以用下列几种方法确定。

①不在同一直线上的三点，如图3-3-1(1)所示；

②一直线和直线外的一点，如图3-3-1(2)所示；

③两条相交的直线，如图3-3-1(3)所示；

④两条平行的直线，如图3-3-1(4)所示；

⑤任意的平面图形（如三角形、四边形、圆或其他图形），如图3-3-1(5)所示。

3.3.2 投影面垂直面

平面在投影面体系中的相对位置有三种情况。

投影面垂直面：只垂直于一个投影面而与另两投影面倾斜的平面；

投影面平行面：平行于某一个投影面而与另两投影面垂直的平面；

一般位置平面：对三个投影面都倾斜的平面。

垂直于一个投影面而与另两个投影面倾斜的平面称为投影面垂直面，有以下三种，见表3-3。

①正垂面，垂直于V面，平行于H面和W面；

②铅垂面，垂直于H面，平行于V面和W面；

③侧垂面，垂直于W面，平行于V面和H面。

投影面垂直面的投影特征：在与平面垂直的投影面上的投影积聚成一条与投影轴倾斜的直线；其余两个投影为小于原平面形的类似形。

3.3.3 投影面平行面

平行于一个投影面，同时垂直于另两个投影面平面称为投影面平行面，有以下三种，见表3-4。

①正平面，平行于V面，垂直于H面和W面；

②铅平面，平行于H面，垂直于V面和W面；

③侧平面，平行于W面，垂直于V面和H面。

投影面平行面的投影特征：在与之平面的投影面上的投影反应实形；其余两个投影积聚为直线且分别平行于不同的投影轴，同时共同垂直于同一投影轴。

3.3.4 一般位置平面

一般位置平面的投影特点：它的三个投影既不反应实形，也没有积聚性，都是实形缩小的类似形，如图3-3-2所示。

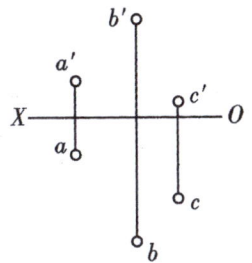

(1)

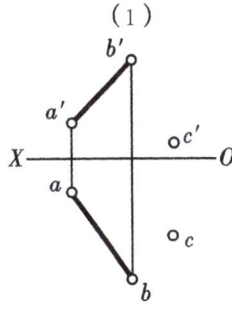

(2)

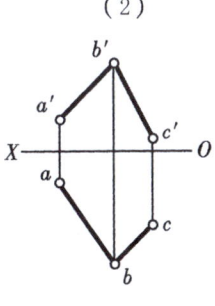

(3)

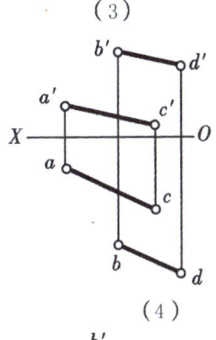

(4)

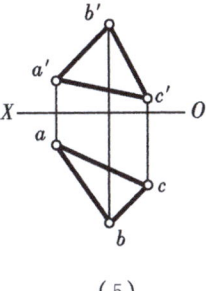

(5)

图3-3-1 空间平面在投影图上的表示方法

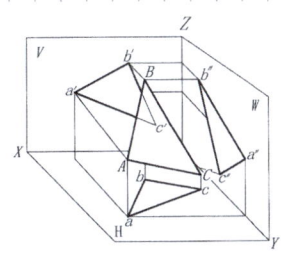 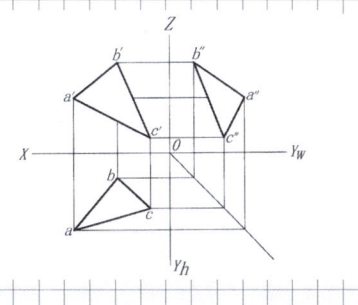

图3-3-2 一般位置平面的投影

表3-3 投影面垂直面的投影特性

名称	正垂面	铅垂面	侧垂面
立面图	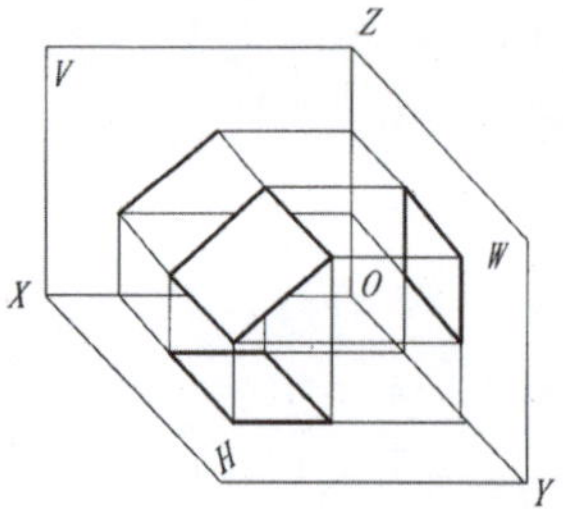	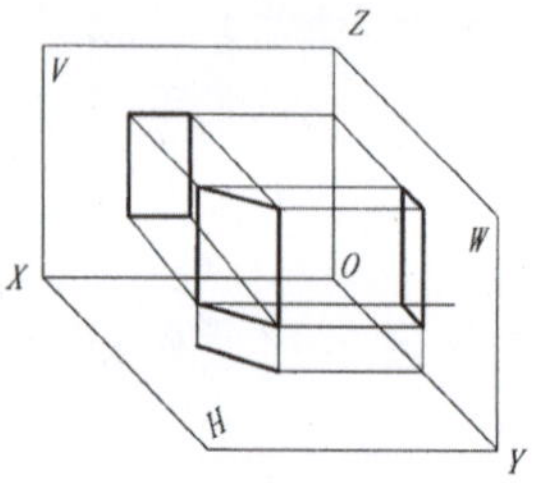	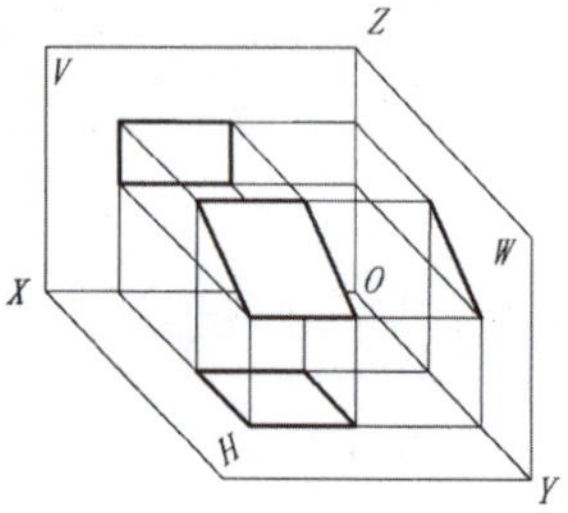
投影图	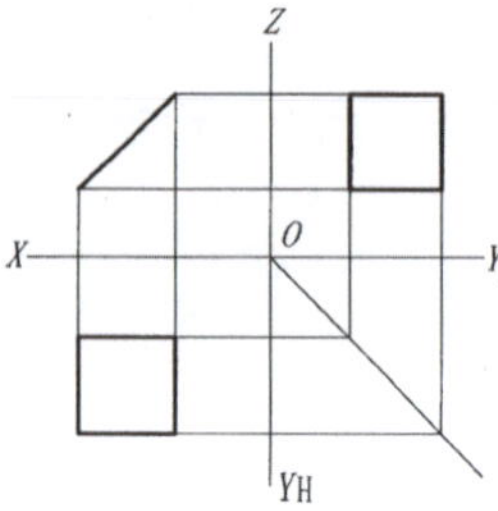	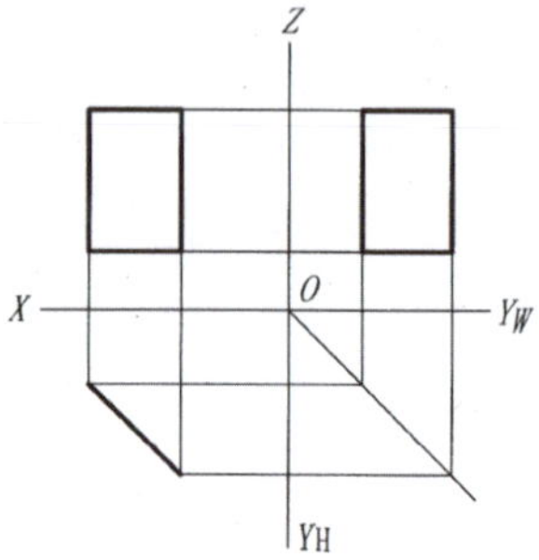	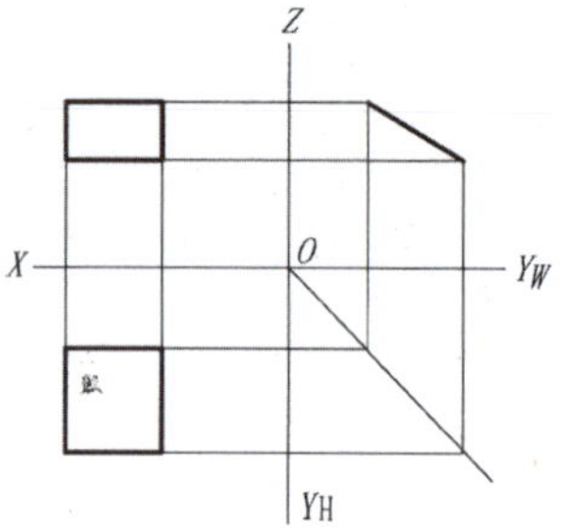
投影特性	1. 正面投影积聚成一线 2. 水平投影、侧面投影为类似形	1. 水平投影反映实形，且反映平面的倾角β、γ 2. 正面投影、侧面投影为类似形	1. 侧面投影积聚成一线，且反映平面的倾角α、β 2. 正面投影、侧面投影为类似形

表3-4 投影面平行面的投影特性

名称	正平面	水平面	侧平面
立面图	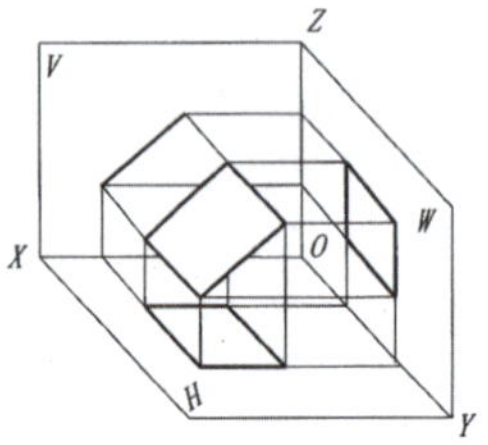	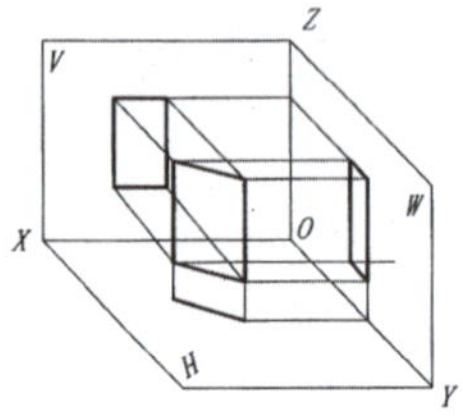	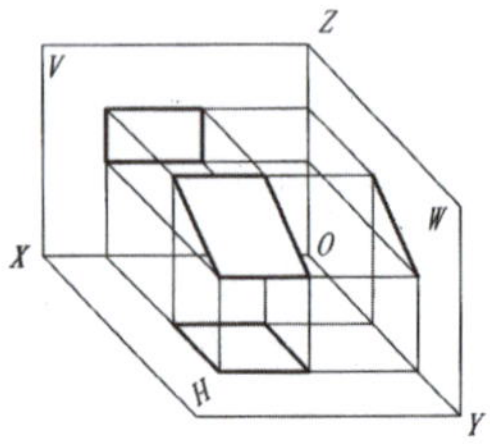
投影图	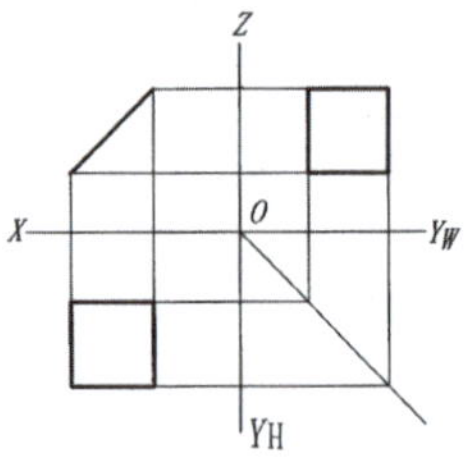	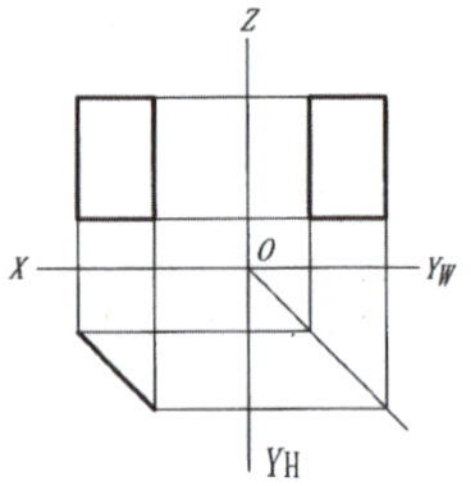	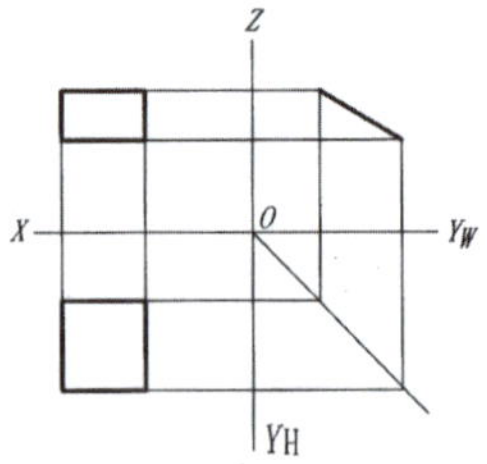
投影特性	1. 正面投影反映实形 2. 水平投影、侧面投影积聚成一线，且分别平行于OX、OZ轴	1. 水平投影反映实形 2. 正面投影、侧面投影积聚成一线，且分别平行于OX、OYW轴	1. 侧面投影反映实形 2. 水平投影、正面投影积聚成一线，且分别平行于OZ、OYH轴

课后练习

1. 点的三面投影有什么规律?
2. 什么是投影面平行线?投影面平行线有什么投影特性?
3. 什么是投影面垂直线?投影面垂直线有什么投影特性?
4. 什么是投影面平行面?投影面平行面有什么投影特性?
5. 一般位置平面的投影特点有哪些?
6. 求各点的第三投影,在图上画出。
7. 比较 A、B、C 三点的相对位置关系,填写下面空格。

   B 点在 A 点的___、___;

   B 点在 A 点的___、___;

   B 点在 A 点的___、___。

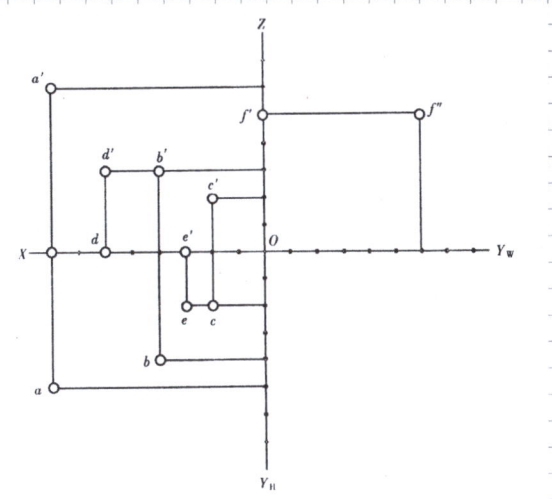

课后练习6题

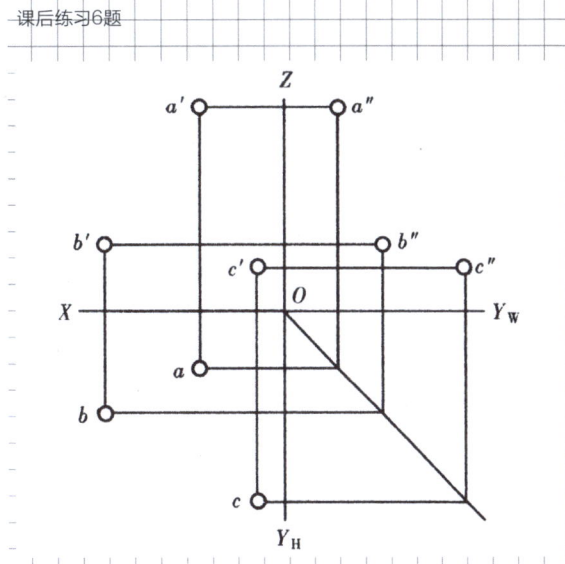

课后练习7题

第4章　基本形体的投影

课题概述

任何物体，不管其形状多么复杂，都可以看作是由棱柱、棱锥、圆柱、圆锥、圆球等基本几何体按一定方式组合而成的。因此，基本几何体是构成各种物体的基础。而体是由点、线、面等几何元素所组成的，所以体的投影实际上是点、线、面投影的综合。

基本形体分为平面体和曲面体两大类。由平面图形所围成的形体称为平面体；由曲面或由曲面和平面共同围成的形体称为曲面体；由多个几何形体按照一定的方式组合而成的形体称为组合体。

教学目标

本章主要以点、线、面的投影原理为基础，掌握一些常见基本几何体及组合体的三视图画法。

章节重点

平面体的三视图画法、曲面体的三视图画法、组合体的三视图画法及尺寸标注。

4.1 平面体的投影

我们把表面由平面围合而成的物体称为平面体。在建筑工程中,如果对建筑体进行形体分析,就会发现大部分建筑形体都属于平面体的类型,最常见的平面体有棱柱、棱锥和棱台等。平面体的每个表面是平面多边形,称为棱面;棱面的交线,称为棱线;棱线的交点称为顶点。在做平面体投影时,最重要的就是做出平面体顶点、棱线和棱面的投影。

▎4.1.1 棱柱体的三视图

两个平面(底面)互相平行,其余每相邻两个面的交线(棱线)互相平行的平面体称为棱柱,以棱数命名。

棱柱结构的相关术语:
①底面:棱柱上平行的两个表面。
②棱面:其余表面称为棱柱的侧面或棱面。
③棱线:相邻的两棱面的交线。

棱柱的种类:
①直棱柱:棱线垂直于底面的棱柱。
②斜棱柱:棱线与底面斜交的棱柱。
③正棱柱:底面是正多边形的直棱柱。

(1) 棱柱体视图的基本分析

下面以三棱柱为例,以图4-1-1进行直观分析。为了便于观察及准确表现绘制时的形状,放置三棱柱的底面与H面平行。三棱柱由上、下两个底面和三个侧面组成。上、下两个底面是相互平行的三角形(面DEF与面ABC平行),三个侧面垂直于H面。

三棱柱的俯视图(H面上投影):俯视图上的投影面abc是上、下两个面的重合投影,并反映上、下两个面的实形。三棱柱的三条边线即为三个侧面的积聚投影,三角形的三个顶点即为三条棱线的积聚投影。

三棱柱的主视图(V面上投影):在主视图中的投影,上、下两条线是上、下两个水平面的积聚投影,上、下两个面积聚成的两条直线相互平行,矩形是左边棱面ABDE和右边棱面ACDF投影的重合。

三棱柱的左视图(W面上投影):上、下两个底面聚为两条直线,投影中的矩形是左边棱面BCEF和右边棱面ABED投影的重合。

(2) 三棱柱的三视图绘制

三棱柱的作图步骤如图4-1-2所示:
①正视图是平行四边形(直棱柱是矩形)以及一条连接平行四边形上下两边中点的一条线段组成的图形。
②左视图是平行四边形。
③俯视图是三角形。
④三棱柱的侧棱均尺寸相等,上下底面的形状大小完全相同。

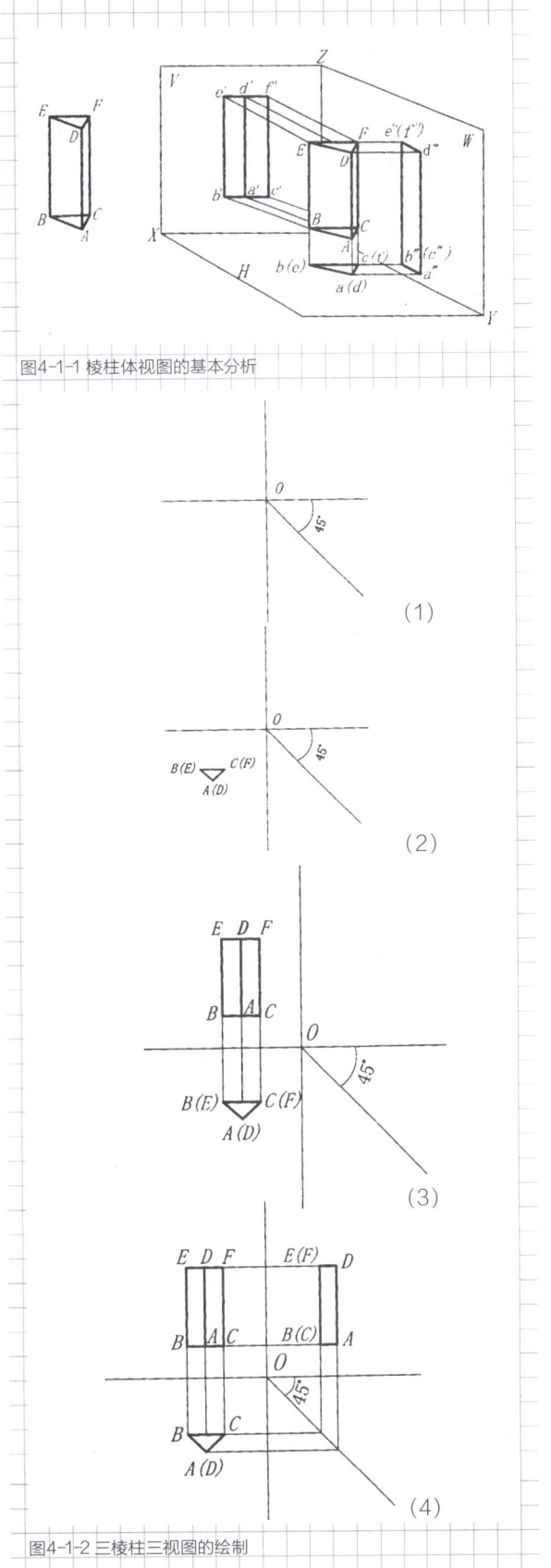

图4-1-1 棱柱体视图的基本分析

(1)

(2)

(3)

(4)

图4-1-2 三棱柱三视图的绘制

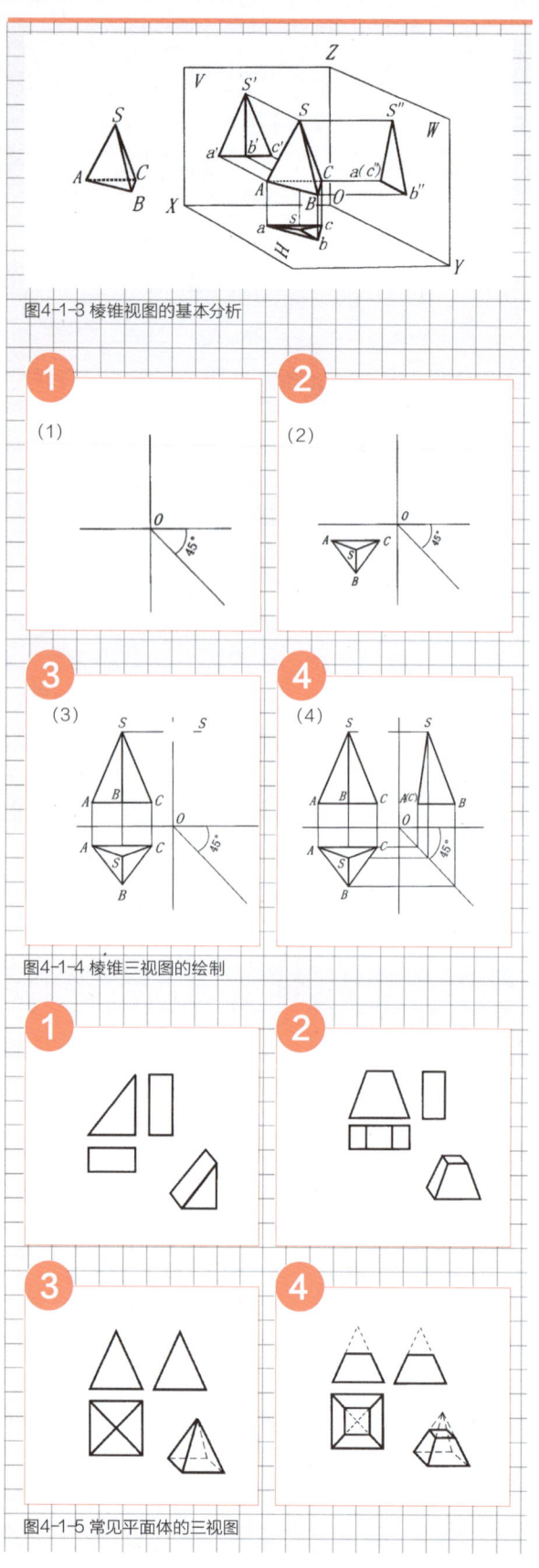

图4-1-3 棱锥视图的基本分析

图4-1-4 棱锥三视图的绘制

图4-1-5 常见平面体的三视图

4.1.2 棱锥体的三视图

棱锥与棱柱的区别是有一个平面（底面）是多边形，侧棱线交于一点，这一点称为锥顶。

棱锥：有一个平面（底面）是多边形，其余各面是有一个公共顶点的三角形的平面体称为棱锥，以棱数命名。

正棱锥：底面是正多边形，顶点与正多边形中心的连线垂直于底面的棱锥称为正棱锥。

(1) 棱锥视图的基本分析

下面以正三棱锥（图4-1-3）为例进行视图分析。为了便于观察及绘制时形状的准确表现，放置三棱锥的底面与H面平行，后面的面SAC与V面平行。正三棱锥由三个侧面和一个底面组合而成。它的底面是等边三角形，三个侧面是等腰三角形，三条棱线相交于顶点S。

三棱锥的俯视图（H面上投影）：在俯视图上的投影abc反映三角形的底面的实形。由于是正三角形，因此S点的投影落在三角形abc三个角平分线的交点上。三条侧棱SA、SB、SC的投影分别是边sa、sb、sc。

三棱锥的主视图（V面上投影）：在主视图上的投影分别是两个侧面的类似形，底面的投影积聚成一条直线a'c'，后侧面SAC被前面两个侧面（SAB与SBC）挡住。

三棱锥的左视图（W面上投影）：在左视图上的投影s″a″b″是三角形左、右两个侧面（SAB与SAC）的投影的重合。底面积聚为一条直线a″b″。

(2) 棱锥体的三视图绘制步骤

根据以上的视图分析，作图步骤如图4-1-4(1)~(4)所示：

①画辅助线（定X轴和Y轴）。
②画出俯视图。
③根据俯视图，画出主视图。
④根据俯视图和主视图画出左视图。

4.1.3 常见平面体的三视图

图4-1-5就是用前述方法画出的一些常见平面体的三视图，对照立体透视图，理解清楚视图间的尺寸关系和空间方位的对应关系。

4.2 曲面体的投影

在建筑工程中，常遇到各类圆形柱子、球形屋顶、隧道拱等，因此，学习并掌握曲面体的投影作图，在建筑制图中十分必要。

在曲面体中，回转面体在工程上应用较广。所谓回转曲面，就是由一条母线（直线或曲线）绕一固定轴回转所形成的曲面。母线是运动的，母线在曲面上的任一位置处，称为素线，如图4-2-1所示。所以，回转曲面可看成由无数的素线所组成。

另外，在回转曲面上的任意一点，都随着母线一起回转，点的回转轨迹是一个圆，这个圆称为纬圆。纬圆的圆心在回转轴上，纬圆平面与回转轴垂直。由于回转曲面的母线是由无数点所组成的，因此回转曲面也可以看成是由无数纬圆所组成。

(1) 曲线

曲线指一个点在空间自由运动的轨迹。

平面曲线：曲线上所有点都位于同一平面上。

空间曲线：曲线上连续四个点不在同一平面上。

(2) 曲面

曲面：直线或曲线按一定规律运动所形成的轨迹。

回转面：一直线或一曲线绕一定轴旋转而形成的曲面。

由直线运动而形成的曲面称为直纹面，由曲线运动而形成的曲面称为曲纹面或复曲面。母线上一点的运动轨迹称为纬圆，所在平面垂直于轴线，如图4-2-2所示。

曲面体最常见的基本形体有圆柱、圆锥、圆球等。

4.2.1 圆柱

以矩形的一边所在直线为旋转轴，其余三边旋转形成的面所围成的旋转体叫作圆柱。

(1) 圆柱视图的基本分析

圆柱视图的基本面分析如图4-2-3所示。为了观察方便及准确表现绘制时的形状，放置圆柱的底面与H面平行。圆柱的俯视图（H面上投影）：俯视图反映圆柱上、下底面实形的圆。圆柱的主视图（V面上投影）：主视图上的投影为一个矩形，圆柱上、下两个圆积聚成上、下两条边eg、ac。另外两条边ae、cg分别是轮廓线AE、CG的投影，并反映实长。圆柱的左视图（W面上投影）：左视图上的投影也是一个矩形，f′ b′和h′ d′是轮廓线FB和HD的投影。

(2) 圆柱的三视图绘制

圆柱的作图步骤如图4-2-4(1)~(4)所示。

①圆柱的主视图为矩形。

②圆柱的俯视图为圆。

③圆柱的左视图为矩形。

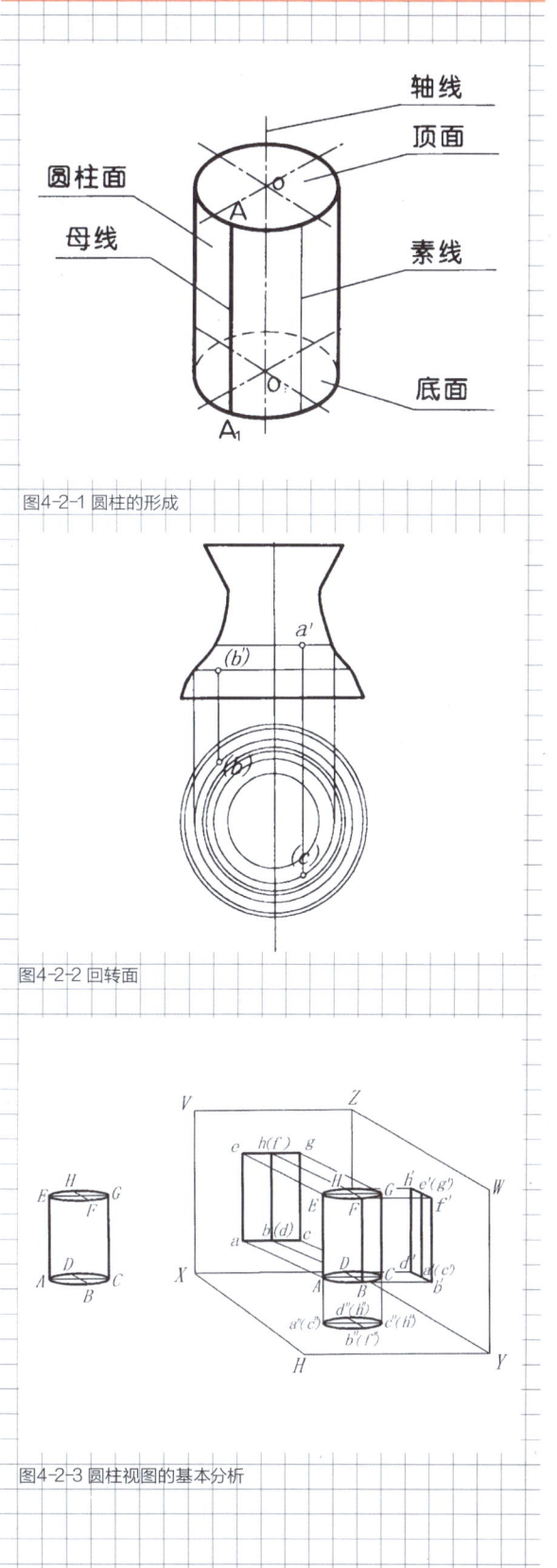

图4-2-1 圆柱的形成

图4-2-2 回转面

图4-2-3 圆柱视图的基本分析

4.2.2 圆锥

(1) 圆锥的形成

圆锥是由圆锥曲面和底面圆围合而成的,如图4-2-5所示。

圆锥面是由一直线SA绕与其相交的轴线OO^1旋转一周而成。SA称为母线,母线在旋转过程中的任一位置称为素线,母线上任一点M随母线旋转的轨迹均为圆,这些圆称为纬圆。

(2) 圆锥视图的基本分析

圆锥视图的基本分析如图4-2-6所示。

放置圆锥底面与H面平行。

圆锥的俯视图(H面上投影):俯视图上的投影为圆,反映底面实形。圆锥锥顶点S的投影与底面圆心垂直重合。

圆锥的主视图(V面上投影):主视图上的投影是一个三角形。底边$c'd'$是底面圆的积聚投影,两条腰线是圆锥面上左、右两边轮廓线SA和SB的投影。

圆锥的左视图(W面上投影):左视图上的投影也是一个三角形。底边仍然是底面圆的积聚投影,两条腰线是圆锥两条轮廓线SC和SD的投影。

(3) 圆锥的三视图绘制

圆锥的作图步骤如图4-2-7(1)~(4)所示。

①主视图的形状是等腰三角形。

②左视图的形状是与主视图形状与大小一样的等腰三角形。

③俯视图是圆形。

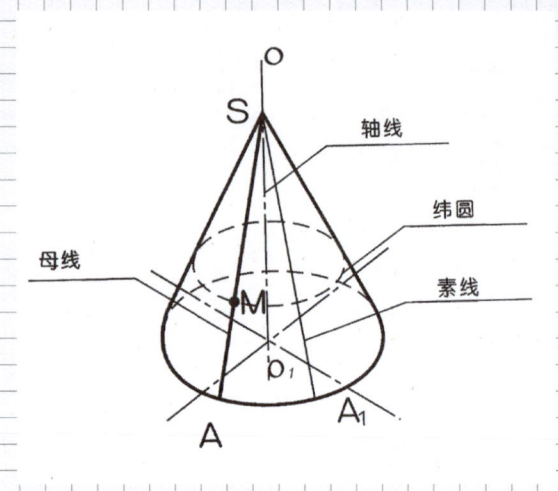

图4-2-5 圆锥的形成

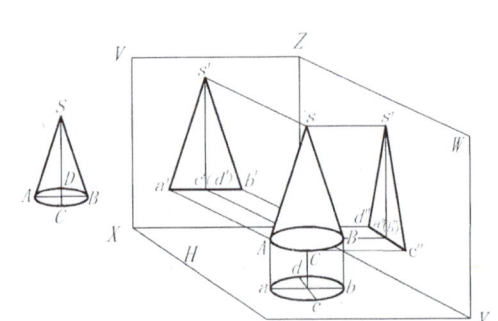

图4-2-6 圆锥视图的基本分析

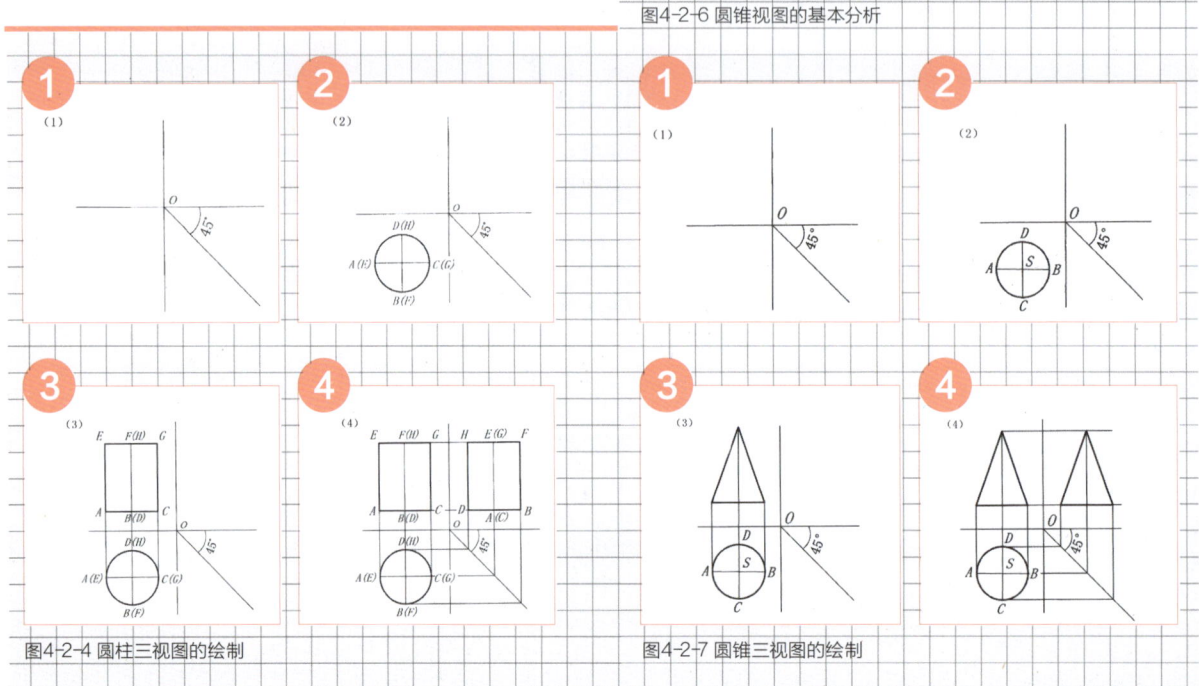

图4-2-4 圆柱三视图的绘制

图4-2-7 圆锥三视图的绘制

4.2.3 圆球

圆球是到定点的距离等于定长的点的集合。定点称为圆心，定长称为半径。

(1) 圆球的基本分析

圆球的视图相对简单，如图4-2-8所示，投影与三视图中的任何一个面都不平行，从俯视图（H面上投影）、主视图（V面上投影）、左视图（W面上投影）上看，都是圆形。

(2) 圆球的三视图绘制

圆球的作图步骤如图4-2-9（1）～（4）所示。虽然三个视图形状大小完全一样，但圆形轮廓素线在圆球表面上的位置都不大相同。

①主视图上的圆是平行于V面的球面上最大圆的投影；
②俯视图上的圆是平行于H面的球面上最大圆的投影；
③侧视图上的圆是平行于W面的球面上最大圆的投影。

4.3 组合体的投影

物体大多都是由一些简单的基本几何体组成的，这种由多个基本几何体按一定方式组合而成的形体，称为组合体。与单体几何形体相比，组合体相对复杂。然而不论再复杂的组合体都是多个单体的组合，所以分清楚各个单体的形状及其投影图形后，绘制几何形体的投影就相对简单。

4.3.1 组合体的投影分析方法

(1) 形体分析法

由于组合体形状比较复杂，可在投影图上把形体分解成几个组成部分，根据每个组成部分的投影，想象出它们所表示的形体的形状，再根据各组成部分的相对位置关系，想象出整个形体的形状，这种读图的方法叫作形体分析法，如图4-3-1所示。

(2) 线面分析法

在对投影图进行形体分析的基础上，对投影图中难以看懂的局部投影，根据线、面的投影规律，逐一分析它们的形状和空间位置，这种方法称为线面分析法。

运用线面分析法读图，要掌握投影图中每一线框和每一线段所代表的空间意义。投影图中的线框，一般是形体某一表面的投影。投影图中的线段，一般是投影面垂直面的积聚投影，或是两相交平面的交线，或是曲面体外形轮廓线的投影。

当实际读图时，常以形体分析法为主，线面分析法为辅，综合运用。任何一个形体的投影轮廓都是封闭的线框，因此当读图时，首先在初读的基础上，把组合体大致划分成几个部分；其次在正面投影上找出封闭的线框，并利用"三等关系"找出各线框在其他投影面上的投影，想象出每一个线框所表示的形状，对各组成部分的细部，再进一步运用线面分析法分析其形状；最后，根据它们的相对位置想象出组合体的整体形状。

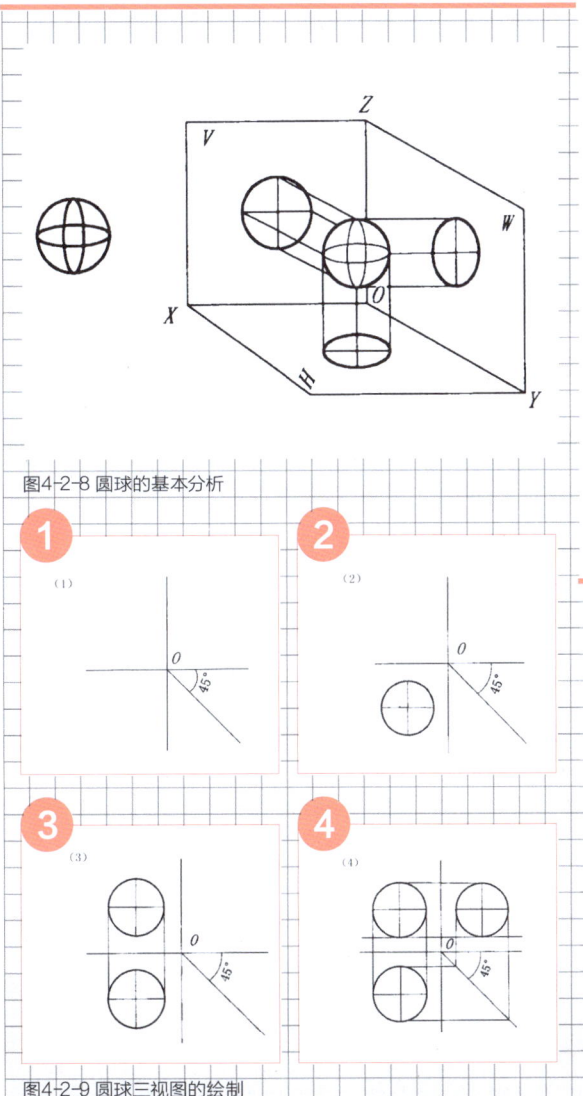

图4-2-8 圆球的基本分析

图4-2-9 圆球三视图的绘制

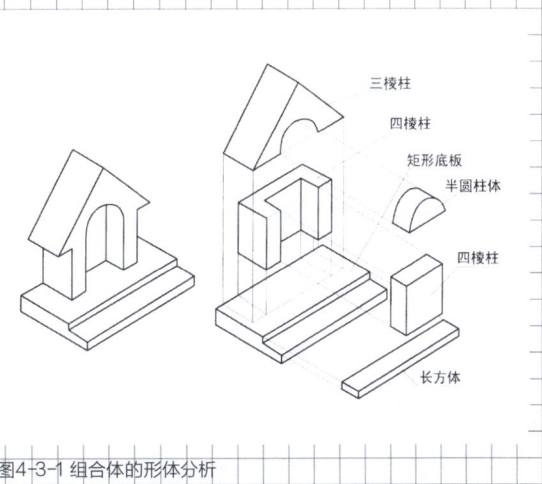

图4-3-1 组合体的形体分析

4.3.2 组合体的类型

①叠加型,可以看作是由若干个几何体叠加而成,如图4-3-2所示。

②切割型,可以看作是由一个几何体切去了某些部分而成,如图4-3-3所示。

③混合型,可以看作是由叠加型和切割型混合而成,如图4-3-4所示。

4.3.3 组合体三视图的画法

首先,进行组合体的形体分析。弄清楚组合体是由哪几个简单的几何形体组成,并分析单体几何形在各个视图上的投影图形。

第二步,选好主视图,摆好组合体的位置。通常是把最能表现组合体特征的那一面作为主视图。

最后,仔细分析几个单体重叠时前后的遮挡关系。选定图幅,依次按比例画出即可。

以下是几组组合体的三视投影案例。

（1）叠加型组合体三视图的画法

①形体分析。该组合体可以看成是由两个平面几何体叠加而成。如图4-3-5所示。

②选择主视图。主视图是三视图中最重要的视图,选择主视图时,一般应将最能反映物体形状特征的面平行于V面,同时要尽量多的平面与投影面平行或垂直。

③分别画出各组成部分的三视图,如图4-3-6所示。

（2）切割型组合体三视图的画法

图4-3-7是一个切割型组合体,其作图步骤如图4-3-8所示。

（3）混合型组合体三视图的画法

混合型组合体三视图的画法与叠加型和切割型相同。

4.4 投影图的尺寸标注

任何几何体都有长、宽、高三个方向的大小,所以在它的投影图上标注尺寸时,要把反映三个方向大小的尺寸都标注出来,这样才能准确地表达一个形体。

4.4.1 尺寸标注的要求

尺寸标注是施工的重要依据,尺寸标注的要求是标注正确、标注完整、标注清晰。

标注正确:是指投影图上标注的尺寸应符合制图国家标准中关于尺寸标注的基本规定;

标注完整:指这些尺寸标注可以唯一地确定形体的形状、大小及各部分的相互位置;

标注清晰:指标注的所有尺寸在投影图中的位置明显、整齐、有条理并符合施工的要求。

所以,在标注尺寸时,要考虑两个问题:一是形体上应标注哪些尺寸;二是尺寸应标注在投影图的什么位置。

4.4.2 基本形体的尺寸标注

对于基本形体,一般只标注长、宽、高尺寸,如图4-4-1所示。

但由于各自的形状不同,也采用了一些不同的标注方法,如球体、圆柱、圆锥,如图4-4-2所示。

当基本形体被截切后,除标注出基本形体的尺寸外,还应标注出截平面位置的尺寸,但不要标注截交线的位置及长度尺寸,如图4-4-3所示。

当基本形体被截切后,除标注出基本形体的尺寸外,还应标注出截平面位置的尺寸。但不要标注截交线的位置及长度尺寸,如图4-4-4所示。

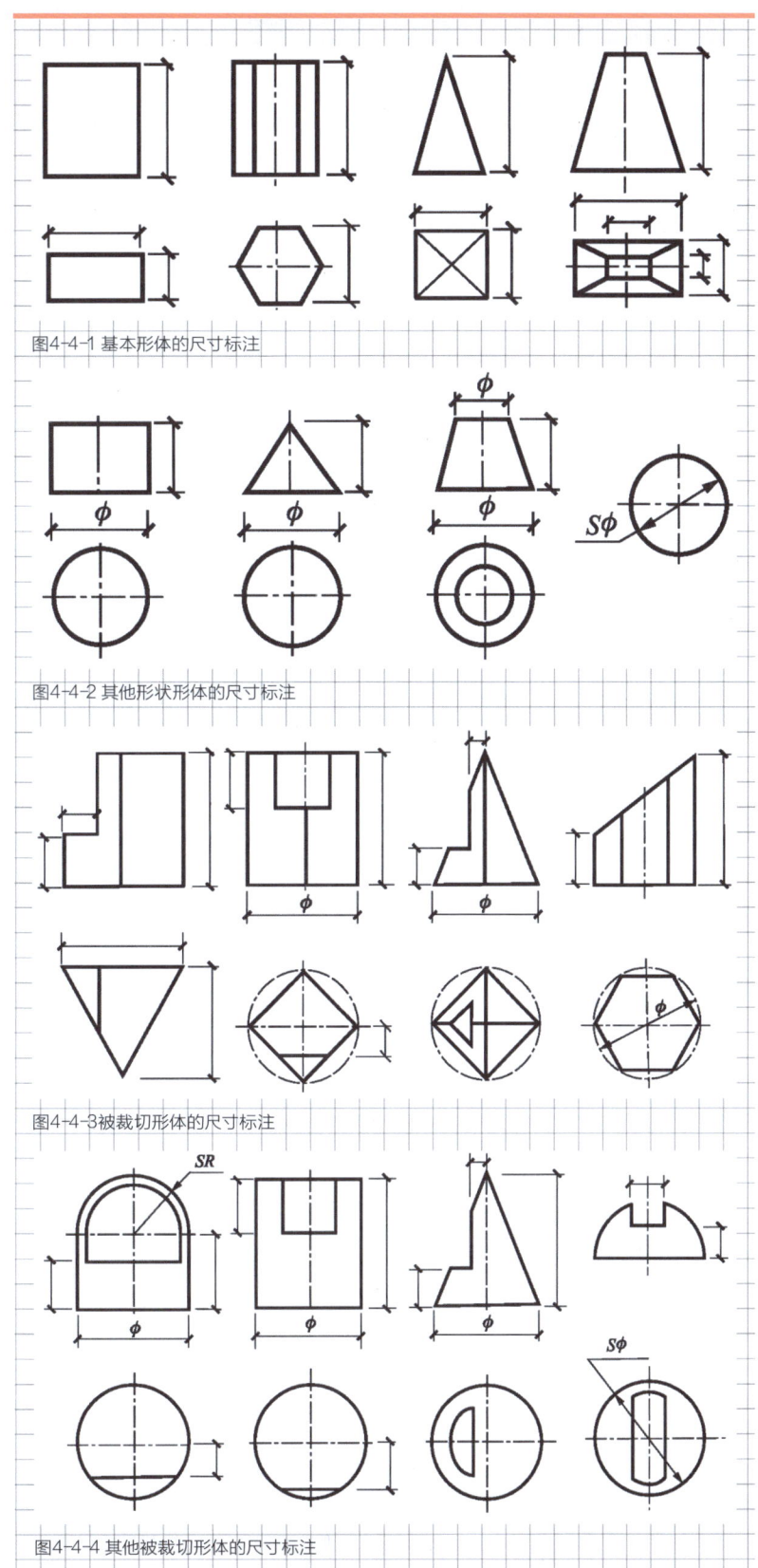

图4-4-1 基本形体的尺寸标注

图4-4-2 其他形状形体的尺寸标注

图4-4-3 被裁切形体的尺寸标注

图4-4-4 其他被裁切形体的尺寸标注

4.4.3 尺寸的种类

组合体的尺寸可以分为三类,定形尺寸、定位尺寸和总尺寸。

(1) 定形尺寸

用以确定构成组合体的各基本几何体大小的尺寸称为定形尺寸。由于组合体是由多个基本体进行叠加或切割而成的,因此,定形尺寸的标注应以基本形体的尺寸标注为基础,如图4-4-5所示。钢板上的两个圆孔的定形尺寸是φ60;钢板的定形尺寸是500、30、200。

(2) 定位尺寸

用以确定构成组合体的各基本形体之间相对位置的尺寸。标注定位尺寸要有基准,通常把形体的底面、侧面、对称轴线、中心轴线等作为尺寸标注的基准,如图4-4-5所示。左边圆孔以左端面为基准,X向的定位尺寸为100,以底面为基准,Z向的定位尺寸为80;右边圆孔以左边圆孔垂直中心线为基准,X向的定位尺寸为150,以底面为基准,Z向的定位尺寸为80。

在此应注意,一般回转体的定位尺寸,应标注到回转体的轴线上,不能标注到孔的边缘。

(3) 总尺寸

用以确定组合体的总长、总宽和总高的尺寸。

当基本几何体的定形尺寸与组合体的总尺寸数字相同时,两者的尺寸合二为一,不必重复标注。如图4-4-5中,500、30、200既是钢板的定性尺寸,也是组合体的总尺寸。

4.4.4 尺寸标注的原则

①尺寸标注要严格遵守国家制图标准的有关规定。

②尺寸标注要齐全,即所标注的尺寸完整不遗漏。为了施工方便,一般都将尺寸标注为封闭的尺寸。

③尺寸尽量标注在反映该形体特征的投影图上,并将表示同一部分的尺寸集中在同一投影图上。

④尺寸尽量标注在轮廓线之外,但又要靠近被标注的基本形体。

⑤尽量避免在虚线上标注尺寸。

⑥与两投影图有关的尺寸尽量标注在两投影图之间。并将同一方向的尺寸组合起来,排成几道,小尺寸在内,大尺寸在外,尺寸相互间要平行、等距。

⑦同一图上的尺寸单位应一致。

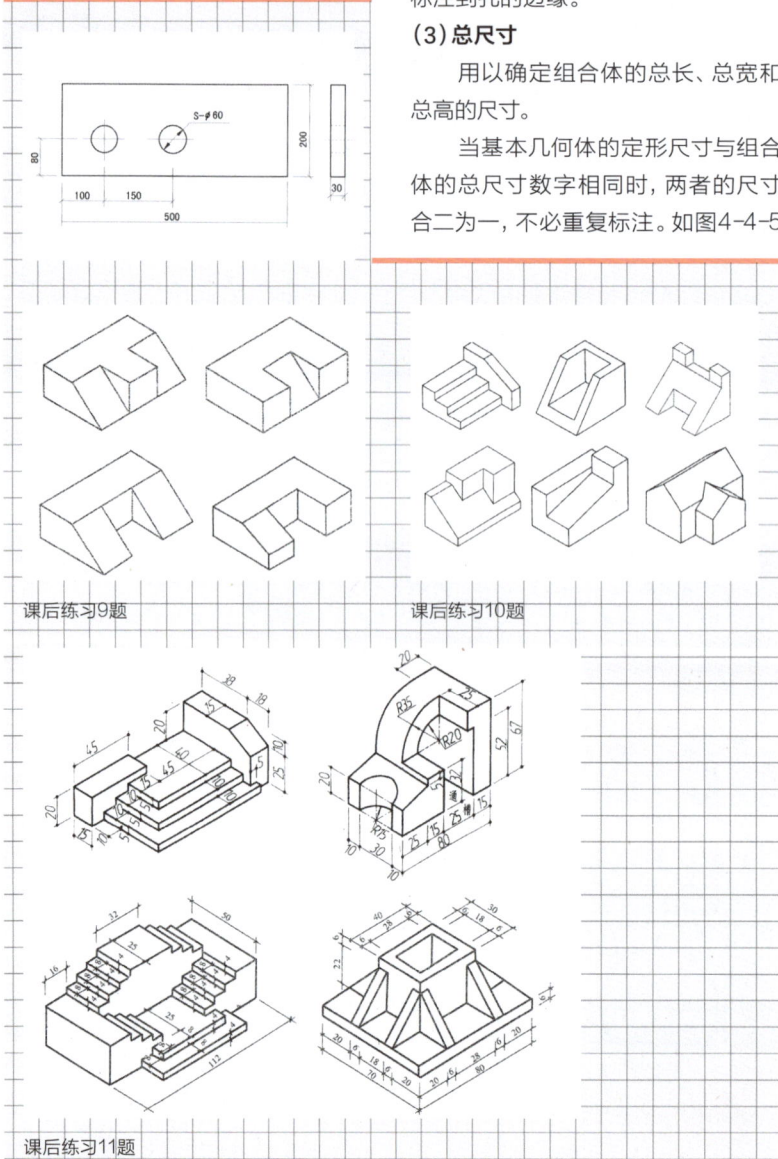

课后练习9题
课后练习10题
课后练习11题

课后练习

1. 什么是平面体?
2. 棱柱、棱锥的投影特征有哪些?
3. 什么是曲面体?
4. 什么是轮廓素线?
5. 圆柱、圆锥和球的投影特征有哪些?
6. 什么是组合体?组合体有哪几种形式?
7. 什么是形体分析法?
8. 尺寸标注的原则有哪些?
9. 由立体图作组合体的三视图并标注尺寸(尺寸由图上量取)。
10. 由立体图作组合体的三视图并标注尺寸(尺寸由图上量取)。
11. 绘制组合体的三视图并标注尺寸(比例自定)。

第5章　轴测图

课题概述

轴测图是在一个平面上三个面正投影的展现，可反映空间物体在投影面上的完整状态，即空间物体的三维图形。本章主要介绍轴测投影的形成、特点和轴测投影的分类、画法。为学生的理论学习奠定了又一坚实基础。

教学目标

通过本章的学习使学生充分掌握轴测投影图的画法，并运用在专业制图中。

章节重点

正等测及斜二测轴测图的绘制及运用。

5.1 轴测投影的基本知识

正投影图能够较完整、准确地表达形体的形状和大小，且作图简便，所以在工程中被广泛应用。但是这种图立体感差，不能反映出立体的空间形象，要具有一定的读图能力才能看得懂。为了获得更有立体感的投影图，我们根据平行投影的方法，绘制能够反映物体原形的轴测投影图，它忠于原物，更加理性，更有说服力，更易于表现物体全貌，相较于三视图更具有立体感。但是它的缺点是不能直接反映物体各表面的真实形状和大小，因而度量性差，同时作图较正投影复杂。所以多数情况下只能作为一种辅助图，用来帮助人们读懂正投影图，如图5-1-1所示。

5.1.1 轴测投影的形成

三面正投影图是将物体放在三个互相垂直的投影面之间，用一组分别垂直于各投影面的平行投影进行投影。轴测图是根据平行投影的原理，采用与物体的三个向度都不一致的投影方向，将空间物体及确定其位置的直角坐标系一起平行投影于某一投影面上所得的投影。在轴测投影图中，物体三个方向的面都能同时反映出来，如图5-1-2所示。

5.1.2 轴测轴、轴间角、轴向伸缩系数

①轴测投影面：轴测投影所在的投影面。

②轴测轴：空间直角坐标轴OX、OY、OZ在轴测投影面上的投影称为轴测投影轴，简称轴测轴。

轴间角：轴测轴之间的夹角。

③轴向伸缩系数：轴测轴上的单位长度与原来坐标轴上单位长度的比值，称为轴向伸缩系数，简称变形系数。

5.1.3 轴测图的种类

（1）对物体相互垂直的三个面在一个投影面上进行平行投影，按照投影方向与轴测投影面是否垂直可以分为：

①正轴测图：投射方向垂直于投影面，如图5-1-3所示；

②斜轴测图：投射方向倾斜于投影面，如图5-1-4所示。

（2）按三个轴向伸缩系数是否相等，分为：

①正等轴测图，三个轴向伸缩系数相等，简称正等测；

②正二等轴测图，任意两个轴的伸缩系数相等，简称正二测；

③正三测轴测图，三个轴的伸缩系数都不相等，简称正三测。

各种轴测投影的名称，可由两个分类名称合并而得，如正轴测投影中的二等轴测投影，称为正二等轴测投影。此外，在斜轴测投影中，若使轴测投影面平行正立坐标面或水平坐标面，则可在有关名称前再加"正面"或"水平"两字，如正面斜二等轴测投影。

5.1.4 轴测图的基本性质

①平行性：空间平行的直线，其轴测投影仍相互平行。

推论：平行于坐标轴的线段，其轴测投影仍平行于相应的轴测轴。

②定比性：空间各平行线段的轴测投影的伸缩系数相等。

推论：因此空间平行于坐标轴的线段，其伸缩系数等于相应的轴向伸缩系数。如果知道了轴测投影中的轴测轴的方向和伸缩系数，则与每条坐标轴平行的直线，其轴测投影必平行于相应轴测轴，其轴测投影长度等于原来的长度乘以该轴的伸缩系数。

所谓"轴测"，就是说沿坐标轴的方向，即平行于坐标轴的直线，可以测量长度。它可以由空间长度乘以该轴的伸缩系数得出投影长度，也可以由投影长度除以该轴的伸缩系数，得出原来长度。任何轴测图，凡物体上与三个坐标轴平行的直线尺寸，在轴测图中均可沿轴的方向量取；和坐标轴不平行的直线，其投影可能变长或缩短，不能在图上直接量取尺寸，而要先定出该直线的两端点的位置，再画出该直线的轴侧投影。一条直线与投影面倾斜，它的投影长度和实际长度之比，称为轴向变形系数。如果三个坐标轴与轴测投影面倾斜角度不同，则三个轴测轴的变形系数也就不同。在实际作图中，由于按变形系数作图比较麻烦，一般只选用简单变形系数或不考虑变形系数的轴测投影。

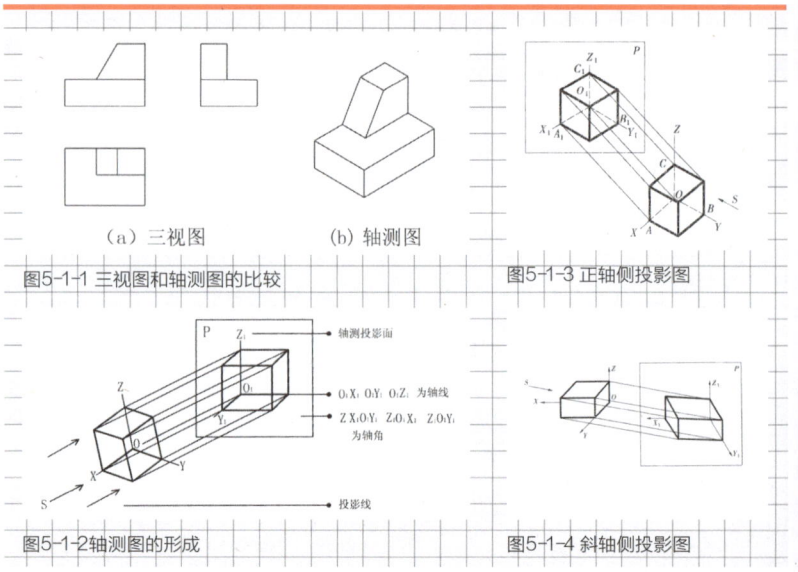

图5-1-1 三视图和轴测图的比较
（a）三视图　（b）轴测图

图5-1-3 正轴侧投影图

图5-1-2 轴测图的形成

图5-1-4 斜轴侧投影图

5.2 轴测图的分类与画法

5.2.1 正等轴测图的轴间角、轴向伸缩系数

当确定形体空间位置的直角坐标轴 OX、OY、OZ 与轴侧投影面的倾角均相等时,用正投影法投影形体所得到的投影图称为正等轴测图,简称正等测。

正等测投影的条件是投射方向与轴测投影面垂直,三个坐标轴 OX、OY、OZ 与轴测投影面倾斜而且倾角相等。

(1) 轴间角

正等轴测图的轴间角都相等,都是120°,如图5-2-1所示。画法如图5-2-2所示。

(2) 轴向伸缩系数

正等轴测图的轴向伸缩系数也相等,均为0.82。为了作图方便,实际绘制时简化系数"1",凡平行于各坐标轴的尺寸均按原尺寸作图。这样画出的图形比原轴测投影大些,各轴向长度均放大,但形状并不改变,不影响立体感,如图5-2-3所示。

5.2.2 正二等轴测图的轴间角、轴向伸缩系数

正等测图画法简便,使用广泛。但在某些情况下,正等测图显得呆板,立体感不够强。此时可以改变空间物体定位坐标轴与轴测投影面的相对位置,使得三根坐标轴中只有两根轴与轴测投影面的倾角相等,因此这两根轴的伸缩系数相等,轴间角也只有两个相等,这样得到的正轴测投影图,称为正二等轴测投影,简称正二测。

(1) 轴间角

采用正二等轴测图时,通常使 OX 轴和 OZ 轴对轴测投影面的倾角相等,轴间角 $\angle X_pO_pY_p = \angle Y_pO_pZ_p$ =131°25′,$\angle X_pO_pZ_p$ =97°10′,如图5-2-4所示,画法如图5-2-5所示。

(2) 轴向伸缩系数

理论伸缩系数 $p=r=0.94$,$q=0.47$,简化系数 $p=r=1$ 和 $q=0.5$,如图5-2-4所示。这时画出的正二测图比实际投影放大1.06倍。

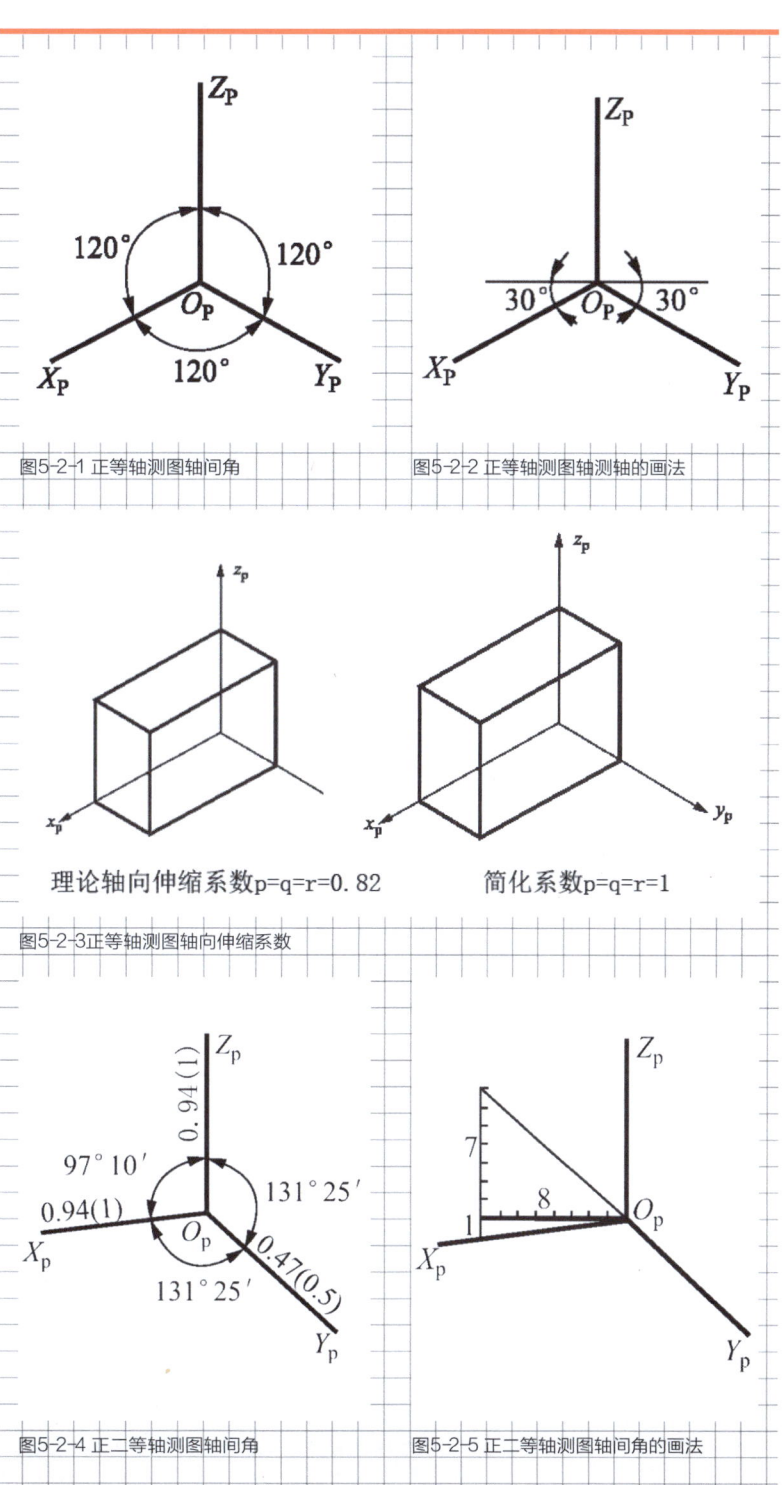

图5-2-1 正等轴测图轴间角　　图5-2-2 正等轴测图轴测轴的画法

理论轴向伸缩系数 $p=q=r=0.82$　　简化系数 $p=q=r=1$

图5-2-3 正等轴测图轴向伸缩系数

图5-2-4 正二等轴测图轴间角　　图5-2-5 正二等轴测图轴间角的画法

5.2.3 斜二等轴测图的轴间角、轴向伸缩系数

当投射方向倾斜于轴测投影面时，得到的就是斜轴测投影。当两个坐标轴的轴向伸缩系数相同时，得到的投影称为斜二等轴测投影（简称斜二测）。

(1) 轴间角

正面斜二测图的正面反映实形，XOZ坐标平面平行于轴测投影面，轴间角$\angle X_pO_pZ_p=90°$，一般使O_pY_p与水平线成45°，方向可左可右，通常选轴间角$\angle X_pO_pY_p = \angle Y_pO_pZ_p =135°$，如图5-2-6所示，画法如图5-2-7所示。

(2) 轴向伸缩系数

轴向变形系数$p=r=1$、$q=0.5$，如图5-2-6所示。

5.2.4 水平斜轴测图的轴间角、轴向伸缩系数

(1) 轴间角

水平斜等测图的水平面反映实形，XOY坐标平面平行于轴测投影面。轴间角$\angle X_pO_pY_p =90°$。一般使OZ竖直向上，OX与水平线成30°、45°或60°，可根据具体情况而定，如图5-2-8所示，画法如图5-2-9所示。

(2) 轴向伸缩系数

轴向伸缩系数 $p=q=r=1$，如图5-2-9所示。

5.2.5 轴测图的画法

画平面体轴测投影的基本方法是坐标法。实际作图中，还应根据形体的不同特点而灵活采用其他不同的作图方法，如叠加法、切割法以及综合法等来简化作图。

画轴测投影的作图步骤（如图5-2-10所示）：

① 确定坐标轴；
② 画轴测轴；
③ 用上述介绍的方法画轴测图；
④ 擦去多余的图线，加深可见轮廓线，不可见轮廓线通常不画。

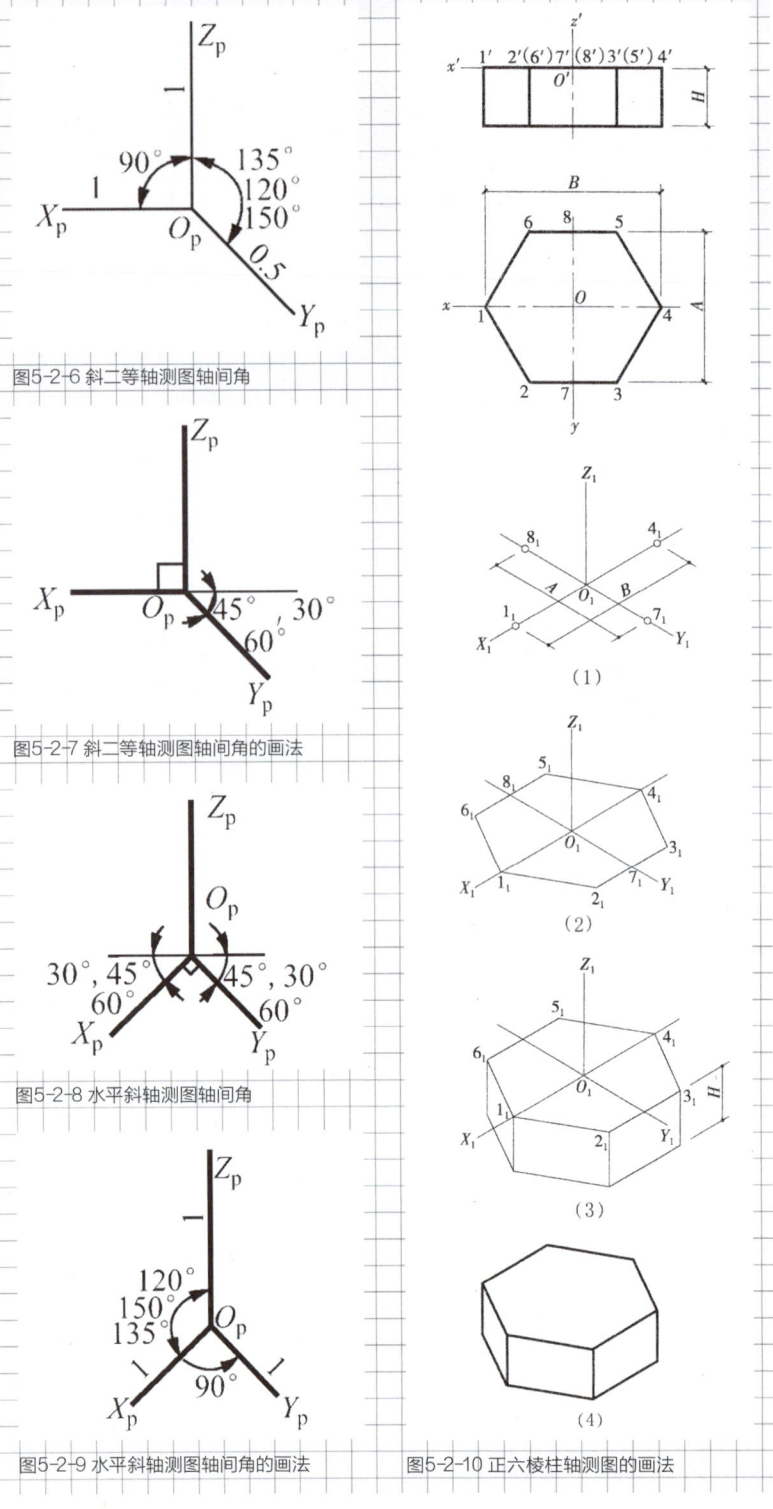

图5-2-6 斜二等轴测图轴间角
图5-2-7 斜二等轴测图轴间角的画法
图5-2-8 水平斜轴测图轴间角
图5-2-9 水平斜轴测图轴间角的画法
图5-2-10 正六棱柱轴测图的画法

5.3 轴测图的选择

绘制物体轴测投影的主要目的是使所画图形能反映出物体的主要形状，立体感强，并大致符合日常观看物体时所得的形象。轴测投影的种类很多，选用不同的轴测图和物体摆放位置以及观察方向，将产生不同的效果。所以轴测图选择时，应按物体的形状特征和对立体感程度的要求综合考虑而确定。

5.3.1 各种轴测图的特点及应用

①正等轴测图的轴间角相等，各轴的轴向变形系数均为1。适合画三个方向都有圆的较复杂的物体的轴测图，或具有水平或侧平圆的立体。但正方形构成的物体，或在正投影图中，物体有和水平方向成 45°的表面，就不应采用正等测图。因为这种方向的平面在轴测图上积聚为一条直线，平面就显示不出来，削弱了图形的立体感。

②正二等轴测图的直观性和立体感最好。但由于各轴间角不等，轴测轴不容易画，而且其 Y 轴的变形系数为 0.5，平行于各坐标面的圆的轴测投影为两种不同的椭圆。所以正二等轴测投影图绘制较为麻烦。常用来表达平面立体或中等复杂程度的某些物体。

③斜二等轴测图的轴间角容易画出，其 Y 轴的变形系数为 0.5。因此凡是平行于 V 面的圆或曲线，其轴测投影反映实形，绘制较为方便。比较适合画具有正平圆或曲线的立体。但它的立体感相对差些。

④水平斜轴测图绘制较为容易，因为平行于H面（XOY）的水平斜等测投影反映实形，再加上高度即可。往往用于绘制小区的建筑群、绿化、道路、广场或其他公共设施的总体规划的立体图。虽然比鸟瞰透视图的直观性和立体感都差些，但作图要简捷很多，当对表达的直观性和立体感的要求不很高时可以采用。

5.3.2 轴测投影类型选择时应注意的问题

①避免遮挡，使物体各部分尽量可见。在选择轴测投影类型时要注意避免物体各部分之间的相互遮挡，尽可能使各部分结构可见，特别是一些孔、洞和槽的底部。如图5-3-1所示。

②避免形体的表面投影成直线。如图5-3-2所示。

③避免失真。如图5-3-3所示。

④轴测投影可以分为哪两大类？

⑤正等轴测投影轴间角与轴向变形系数的关系如何？

⑥正面斜轴测投影轴间角与轴向变形系数的关系如何？

⑦水平斜轴测投影轴间角与轴向变形系数的关系如何？

⑧根据下面视图，绘制其正等轴测图，尺寸从图中量取。

⑨绘制梁板柱节点的正等轴测图，尺寸从图中量取。

⑩根据下面房屋的平面图和立面图，绘制房屋的斜二等轴测图（门、窗只画门洞、窗洞），尺寸从图中量取。

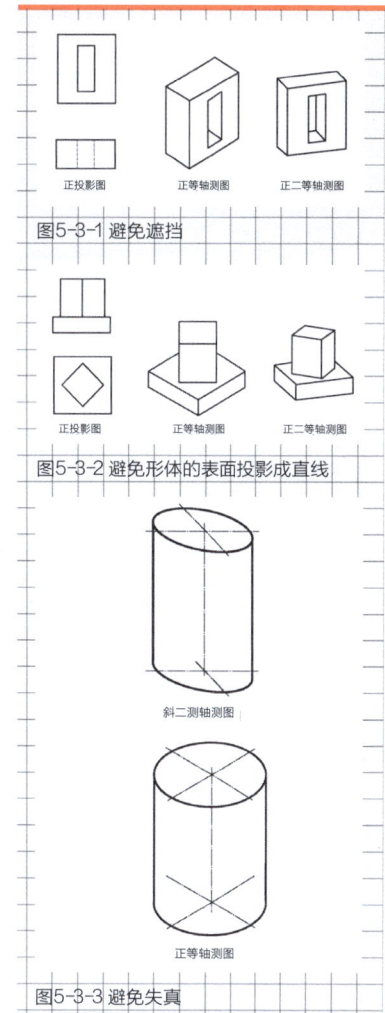

图5-3-1 避免遮挡

图5-3-2 避免形体的表面投影成直线

图5-3-3 避免失真

课后练习

1. 轴测投影可以分为哪两大类？
2. 正等轴测投影轴间角与轴向变形系数的关系如何？
3. 正面斜轴测投影轴间角与轴向变形系数的关系如何？
4. 水平斜轴测投影轴间角与轴向变形系数的关系如何？
5. 根据下面视图，绘制其正等轴测图，尺寸从图中量取。

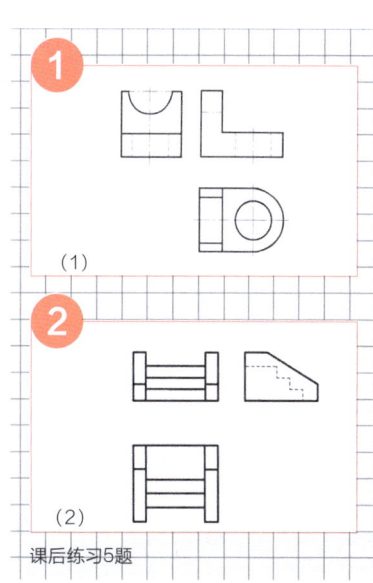

课后练习5题

第6章 工程图样的规定画法

课题概述

本章主要讲述基本投影图、斜视图、局部视图、展开视图、镜像视图五种形体的表示方法,以及组合体的投影图的画法、读法及尺寸标注,最后我们学习建筑制图中常用的剖面图、断面图、详图及投影图的简化画法。这将在制图的基本知识与技能、画法几何与专业制图之间架起一座承上启下的桥梁。

教学目标

通过五种形体的表示方法,引出组合体投影图的画法、读法及尺寸标注,以及剖面图、断面图及投影图的简化画法,并掌握这些画法,同时运用投影制图的方法,更好地学习制图方法。

章节重点

组合体投影图、剖面图、断面图的画法及投影图的简化画法。

6.1 视图

物体向投影面投影所得的图形称为视图，视图可分为基本视图、斜视图、局部视图、展开视图、镜像视图。

6.1.1 基本视图

形体向基本投影面投影所得的视图，称为基本视图。

国家标准规定，基本投影面为正六面体的六个面内，将形体放在正六面体内，分别向六个面投影，即可得到六个基本视图。

对于较为复杂的工程形体，三视图往往不能满足需要，此时需要增加新的投影面，画出新的视图来表达。即在三视图的基础上，再增加三个分别平行于 H、V、W 面的新投影面 H_1、V_1 和 W_1，从而得到六投影面体系，如图 6-1-1 所示。这样，就形成了六个投影面和六个视图，通常称为基本投影面和基本视图，如图 6-1-2 所示。

在工程制图中，把 H 投影称为平面图，V 投影称为正立面图，W 投影称为左侧立面图，W_1 称为右侧立面图，V_1 称为背立面图，H_1 称为底面图。其中，平面图相当于观看者面对 H 面，从上向下观看形体所得的投影图；正立面图是面对 V 面从前向后观看时所得的投影图；左侧立面图是面对 W 面，从左向右观看时所得的投影图；而从右向左、从后向前、从下向上观看时所得的投影图分别是右侧立面图、背立面图和底面图。六个基本投影图的排列位置是一定的，当按规定位置摆放投影图时，图名可省略不标，如图 6-1-3 所示。

当受图幅限制，投影图不能按规定位置摆放时，应标注投影图名称，如图 6-1-4 所示。

基本视图的投影规律：

长对正：正立面图、底面图、平面图、背立面图；

宽相等：平面图、底面图、左侧立面图、右侧立面图；

高平齐：正立面图、左侧立面图、右侧立面图、背立面图。

6.1.2 斜视图

当形体具有倾斜部分时，在基本视图上就不能反映该部分的实形，同时也不便标注其倾斜结构的尺寸。为此，可加设一个与该倾斜部分平行的投影面并进行投影，这样即可得到反映其实形的视图。这种将物体向不平行于任何基本投影面的平面投影所得的视图称为斜视图。简而言之就是，物体的某一部分向不平行任何基本投影面的平面投影所得的视图，称为斜视图，如图 6-1-5 所示。

在图 6-1-5 中，形体的右方部分不平行于任何基本投影面，为了要得到反映该倾斜部分实形的投影图，可设置换一个平行于该倾斜部分的辅助投影面，我们可以方便地做出图中 A 向所示的斜向投影图。

绘制斜向投影图时，应在基本投影图附近用箭头指明投影方向，并标注大写字母（如 A 向）。斜向投影图的下方用同样的大写字母注明其名称。这些字应沿水平方向书写。

斜向投影图最好布置在箭头所指的方向上，必要时允许将斜向投影图旋转成不倾斜而布置在任何位置，但这时应加注"旋转"两字。

斜视图只要求表达出倾斜部分的图形，边界线以波浪线或折断线断开，而其余部分仍在基本视图中表示。

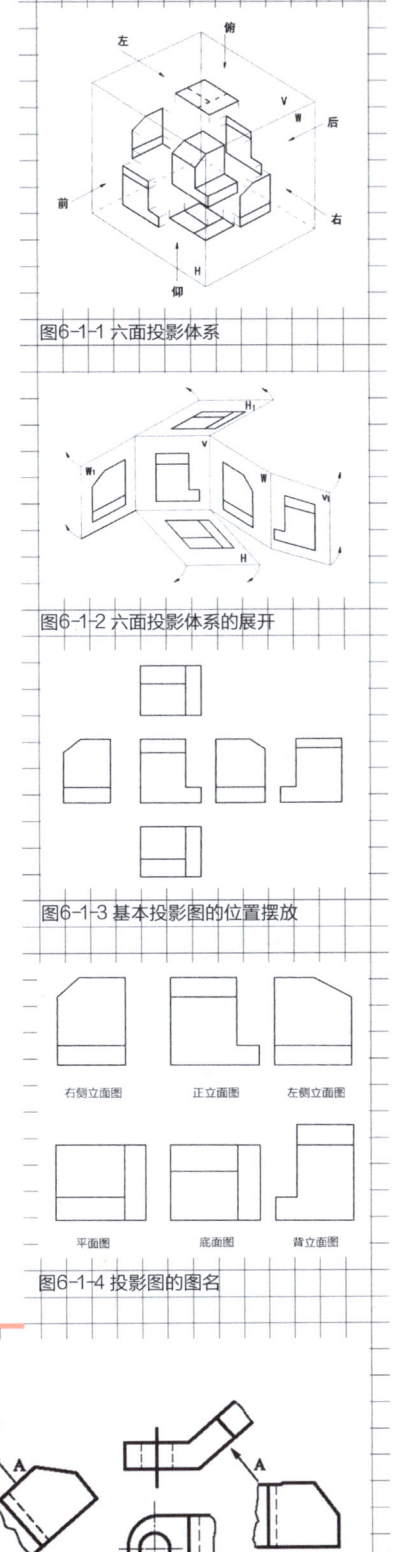

图6-1-1 六面投影体系

图6-1-2 六面投影体系的展开

图6-1-3 基本投影图的位置摆放

图6-1-4 投影图的图名

图6-1-5 斜视图

6.1.3 局部视图

物体的某一部分向基本投影面投影所得的视图,称为局部视图,如图6-1-6所示。

局部视图主要用于表达某一局部的结构形状,其优点是应用灵活,所画范围根据需要而定。

画局部视图时,同斜向投影图一样,一般要用箭头表示它的观看方向,并注上字母,在相应的局部视图上标注同样的字母。局部视图的边界线以波浪线表示,但当所示部分以轮廓线为界时,则不需要画波浪线。

6.1.4 展开视图

当形体立面的某些部分与基本投影面不平行时,可将该部分展开至与投影面平行再作正投影。这时要在图名后加注"展开"字样,如图6-1-7所示。

6.1.5 镜像视图

当对某些工程构造用一般正投影不易表达时,可采用镜像投影,即假想用镜面代替投影面,在镜面中得到形体的垂直映像。如在房屋建筑图中一般不采用底面图,但有些建筑物如梁、柱在楼板的下面。其平面图,用虚线画出,图形显得杂乱,会给读图带来不便。如果把镜面放在物体的下面,代替水平投影面,梁、柱等在镜面中反射得到的图像,称为镜像视图。当用这种投影时,应在图名后加注"镜像"二字,如图名为"平面图(镜像)",如图6-1-8所示。

6.2 剖面图

物体上不可见部分的投影,在视图中是用虚线表示的。若物体的内部结构较复杂,在视图中就会出现很多虚线,这些虚线往往与其他线条重叠在一起而影响图形的清晰,不便于看图及标注尺寸。为了解决这一问题,国家标准规定采用剖面图来表达形体的内部形状。

6.2.1 剖面图的形成

假想用一剖切面在形体的适当位置将形体剖开,移去观察者和剖切面之间的部分,将剩余部分向投影面投影,所得的投影图称为剖面图(也称为剖视图)。如图6-2-1所示。

6.2.2 剖面图的画法

(1)剖切方法

如图6-2-2所示,剖视图应按下列方法剖切后绘制(图中所画的剖切面假设是透明的)。截平面可以是一个,也可以是两个或多个,在必要时,还可以用柱面(可称截柱面)剖开工程形体。截平面和截柱面统称剖切面。

①用一个剖切面完全剖开工程形体,如图6-2-2(1)所示。

②需要用两个或两个以上平行的剖切面剖开工程形体,如图6-2-2(2)所示。

③需要用两个或两个以上相交的剖切面剖开工程形体,如图6-2-2(3)所示。

④用两个或两个以上平行的剖切面逐层剖开工程形体,如图6-2-2(4)所示。

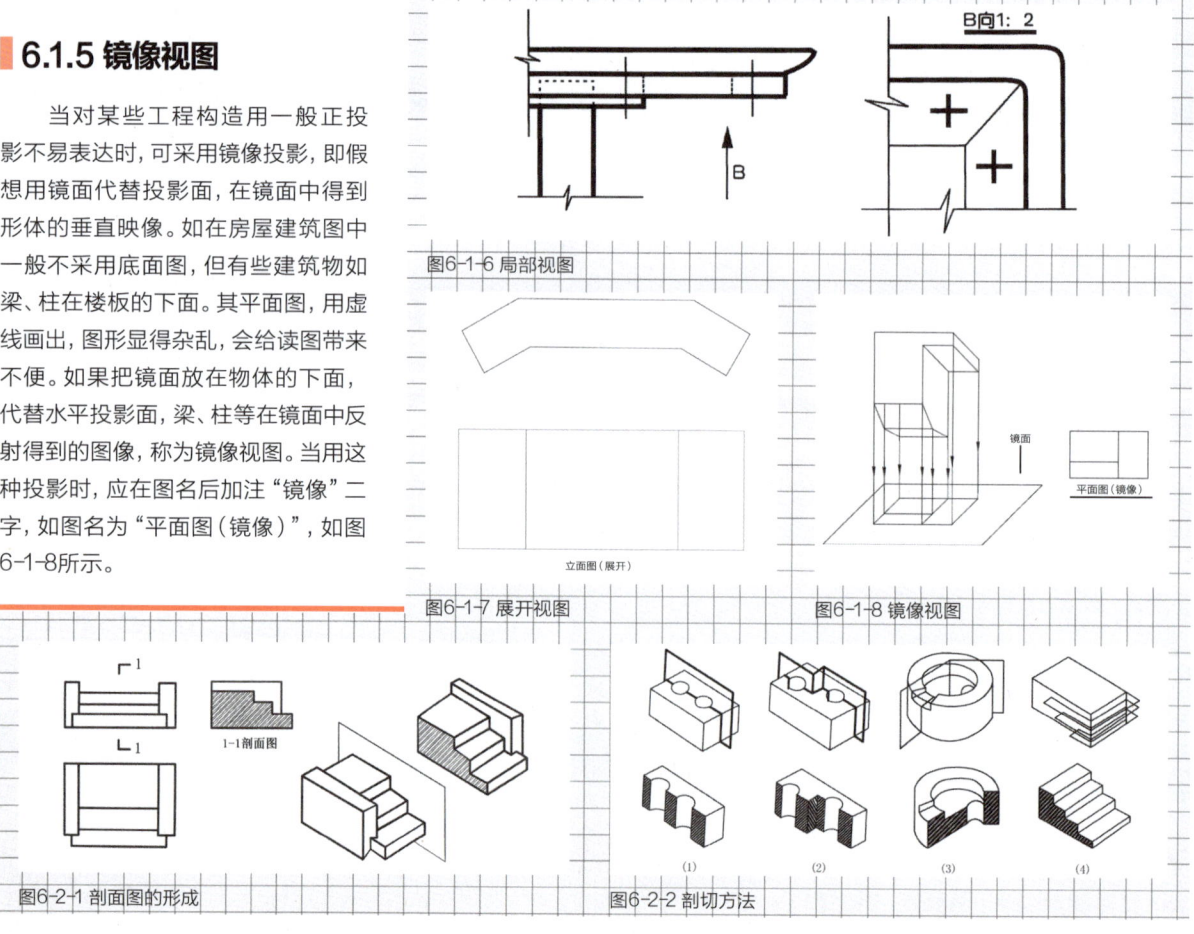

图6-1-6 局部视图

图6-1-7 展开视图

图6-1-8 镜像视图

图6-2-1 剖面图的形成

图6-2-2 剖切方法

（2）剖面图的标注

剖面图的标注由剖切符号和编号构成，如图6-2-3所示。

①剖切符号

剖切符号由剖切位置线和投影方向线构成。

剖切位置线和投影方向线均用粗实线表示，剖切位置线长度宜为6mm~10mm。应不穿越视图中的图线，并且不能与图中的其他图线相交或重合。投影方向线应垂直于剖切位置线，表示观看方向为朝向这一侧，长度应短于剖切位置线，宜为4mm~6mm。

②编号

剖切符号的编号宜采用阿拉伯数字表示，按顺序由左至右、由下至上连续编排，并应注写在投影方向线的端部，都应水平书写。需要转折的剖切线，应在转角的外侧加注与该符号相同的编号。

剖面图一般以剖切编号命名。在图样中，为了便于读图，在剖视图的下方或一侧应注写与其编号对应的图名，并在图名下画一条粗横线，其长度等于注写编号的长度，如图6-2-4所示。

（3）画剖面图应主要的问题

①剖切平面一般应通过物体的对称面或通过内部的孔、槽等结构的轴线和对称中心线，以便反映结构实形。剖切时，要避免产生不完整要素或不反映实形的截断面，如图6-2-5所示。

②由于剖切是假想的，因此当形体的一个视图画成剖面图后，其他视图仍应完整地画出，如图6-2-6所示。

③若在一个形体上做几次剖切，每次剖切都应认为是对完整形体进行的，即与其他的剖切无关。根据物体内部形状、结构表达的需要，可把几个视图同时画成剖面图，它们之间相互独立，互不影响。

④剖面图中已表达清楚的物体内部形状，在其他视图中投影为虚线时，一般不必画出；但对于没有表示清楚的内部形状，仍应画出必要的虚线，如图6-2-7所示。

⑤在同一形体的各图中，各剖面图上的剖面线方向及间距应一致。

⑥不要漏画线，如图6-2-8所示。

⑦常用建筑材料的图例画法，对其尺寸比例不做具体规定。

⑧两个相同的材料图例相接时，图例线应错开或使倾斜方向相反，如图6-2-9所示。

⑨当选用标准中没有所需的建筑材料图例时，可自编图例，但不得与本标准中的图例重复。

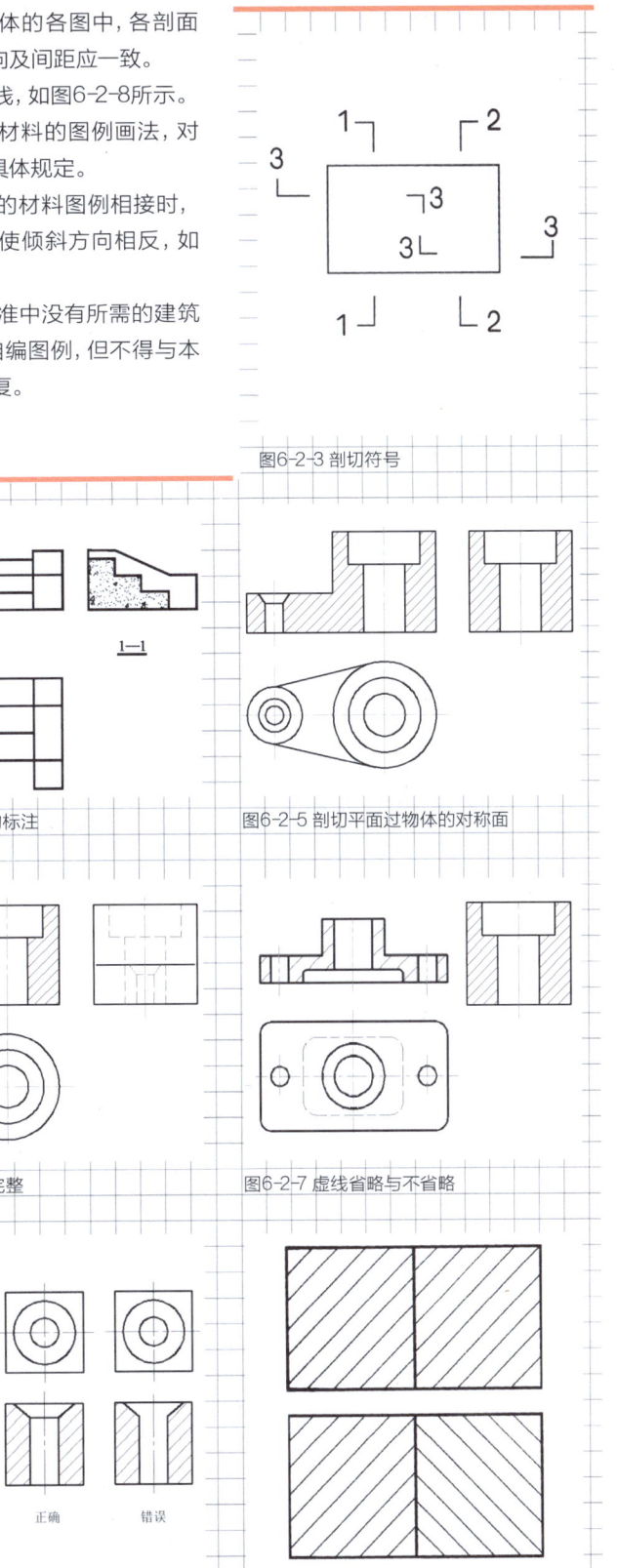

图6-2-3 剖切符号

图6-2-4 剖面图的标注

图6-2-5 剖切平面过物体的对称面

图6-2-6 视图应完整

图6-2-7 虚线省略与不省略

图6-2-8 不漏画线

图6-2-9 相同材料图例相接的画法

6.2.3 剖面图的种类

当画剖视图时，根据工程形体的不同形状、特征，常选用下述几种不同的剖切方法所形成的剖视图。

(1) 全剖面图

假想用一个剖切平面将形体全剖切开，然后画出形体的剖面图，称为全剖面图，如图6-2-4所示。

对于不对称的建筑形体，或虽然对称但外形较简单，或在另一投影中已将其外形表达清楚时，可以用全剖面图。

全剖面图一般应进行标注，但当剖切平面通过形体的对称线，且又平行于某一基本投影面时，可不标注。

(2) 半剖面图

当形体的内、外部形状均较复杂，且在某个方向上的投影为对称图形时，可以在该方向的投影图上一半画未剖切的外部形状，另一半画剖切开后的内部形状，此时得到的剖面图称为半剖面图，如图6-2-10所示。

画半剖面图时注意事项：

①在半剖面图中，规定用形体的对称线(或细点画线)作为剖面图和外形视图的分界线；

②半剖面图中的半个剖面通常画在图形的竖直对称线的右方，或水平对称线下方；

③由于在剖面图一侧的图形已将形体的内部形状表达清楚。因此，在未剖一侧不应再画表达内部形状的虚线；

④对于同一图形来说，所有剖面图的建筑材料图例要一致。

(3) 局部剖面图

当形体某一局部的内部形状需要表达，但又没必要做全剖或不适合作半剖时，可以保留原投影图的大部分。用剖切平面将形体的局部剖切开而得到的剖面图称为局部剖面图，如图6-2-11所示。

局部剖视图的外形视图部分和剖视图部分用细波浪线分解，波浪线表明剖切范围，不能超出图样的轮廓线，也不应和图样上的其他图线相重合。由于局部剖视图的剖切位置一般都比较明显，所以局部剖视图通常都不会标注剖切符号，也不另行标注剖视图的图名。

(4) 分层局部剖面图

分层局部剖面图，反映地面各层所用的材料和构造的做法，多用来表达房屋的楼面、地面、墙面和屋面等处的构造，如图6-2-12所示。

分层局部剖面图一般不需标注，但局部剖面图与投影图之间要用波浪线隔开。需要注意的是，波浪线不能与投影图中的轮廓线重合，也不能超出图形的轮廓线。

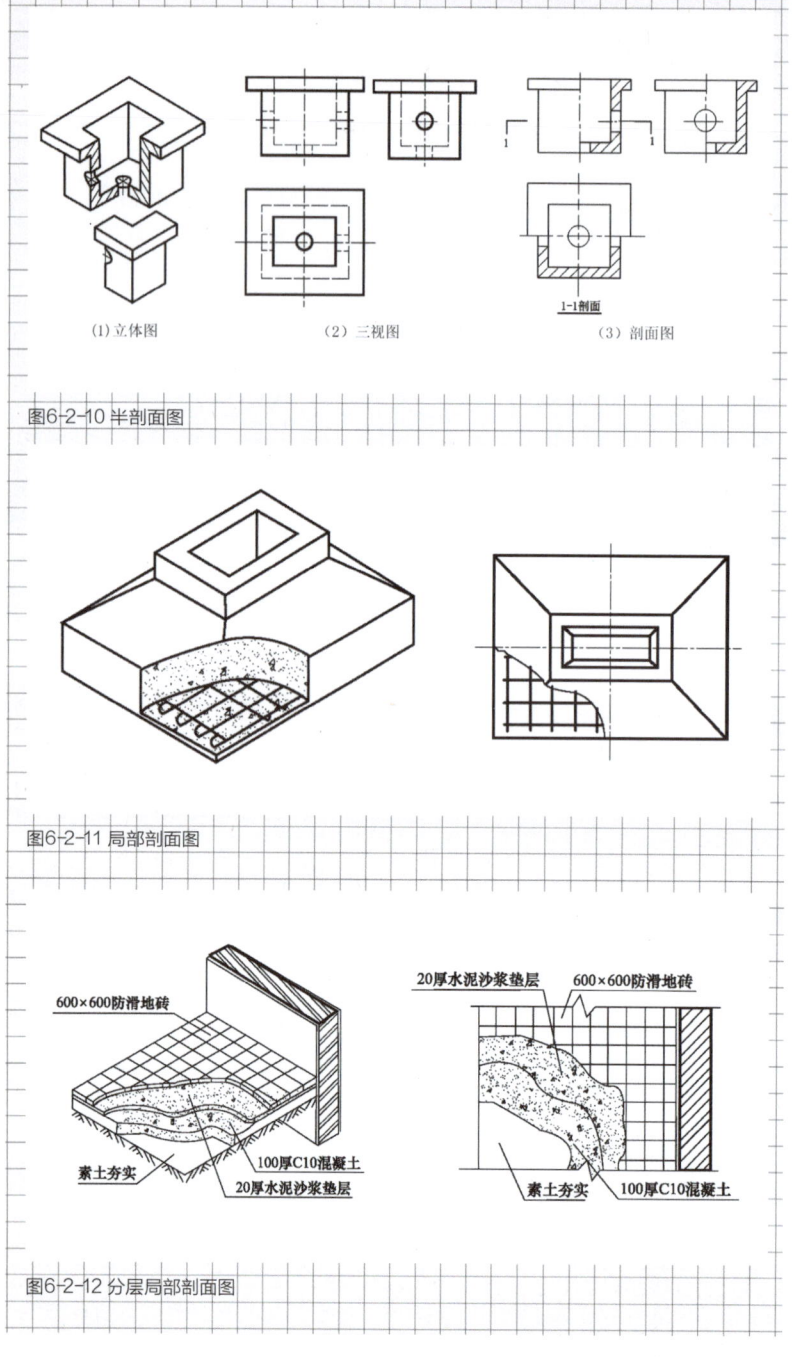

图6-2-10 半剖面图

图6-2-11 局部剖面图

图6-2-12 分层局部剖面图

(5) 阶梯剖面图

当形体上有较多的孔、槽等内部结构，且用一个剖切平面不能都剖到时，则可假想用几个互相平行的剖切平面，分别通过孔、槽等的轴线将形体剖开，所得的剖面图称为阶梯剖面图，如图6-2-13所示。

阶梯剖注意事项：

① 在剖视图中，不能画出各剖切平面转折处的界线。

② 要正确选择剖切平面的位置，在图形内不应出现不完整的要素。

在阶梯剖面图中，不能把剖切平面的转折平面投影成直线，并且要避免剖切平面在图形轮廓线上转折。阶梯剖面图必须要进行标注，其剖切位置的起、止和转折处都要用相同的阿拉伯数字标注，如图6-2-13所示。

(6) 旋转剖面图

采用两个或两个以上的相交平面把形体剖开，并将倾斜于投影面的断面及其所关联部分的形体绕剖切面的交线旋转到与基本投影面平行后再进行投影，所得的剖面图称为旋转剖面图，如图6-2-14所示。

采用旋转剖面剖视图时，以假想的两个相交的剖切平面剖开工程形体，移去假想剖切掉的部分，把留下的部分向选定的基本投影面作正投影。但对倾斜于选定的基本投影面的剖切平面剖开的结构及其有关部分，要旋转到与选定的基本投影面平行面后再进行投影。用旋转剖得到的剖视图，习惯上称为旋转剖视图，应在剖视图的图名后加注字样。当画剖视图时应注意，不画出两个剖切平面截出的断面的转折线。

旋转剖面图的标注与阶梯剖面图相同，并在剖面图的图名后加注"展开"字样，如图6-2-14所示。

6.2.4 剖面图图例

按国家标规定，画剖面图时在截断面部分应画上形体的材料图例。当不注明材料种类时，则可用等间距、同方向的45°细线（称为图例线）来表示，详细图例见6-3-1断面图例。

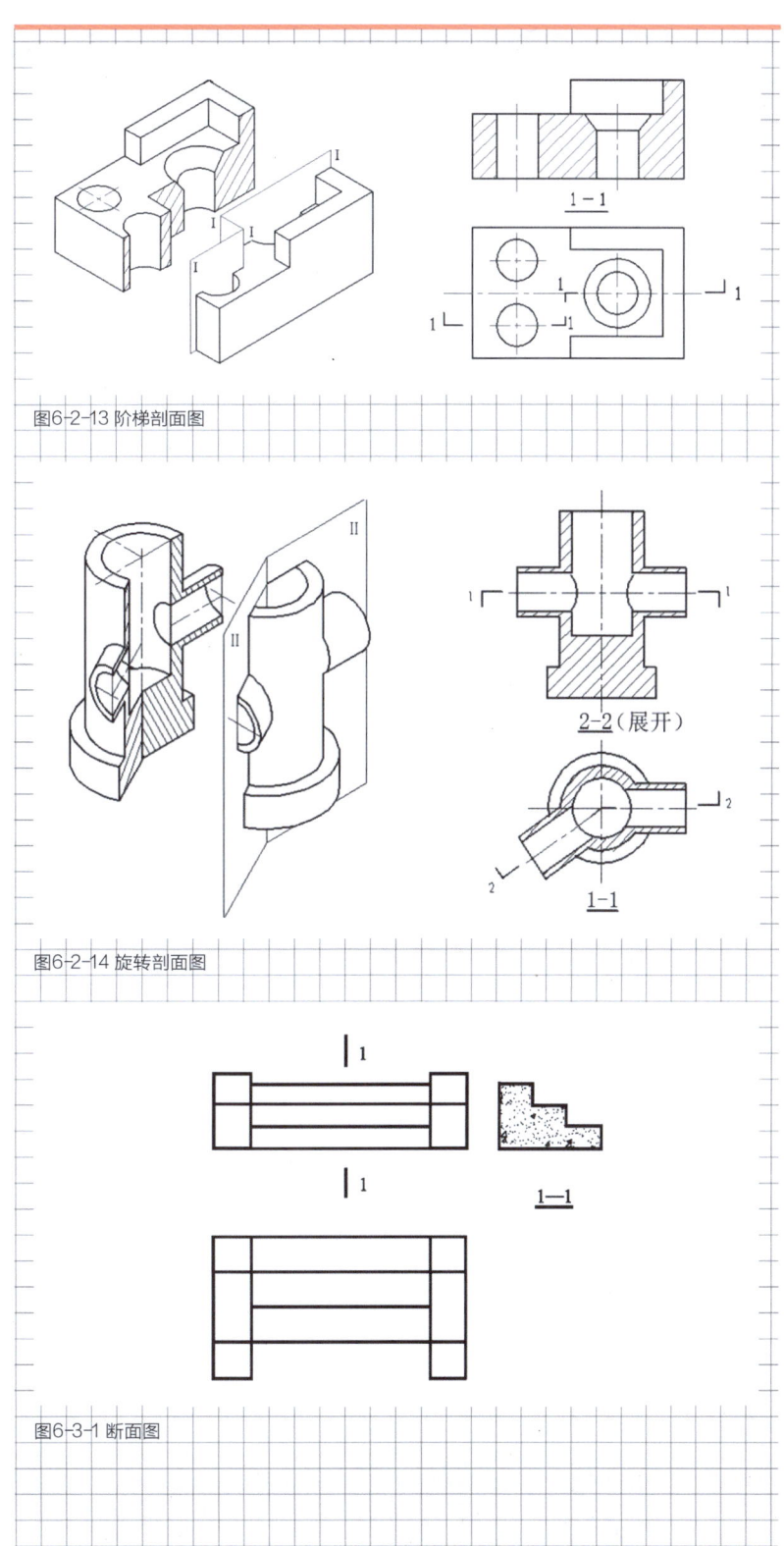

图6-2-13 阶梯剖面图

图6-2-14 旋转剖面图

图6-3-1 断面图

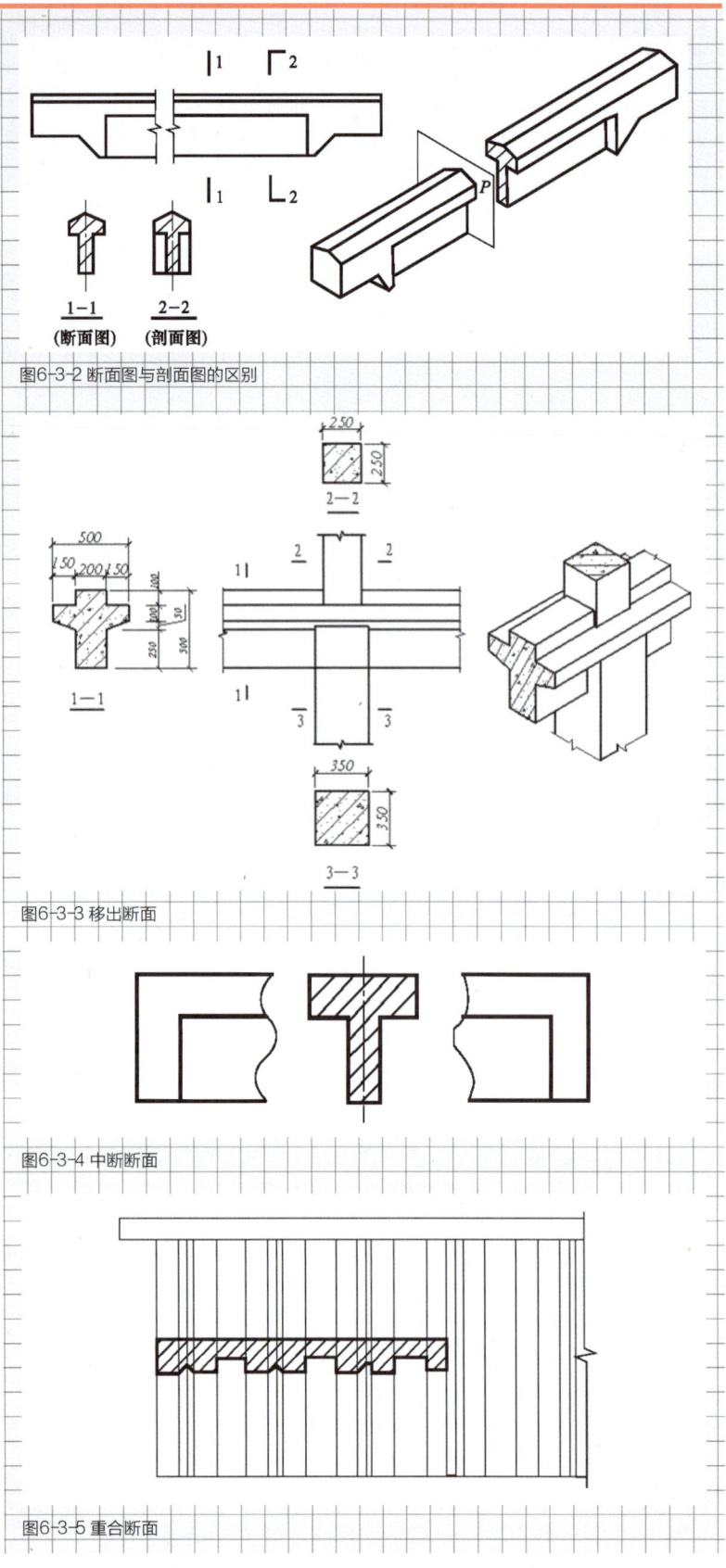

图6-3-2 断面图与剖面图的区别

图6-3-3 移出断面

图6-3-4 中断断面

图6-3-5 重合断面

6.3 断面图

为了清晰地表达工程形体,当用假想的剖切面剖开共曾形体时,除了以剖视图表达外,有时需用断面图表达。

6.3.1 断面图的概念

用一个剖切平面将形体剖开之后,剖切平面与形体接触的部位称为断面。如果把这个断面投影到与它平行的投影面上,所得到的投影,表示出断面的实形,称为断面图,如图6-3-1所示。

与剖面图一样,断面图也是用来表示形体的内部形状的。但剖面图与断面图又存在一定的区别,如图6-3-2所示。

①断面图只画出形体被剖开后断面的投影,是面的投影。而剖面图要画出形体被剖开后整个余下部分的投影,是体的投影。

②剖切符号的标注不同。断面图的剖切符号只画出剖切位置线,不画投射方向线,而是用编号的注写位置来表示剖切后的投射方向。

③剖面图中的剖切平面可转折,断面图中的剖切平面则不能转折。

6.3.2 断面图的种类及画法

(1) 移出断面

画在投影图外的断面图,称为移出断面图。移出断面图的轮廓线用粗实线绘制,如图6-3-3所示。

(2) 中断断面

形体较长且断面没有变化时,可以将断面图画在投影图中间断开处,称为中断断面图。如图6-3-4所示。

(3) 重合断面

画在投影图内的断面图,称为重合断面图,如图6-3-5所示。

6.3.3 断面图例

当房屋建筑、家具或其零部件画成剖面图或断面图时,为了使被剖到的断面与未剖到的部分有所区别,按建筑制图标准和家具制图标准规定,被剖到的断面应画上材料图例,当不注明材料种类时,则可用等间距、同方向的45°细线(称为图例线)来表示。

表6-1 常用建筑材料图例

序号	名称	图例	备注
1	自然土壤		包括各种自然土壤
2	夯实土壤		
3	砂、灰土		靠近轮廓线绘较密的点
4	砂砾石、碎砖三合土	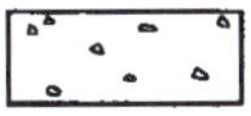	
5	石材		
6	毛石		
7	普通砖		包括实心砖、多孔砖、砌块等砌体。断面较窄不易绘出图例线时,可涂红
8	耐火砖		包括耐酸砖等砌体
9	空心砖		指非承重砖砌体
10	饰面砖		包括铺地砖、马赛克、陶瓷锦砖、人造大理石等
11	焦渣、矿渣	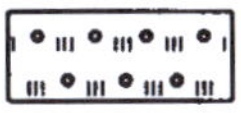	包括与水泥、石灰等混合而成的材料
12	混凝土		(1)本图例指能承重的混凝土及钢筋混凝土 (2)包括各种强度等级、骨料、添加剂的混凝土 (3)在剖面图上画出钢筋时,不画图例线 (4)断面图形小,不易画出图例线时,可涂黑
13	钢筋混凝土	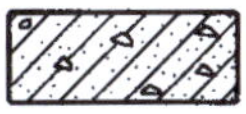	
14	多孔材料		包括水泥珍珠岩、沥青珍珠岩、泡沫混凝土、非承重加气混凝土、软木、蛭石制品等

续表

序号	名称	图例	备注
15	纤维材料	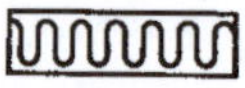	包括矿棉、岩棉、玻璃棉、麻丝、木丝板、纤维板等
16	泡沫塑料材料	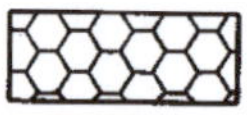	包括聚苯乙烯、聚乙烯、聚氨酯等多孔聚合物类材料
17	木材	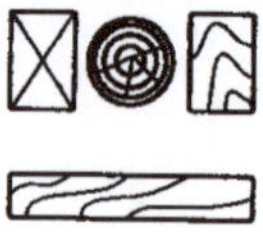	（1）上图为横断面，上左图为垫木、木砖或木龙骨 （2）下图为纵断面
18	胶合板		应注明为×层胶合板
19	石膏板	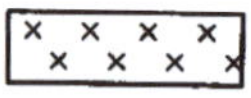	包括圆孔、方孔石膏板、防水石膏板等
20	金属		（1）包括各种金属 （2）图形小时，可涂黑
21	网状材料		（1）包括金属、塑料网状材料 （2）应注明具体材料名称
22	液体	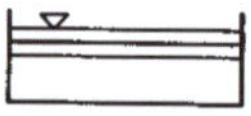	应注明具体液体名称
23	玻璃		包括平板玻璃、磨砂玻璃、夹丝玻璃、钢化玻璃、中空玻璃、加层玻璃、镀膜玻璃等
24	橡胶		
25	塑料		包括各种软、硬塑料及有机玻璃等
26	防水材料		构造层次多或比例大时，采用上面图例
27	粉刷		本图例采用较稀的点

6.4 简化画法

为了节省绘图时间，或由于图幅位置不够，房屋建筑制图国家标准GB/T 50001-2010规定了一些简化画法，此外，还有一些在工程制图中惯用的简化画法。

6.4.1 投影简化

①物体为圆形时，当倾斜角度较小，为了使图面清晰和作图、读图方便可以不按投影画成椭圆，而是以圆代替。如图6-4-1所示。

②当圆的直径很小时，可用垂直相交的两短细实线表示其位置，并标注出直径，如图6-4-2所示。

③较大或较长范围内的剖切图例，在其两端各画出一小部分即可，如图6-4-3所示。

6.4.2 对称结构的画法

(1) 对称符号

对称符号由对称线和两端的两组平行线构成。对称线用细单点长划线绘制；平行线用细实线绘制，长度宜为6mm~10mm，间距宜为2mm~3mm；对称线垂直平分于两组平行线，两端超出平行线为2mm~3mm，如图6-4-4所示。

(2) 对称图形的画法

对称图形，可以对称中心线为界，只画出该图形的一半，并画上对称符号，如图6-4-5(1)所示。如果图形不仅左右对称，且上下也对称，还可以进一步简化，只画出原图的四分之一，但水平方向和垂直方向都要画出对称符号，如图6-4-5(2)所示。对称图形也可稍超出对称线，此时不宜画对称符号，而在超出对称线部分画上折断线，如图6-4-5(3)所示。

6.4.3 剖面图图例

建筑物或构配件的图样中，如果图上有多个完全相同且连续排列的构造要素，可以仅在两端或适当位置画出其完整形状，其余部分以中心线或中心线交点确定它们的位置即可，如图6-4-6所示。

如连续排列的构造要素少于中心线交点，则其余部分应在相同构造要素位置的中心线交点处用小圆点表示，如图6-4-7所示。

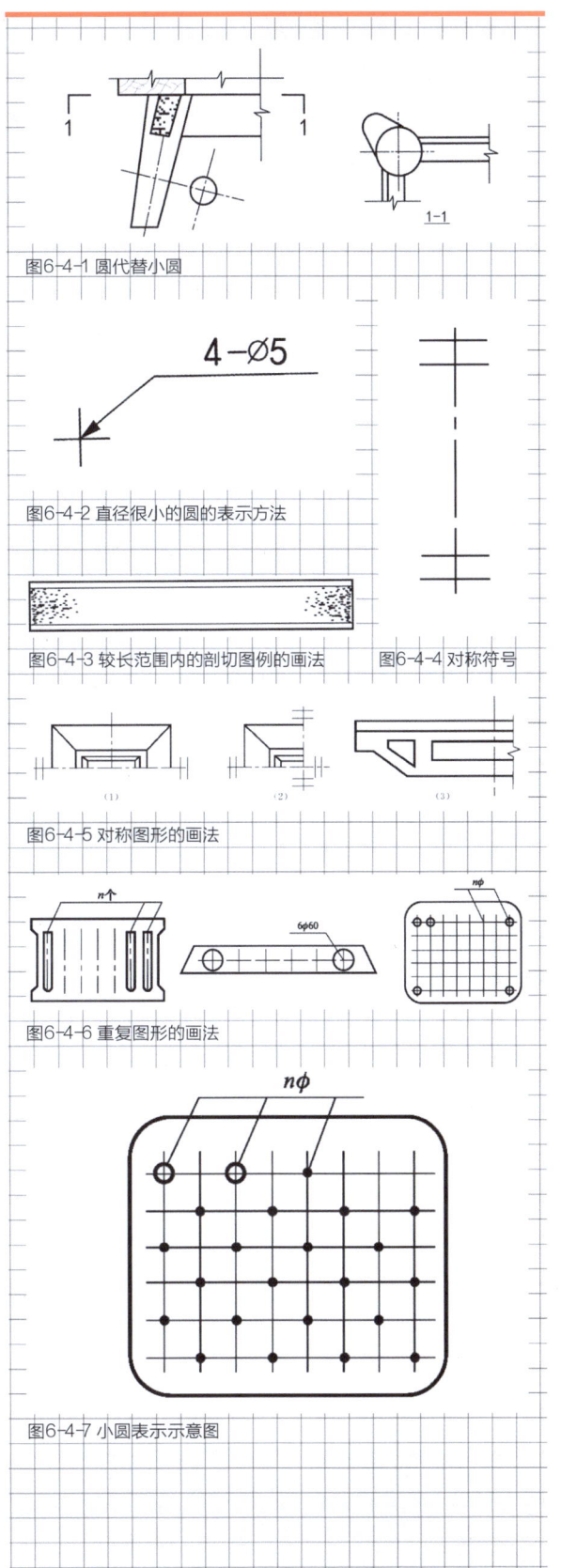

图6-4-1 圆代替小圆

图6-4-2 直径很小的圆的表示方法

图6-4-3 较长范围内的剖切图例的画法　　图6-4-4 对称符号

图6-4-5 对称图形的画法

图6-4-6 重复图形的画法

图6-4-7 小圆表示示意图

6.4.4 较长构件的画法

较长的构件，如沿长度方向的形状相同，或按一定规律变化，可折断省略绘制。断开处应以折断线表示，如图6-4-8所示。

当在用折断省略画法所画出的图样上标注尺寸时，其长度尺寸数值应标注构件的全长。

6.4.5 构件的分部画法

绘制同一个构件，如幅面位置不够，可分成几个部分绘制，并以连接符号表示相连。连接符号用折断线表示需连接的部位，并以折断线两端靠图样一侧用大写拉丁字母表示连接编号。两个被连接的图样，必须用相同的字母编号，如图6-4-9所示。

当两个构配件仅部分不相同时，则可在完整地画出一个后，另一个只画不相同部分，但应在两个构配件的相同部分与不同部分的分界处，分别绘制连接符号。两个连接符号应对准在同一线上，如图6-4-10所示。

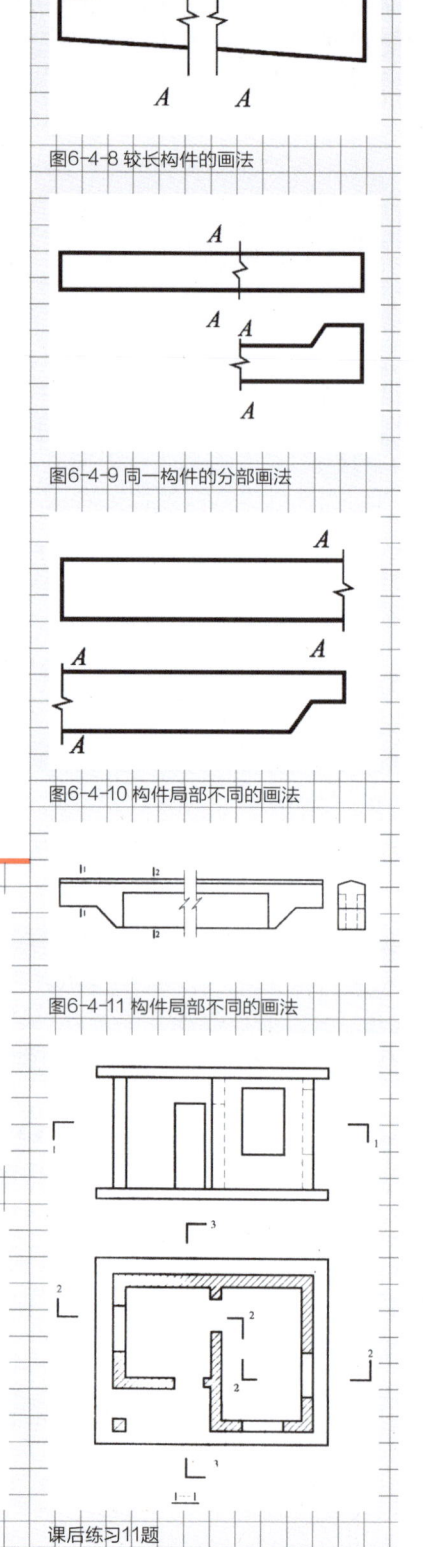

图6-4-8 较长构件的画法

图6-4-9 同一构件的分部画法

图6-4-10 构件局部不同的画法

图6-4-11 构件局部不同的画法

课后练习13题

课后练习12题

课后练习11题

课后练习

1. 基本视图是怎样形成的？
2. 基本视图的投影规律有哪些？
3. 斜视图是怎样形成的？什么情况下可以绘制斜视图？
4. 什么是镜像视图？什么情况下可以绘制镜像视图？
5. 什么是剖面图？剖面图的种类有哪些？
6. 什么是断面图？断面图与剖面图的区别有哪些？
7. 观察教学楼楼梯，画出三阶楼梯三视图及标准尺寸标注。
8. 观察教师讲台桌的形状，画出讲台桌的剖视图，并标注尺寸。
9. 运用简化画法，画出窗户的正立面图。
10. 根据所给三视图，绘制剖面图。
11. 根据所给建筑形体的立面图和1-1剖面图，绘制2-2、3-3剖面图。
12. 根据所给图纸，绘制柱子的断面图，材料金属。
13. 根据所给图纸，绘制檩条的断面图，材料木材。

第7章 建筑施工图

课题概述

建筑施工图主要是要表达房屋的外部结构、内部结构、固定设施、构造做法及所运用的材料等方面的内容。建筑施工图一般包括建筑平面图、建筑立面图、建筑剖面图、建筑详图等。本章通过实例图样主要讲解房屋建筑施工图的作用,平面图、立面图、剖面图的形成、画法及有关标准规定。

教学目标

理解、识读结构施工图(结构平面布置图、结构详图)的图示内容及识读方法,能够读懂建筑工程施工图和绘制简单的建筑工程施工图。

章节重点

根据房屋建筑的标准规定,掌握建筑总平面图、建筑平面图、建筑立面图、建筑剖面图、建筑详图的绘制。

7.1 建筑施工图概述

房屋是人们生活、工作和学习的场所，与我们的生产、生活密不可分。房屋建筑按照不同的用途可分为工业建筑、农业建筑和民用建筑。

7.1.1 房屋的组成及作用

虽然各种建筑使用功能、形式规模等各有不同，但组成房屋的主要部分是相似的，一般都由基础、墙与柱、楼（地）面、楼梯、屋顶、门、窗等部分组成，如图7-1-1所示。

(1) 基础

基础是位于房屋室内底层地面的承重构建，与建筑物下面的土壤接触，埋在地下，承载着建筑物的全部荷载。

(2) 墙体

墙是建筑物的竖向承重构件，承重墙承受上部传来的荷载，并把这些荷载传给地基。墙体可分为内墙和外墙。内墙主要作用是把房屋的内部空间划分成不同用途的单元，外墙作为围护构件还起着保温、隔热、挡风遮雨的作用，而内墙主要起着分隔空间和保证舒适性的作用。墙体按受力情况又可以分为承重墙体和非承重墙体两个部分，非承重墙体仅起到分割空间和维护的作用。

(3) 柱和梁

柱和梁都是房屋的承重构件。其作用都是将其上所承受的荷载传给墙、基础等承重构件。梁分为横梁、圈梁、过梁等。

(4) 楼板和地面

楼板和地面是建筑物的水平承重构件。楼板在承受房间里的家具、设备和人员的重量，同时连同自重一起传给墙、柱及基础承重构件。

(5) 楼梯

楼梯是多层建筑中的垂直交通设施，是连接上、下各个楼层的交通通道。楼梯应坚固、安全，在紧急状态下，如出现火灾或者地震，供人们紧急疏散使用。

(6) 门和窗

门在房屋建筑物中起到沟通内外的作用，窗户的作用是采光和通风。

(7) 屋顶

屋顶又称屋面板，它位于建筑物的最上部，是外围的承重构件。它在承重的同时，还起着抵御风霜雨雪和保温隔热的作用。

(8) 天沟、雨水管、散水

天沟、雨水管、散水主要是起排水或保护墙身的作用。

7.1.2 施工图的产生及分类

施工图是由设计单位根据设计任务书的要求、设计建筑图的建筑环境等设计要素设计完成的。

一套完整的房屋施工图根据其专业内容或作用制定，一般包括图纸目录、设计总说明、建筑施工图、结构施工图和设备施工图。

(1) 图纸目录

图纸目录排在整套施工图的最前面，列出所有的图纸名称、编号及所用图幅等。先列出新绘制的图纸，后列所选用的标准图纸或重复利用的图纸。

(2) 设计总说明

设计总说明也称施工总说明。其主要内容是对本工程的设计依据、工程概况、图样中未能详细表示的材料要求以及相关的建筑做法，采用文字或表格的方式进行具体说明。

(3) 建筑施工图

建筑施工图简称建施，反映建筑设计的内容，一般包括建筑设计总说明、总平面图、建筑平面图、建筑立面图、建筑剖面图和建筑详图。

(4) 结构施工图

结构施工图简称结施，反映建筑结构设计的内容，一般包括基础图、结构平面布置图和结构详图。

(5) 设备施工图

设备施工图简称设施，反映设备设计的内容，一般包括给排水、暖通和空调、电气等设备的平面布置图、系统图和详图。

7.1.3 施工图的图示特点

①施工图中的各图样，主要是采用正投影法绘制的。

②房屋施工图一般都用较小比例绘制（建筑平、立和剖面图）。但房屋内各部分构造复杂，在小比例的平面图、立面图、剖面图中无法全部表达清楚，所以还需要配以大量较大比例的详图。

③由于房屋的构配件和材料种类较多，"国标"规定了一系列的图形符号来代表建筑构配件、卫生设备、建筑材料等，这种图形符号称为图例。"国标"还规定了许多标注符号。所以施工图上会大量出现各种图例和符号。

7.1.4 读施工图的步骤

一套房屋施工图纸，简单的有几张，复杂的有十几张、几十张甚至几百张。阅读时，应首先根据图纸目录，检查和了解这套图纸有多少类别，每类有几张。如有缺损或需用标准图和重复利用的旧图纸，要及时配齐。负责不同专业（或工种）的技术人员，根据不同要求，重点深入地审核不同类别的图纸。

一般情况下，应从专业的角度审核装修施工图的步骤。

①首先根据图纸目录，检查和了解这套图纸有多少类别，每类有几张。如有缺损或需用标准图和重复利用旧图时，应及时配齐。

②按目录顺序（一般是按"建施""结施""设施"的顺序）通读一遍，对工程对象有一个概括的了解。

③负责不同专业的技术人员，根据不同要求，重点深入地阅读不同类别的图纸。阅读时，应按先整体后局部，先文字说明后图样，先图形后尺寸等原则依次仔细阅读。

7.2 房屋建筑制图的有关标准规定

根据国家《房屋建筑统一标准》（GB/T 50001-2010）和《建筑制图标准》（GB/T 50104-2001）的有关规定，下面介绍建筑图纸中常用的标准规定及图例表示方法。

7.2.1 比例

建筑物是庞大复杂的形体，必须采用各种不同的比例来绘制，建筑施工图选用的比例宜符合表7-1中的规定。

7.2.2 图线

专业制图采用的各种图线，应符合表7-2的规定。图线的宽度b，应根据图样的复杂程度和比例，按GB/T 50001-2001中的规定选用。

7.2.3 定位轴线

在房屋建筑施工图中通常将房屋的基础、墙、柱等承重构件的轴线画出，并进行编号，以便于施工时定位放线和查阅图纸。这些进行编号的轴线称为定位轴线。

定位轴线是施工定位、放线的重要依据。凡是承重的墙、柱、梁、屋架、基础等构件都要画上轴线并进行编号，以确定其位置。对于非承重的分隔墙、次要承重构件等，一般采用附加轴线来定位，也可注明它们与附近轴线的相关尺寸来确定。

(1) 定位轴线的画法及编号有以下规定：

①定位轴线应用细点画线绘制。

②定位轴线一般应编号，编号应注写在轴线端部的圆内。圆应用细实线绘制，直径为8mm~10mm。定位轴线圆的圆心，应在定位轴线的延长线上或延长线的折线上。

③平面图上定位轴线的编号，宜标注在图样的下方与左侧。横向编号应用阿拉伯数字，从左至右顺序编写，

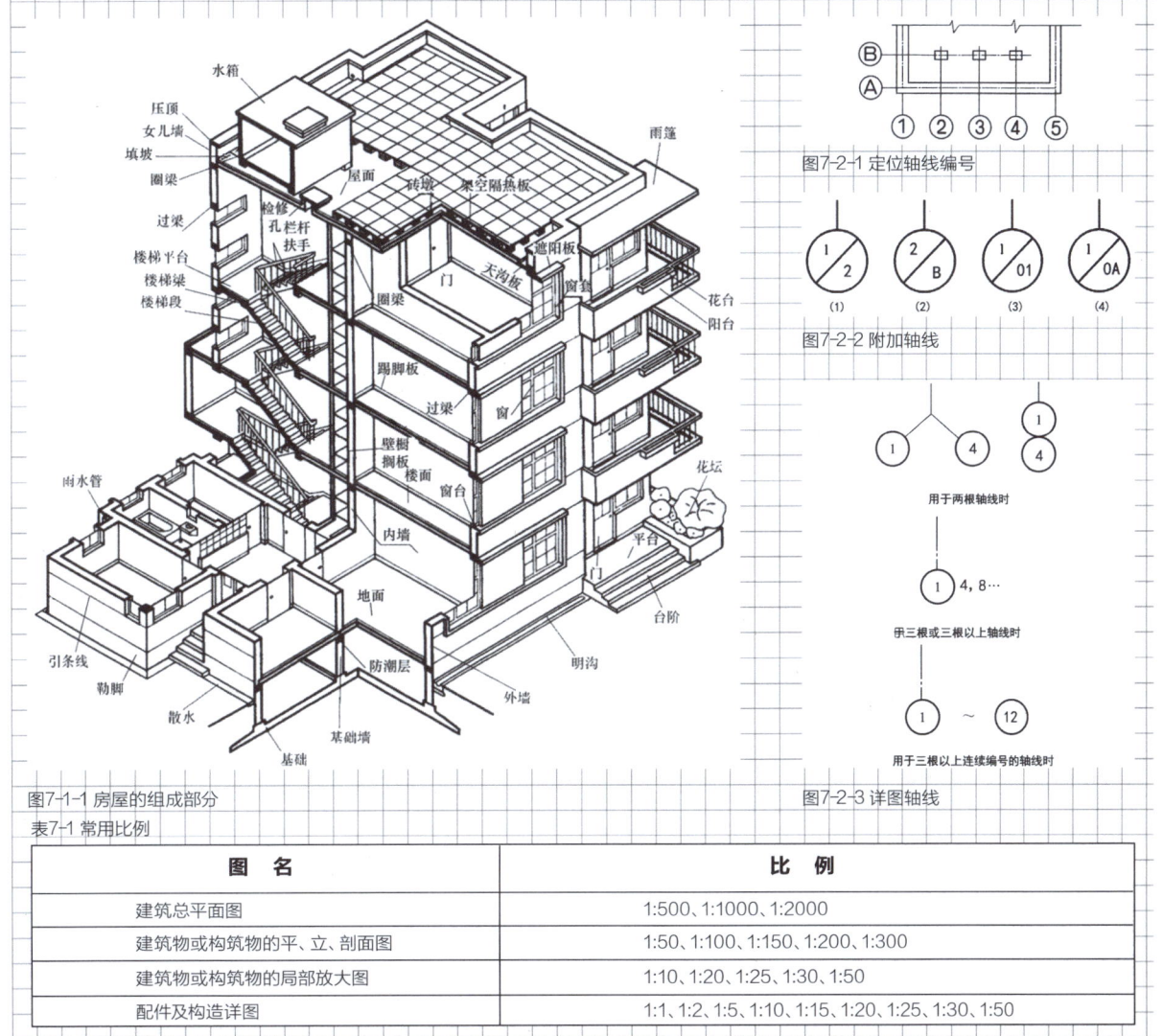

图7-1-1 房屋的组成部分

图7-2-1 定位轴线编号

图7-2-2 附加轴线

图7-2-3 详图轴线

表7-1 常用比例

图　名	比　例
建筑总平面图	1:500、1:1000、1:2000
建筑物或构筑物的平、立、剖面图	1:50、1:100、1:150、1:200、1:300
建筑物或构筑物的局部放大图	1:10、1:20、1:25、1:30、1:50
配件及构造详图	1:1、1:2、1:5、1:10、1:15、1:20、1:25、1:30、1:50

竖向编号应用大写拉丁字母,从下至上顺序编写,如图7-2-1所示。

④拉丁字母的I、O、Z不得用作轴线编号,以免与数字1、0、2混淆。如字母数量不够使用,可增用双字母或单字母加数字注脚,如AA、BA…YA或A1、B1…Y1。

⑤附加定位轴线的编号,应以分数形式表示,并应按下列规定编写:

两根轴线间的附加轴线,应以分母表示前一轴线的编号,分子表示附加轴线的编号,编号宜用阿拉伯数字顺序编写。如图7-2-2(1)所示的是:表示2号轴线之后附加的第一根轴线。图7-2-2(2)所示的是:表示B号轴线之后附加的第二根轴线。

1号轴线或A号轴线之前的附加轴线的分母应以01或0A表示。如图7-2-2(3)所示的是:表示1号轴线之前附加的第一根轴线。图7-2-2(4)所示的是:表示A号轴线之前附加的第一根轴线。

⑥一个详图适用于几根轴线时,应同时注明各有关轴线的编号,如图7-2-3所示。通用详图中的定位轴线,应只画圆,不注写轴线编号。

(2)几种特殊的平面图的定位轴线的画法

①组合较复杂的平面图中定位轴线也可采用分区编号,如图7-2-4所示。编号的注写形式应为"分区号——该分区编号"。分区号采用阿拉伯数字或大写拉丁字母表示。

②圆形平面图中定位轴线的编号,其径向轴线宜用阿拉伯数字表示,从左下角开始,按逆时针顺序编写;其圆周轴线宜用大写拉丁字母表示,从外向内顺序编写,如图7-2-5所示。

③圆弧形平面图中定位轴线的编号如图7-2-6所示。

④折线形平面图中定位轴线的编号如图7-2-7所示。

7.2.4 标高

建筑物各部位的竖向高度,在图上常用标高符号来表示。

(1)标高的概念

①标高有绝对标高和相对标高。

绝对标高。我国把青岛附近某处黄海的平均海平面定为绝对标高的零点,其他各地标高都以它作为基准。

相对标高。在建筑物的施工图上除总平面图外,一般都采用相对标高,即把底层室内主要地坪标高定为相对标高的零点,并说明相对标高和绝对标高的关系。再由当地附近的水准点(绝对标高)来测定拟建工程的底层地面标高。

②另外按标高所注的建筑部位的不同又可分为建筑标高和结构标高。建筑标高是指标注在建筑物装饰面层处的标高,结构标高是指标注在建筑物结构部位的标高。

表7-2 建筑制图常用图线及其用途

名称	线型	线宽	用途
粗实线	——————	b	1.平面图、剖面图中被剖切的主要建筑构造(包括配件)的轮廓线; 2.建筑立面图或室内立面图的外轮廓线; 3.建筑构造详图中剖切的主要部分的轮廓线; 4.建筑构造配件详图中的外轮廓线; 5.平面图、立面图、剖面图的剖切符号;
中实线	——————	0.5b	1.平面图、剖面图中被剖切的次要建筑构造(包括配件)的轮廓线; 2.建筑平面图、立面图、剖面图中建筑配件的轮廓线; 3.建筑构造详图及建筑配件详图的一般轮廓线;
细实线	——————	0.25b	小于0.5b的图形线、尺寸线、尺寸界限、图例线、索引符号、标高符号、详图材料做法和引出线等。
中虚线	- - - - -	0.5b	1.建筑构造详图及建筑配件不可见的轮廓线; 2.平面图中的起重机(吊车)轮廓线; 3.拟扩建的建筑物轮廓线。
细虚线	- - - - -	0.25b	图例线、小于0.5b的不可见轮廓线。
粗单点长划线	—·—·—	b	起重机(吊车)轨道线。
细单点长划线	—·—·—	0.25b	中心线、对称线、定位轴线。
折断线	─/\─	0.25b	不需画全的断开界线。
波浪线	～～	0.25b	不需画全的断开界线、构造层次的断开界线。

注:地平线的线宽可用104b。

第7章 建筑施工图

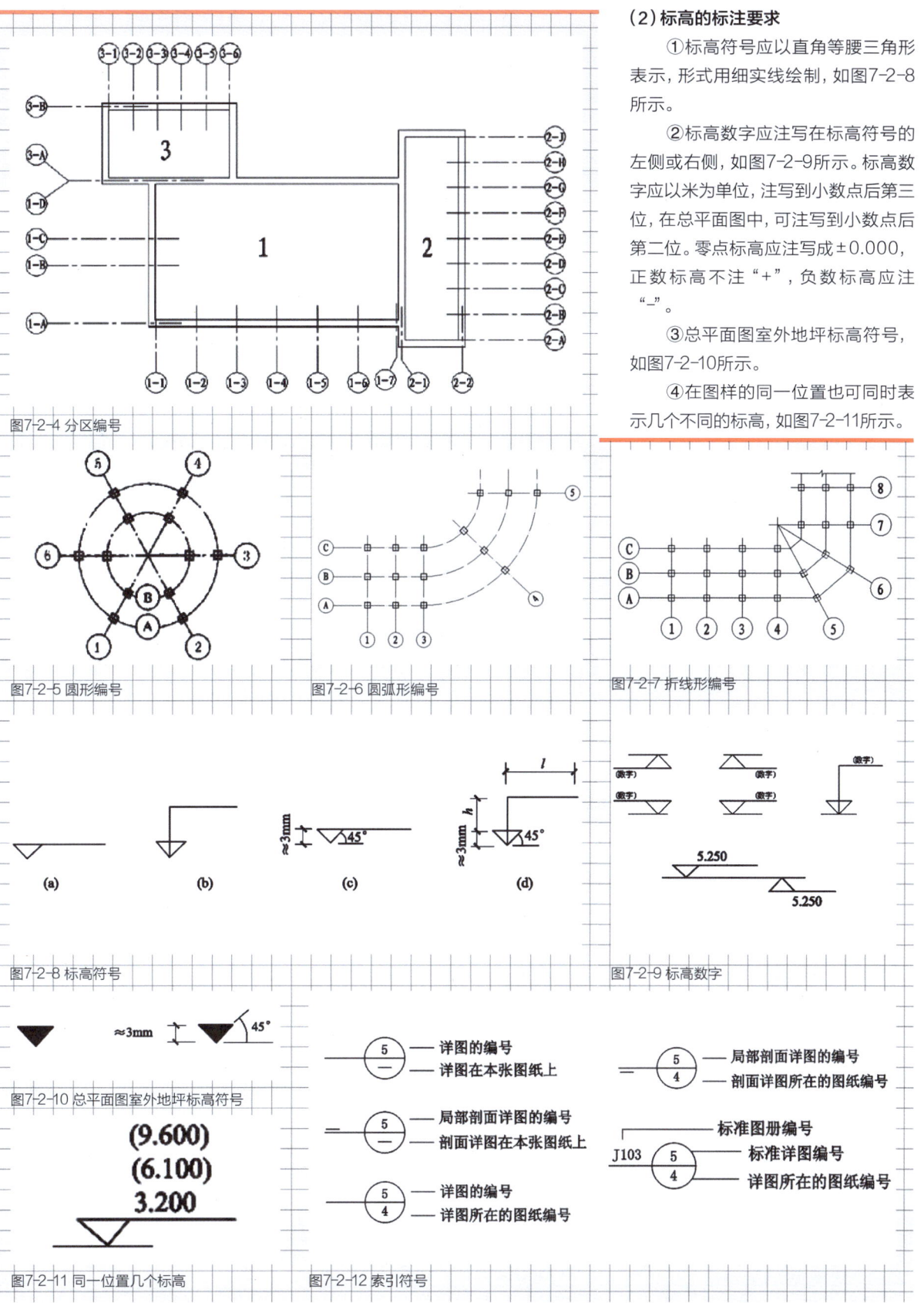

（2）标高的标注要求

①标高符号应以直角等腰三角形表示，形式用细实线绘制，如图7-2-8所示。

②标高数字应注写在标高符号的左侧或右侧，如图7-2-9所示。标高数字应以米为单位，注写到小数点后第三位，在总平面图中，可注写到小数点后第二位。零点标高应注写成±0.000，正数标高不注"+"，负数标高应注"-"。

③总平面图室外地坪标高符号，如图7-2-10所示。

④在图样的同一位置也可同时表示几个不同的标高，如图7-2-11所示。

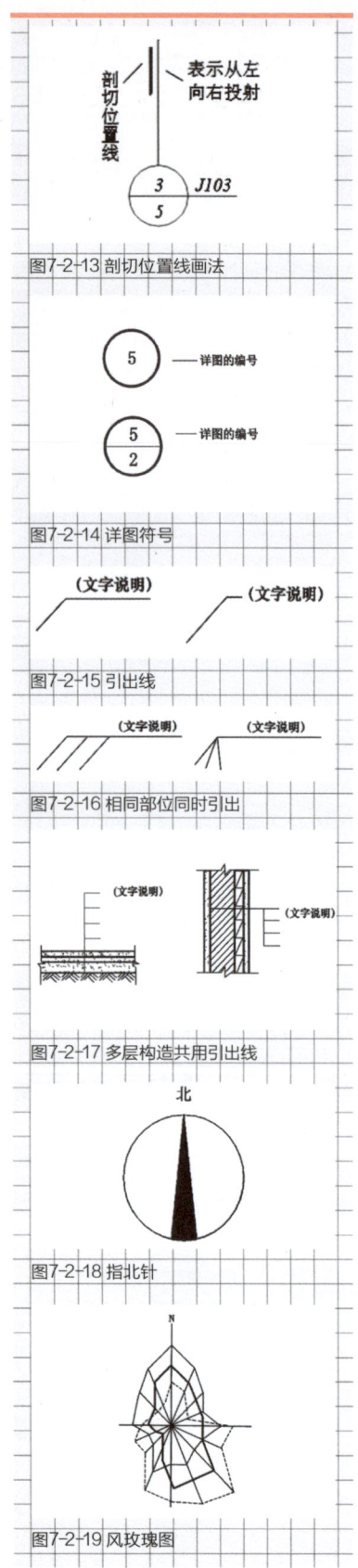

图7-2-13 剖切位置线画法

图7-2-14 详图符号

图7-2-15 引出线

图7-2-16 相同部位同时引出

图7-2-17 多层构造共用引出线

图7-2-18 指北针

图7-2-19 风玫瑰图

7.2.5 索引符号与详图符号

在建筑施工图中，为方便施工时查阅图样，对某些需要放大说明的部位，应使用索引符号索引。对放大后的详图图样，同样要用详图符标注明确。索引符号与详图符号注写时要互相对应，以便于查找与阅读有关的图样。

(1) 索引符号

图样中的某一局部或构件，如需放大局部，使用索引符号，如图7-2-12所示。

①索引符号由直径为10mm的圆和水平直径组成，圆及水平直径均应以细实线绘制。上半圆中用阿拉伯数字注明该详图的编号，下半圆中用阿拉伯数字注明该详图所在图纸的编号。

②索引出的详图，如与被索引的详图同在一张图纸内，应在索引符号的上半圆中用阿拉伯数字注明该详图的编号，并在下半圆中间画一段水平细实线。

③索引出的详图，如与被索引的详图不在同一张图纸内，应在索引符号的上半圆中用阿拉伯数字注明该详图的编号，在索引符号的下半圆中用阿拉伯数字注明该详图所在图纸的编号。若数字较多，可加文字标注。

④索引出的详图，如采用标准图，应在索引符号水平直径的延长线上加注该标准图册的编号。

⑤当索引符号用于索引剖面详图时，应在被剖切的部位绘制剖切位置线。引出线所在一侧应为剖视方向，如图7-2-13所示。

(2) 详图符号

表示详图的位置和编号，如图7-2-14所示。

①用粗实线绘制圆，直径设置为14mm。

②详图与被索引的图样同在一张图纸内时，应在符号内用阿拉伯数字注明详图符号。

③如不在同一张图纸内，可用细实线在符号内画一水平直径，在上半圆中注明详图编号，在下半圆中注明被索引图纸号。

7.2.6 引出线

在建筑施工图中，对建筑材料、构造做法及施工要求等投影无法表明的问题要用引出线引出，并用文字注解进行说明。有时图样中某些部位由于图形比例较小，其具体内容或要求无法标注时，常用引出线注写文字说明或索引符号。

①引出线应以细实线绘制，宜采用水平方向的直线及与水平方向成30°、45°、60°的直线。文字说明注写在水平线的上方，也可以注写在水平线的末端，如图7-2-15所示。

②几个相同部分同时被引出，这时候引出线可以画成互相平行的线，也可画成集中于一点的放射线，如图7-2-16所示。

③多层构造或多层管道共用引出线，应通过被引出的各层。文字说明宜注写在水平线的上方或端部，说明的顺序应由上至下，并应与被说明的层次相互一致；如层次为横向排序，则由上至下的说明顺序应与左至右的层次相互一致，如图7-2-17所示。

7.2.7 指北针和风玫瑰图

①指北针：在平面图中用指针符号指明朝向。其圆的直径宜为24mm，用细实线绘制；指针尾部的宽度宜为3mm，指针头部应注"北"或"N"字样。当需用较大直径绘制指北针时，指针尾部宽度宜为直径的1/8，针尖所指为北，如图7-2-18所示。

②风玫瑰图：又称风向频率玫瑰图，一般在总平面图中画出。风玫瑰图是各地区多年平均统计的各个方位上刮风次数的百分率。其中粗实线表示全年风向频率，细实线表示冬季风向频率，虚线表示夏季风向频率。各方位端点指向中心的方向为风的方向，如图7-2-19所示。

7.2.8 建筑构造及配件图例

由于建筑平面图一般采用较小的比例,所以门、窗、孔洞、烟道、花隔等构造和配件均应按规定的图例表示。建筑制图标准(GB/T 50104—2001)对建筑的构造及配件画法做了详细的规定,如表7-3所示。

门和窗还应分别进行编号。门的代号为M,窗的代号为C,同一类型的门或窗编号应相同,如M1、C1等。当门窗采用标准图时,应注写出标准图编号及门窗编号。图中会在适当的位置给出门窗表,它是为了计算出每幢房屋不同类型的门窗数量。

表7-3 构造及配件图例

序号	名称	图例	说明
1	墙体		应加注文字说明或填充图例表示墙体材料,在项目设计图纸说明中列材料图例给予说明。
2	隔断		1.包括板条抹灰、木制、石膏板、金属材料等隔断; 2.适用于到顶与不到顶隔断。
3	楼梯	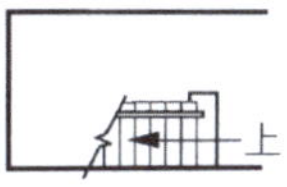 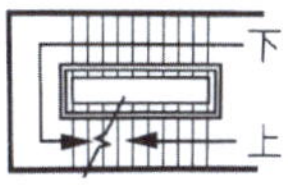 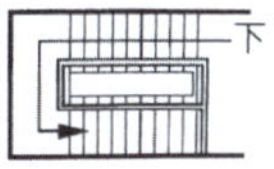	1.上图为顶层楼梯平面,中图为中间层楼平面,下图为顶层楼梯平面; 2.楼梯及栏杆扶手的形式和楼梯踏步数应按实际情况绘制。
4	坡道	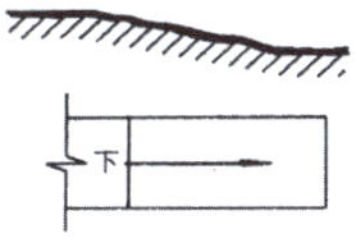 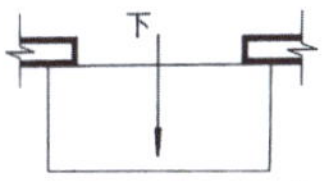 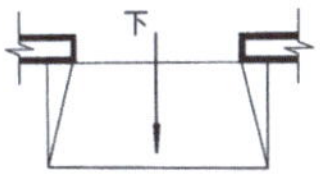	上图为长坡,下图为门口坡道。
5	检查孔	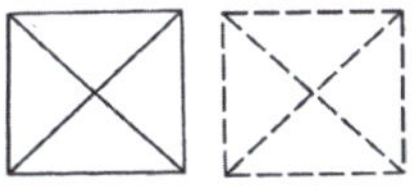	左图为可见检查孔;右图为不可见检查孔。
6	孔子洞		阴影部分可以涂色代替。
7	坑槽	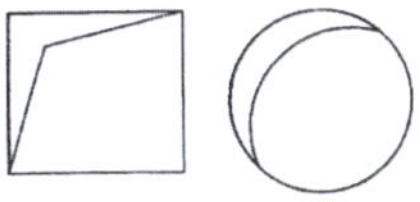	

续表

序号	名称	图例	说明
8	烟道	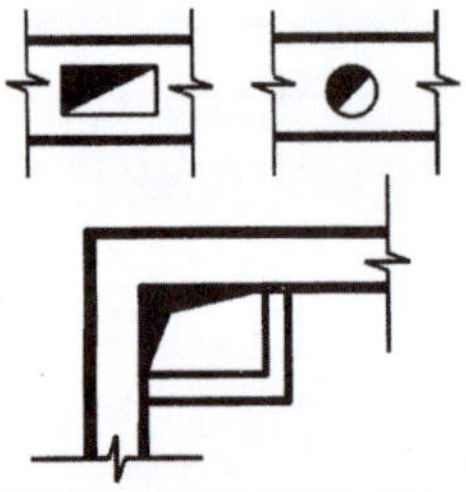	1.阴影部分可以涂色代替； 2.烟道与墙体为同一材料，与相接处墙身线应断开。
9	通风道	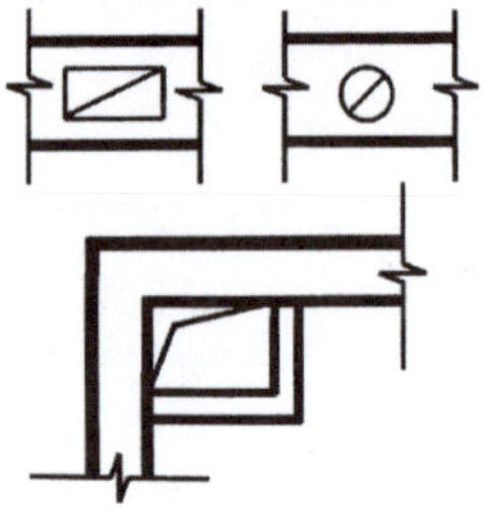	
10	单扇门（包括平开或单面弹簧）	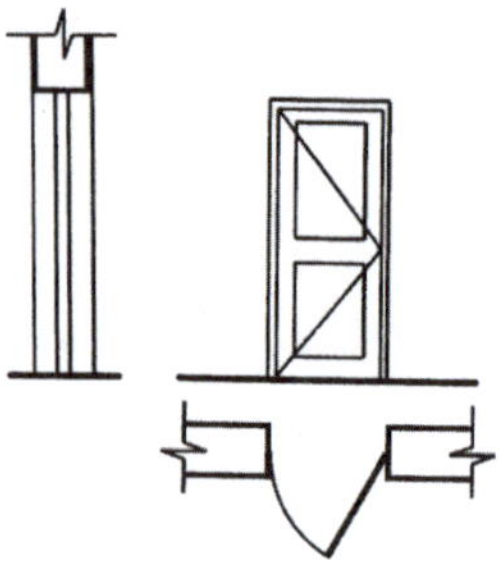	1.门的名称代号用M； 2.图例中剖面图左为外、右为内，平面图下为外、上为内； 3.立面图上开启方向线交角的一侧，实线为外开，虚线为内开； 4.平面图上门线应90°或45°开启，开启弧线宜绘出； 5.立面图上的开启线在一般设计图中可不表示，在详图及室内设计图上应表示； 6.立面形式应按实际情况绘制。
11	双扇门（包括平开或单面弹簧）	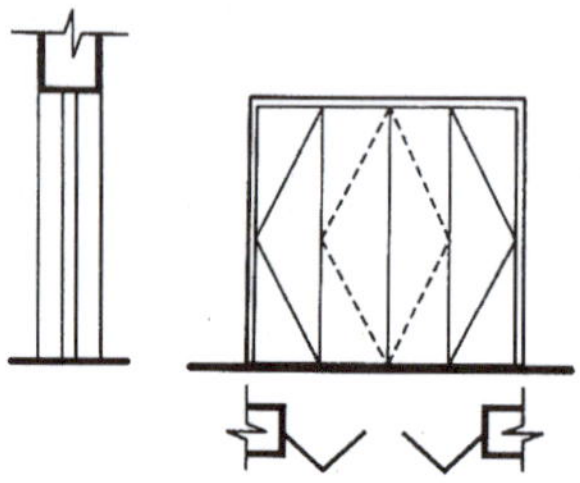	
12	对开折叠门	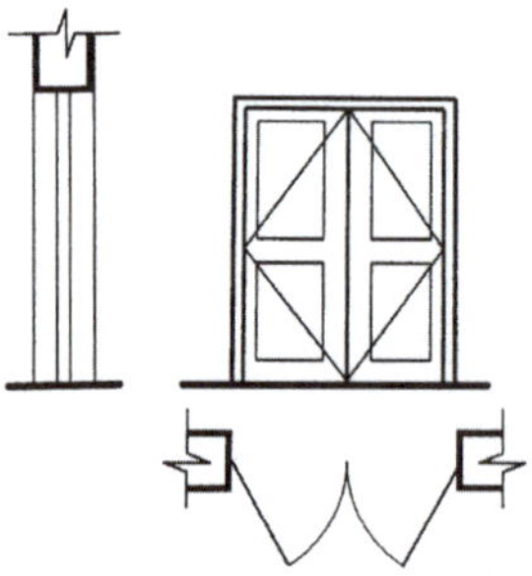	

续表

序号	名称	图例	说明
13	推拉门	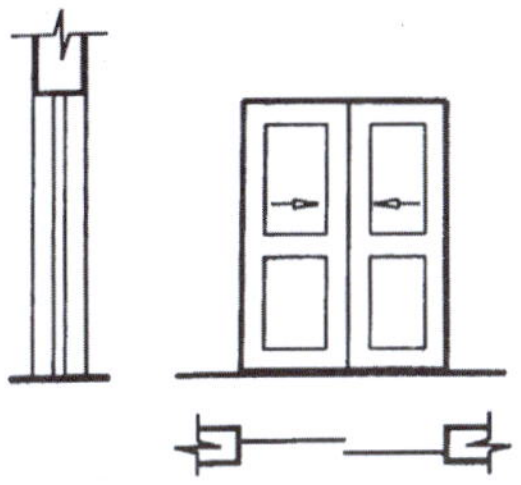	1.门的名称代号用M; 2.图例中剖面图左为外、右为内,平面图下为外、上为内; 3.立面图形式应按实际情况绘制。
14	墙外单推拉门	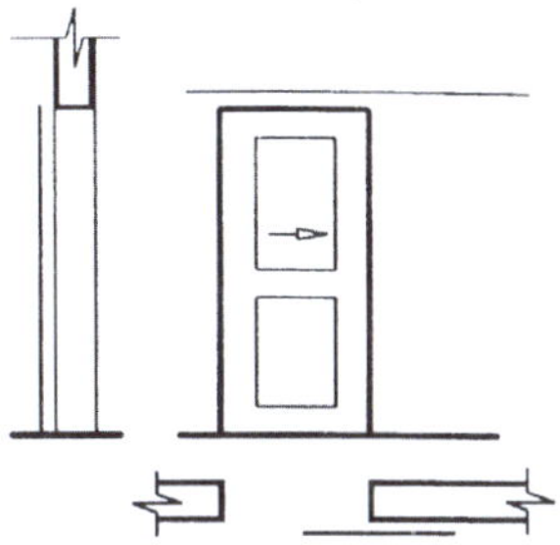	
15	墙外双推拉门	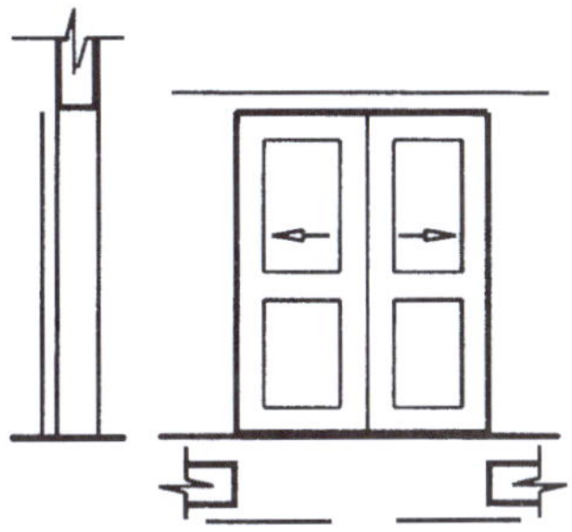	
16	墙中单推拉门	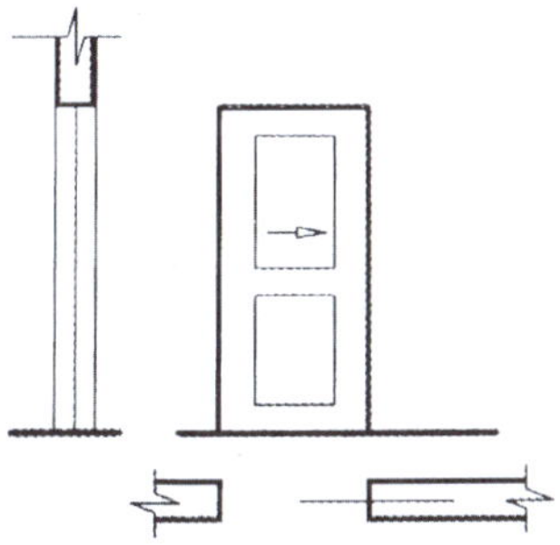	
17	墙中双推拉门	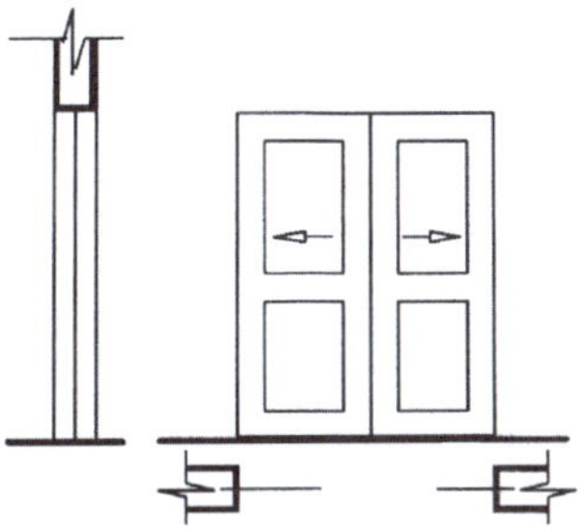	

续表

序号	名称	图例	说明
18	单扇双面弹簧门	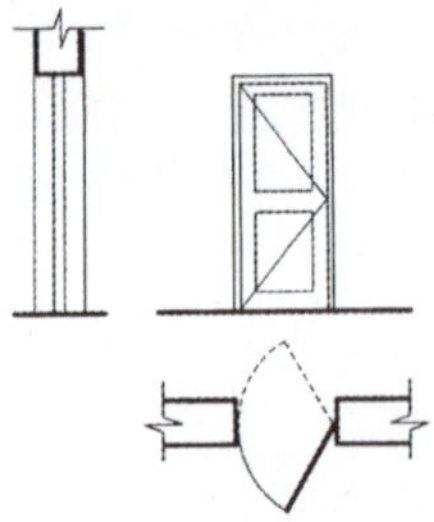	1.门的名称代号用M； 2.图例中剖面图左为外、右为内，平面图下为外、上为内； 3.立面图上开启方向线交角的一侧，实线为外开，虚线为内开； 4.平面图上门线应90°或45°开启，开启弧线宜绘出； 5.立面图上的开启线在一般设计图中可不表示，在详图及室内设计图上应表示。
19	双扇双面弹簧门	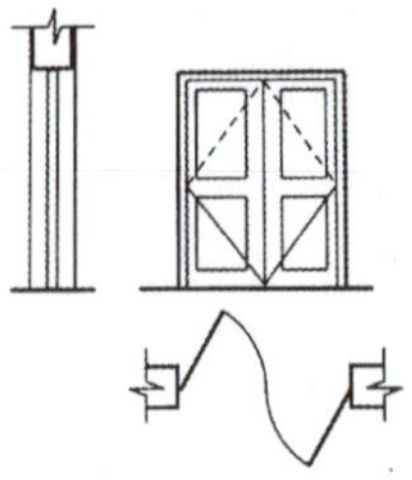	
20	单扇内外开双层门（包括平开或单面弹簧）	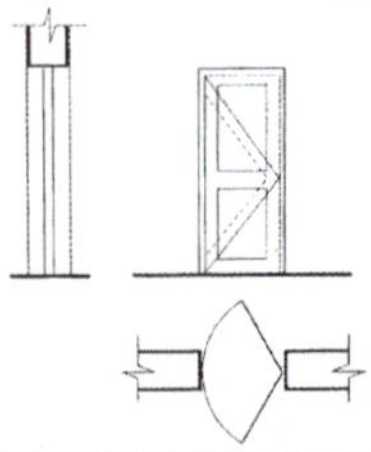	立面形式应按实际情况绘制。
21	双扇内外开双层门（包括平开或单面弹簧）	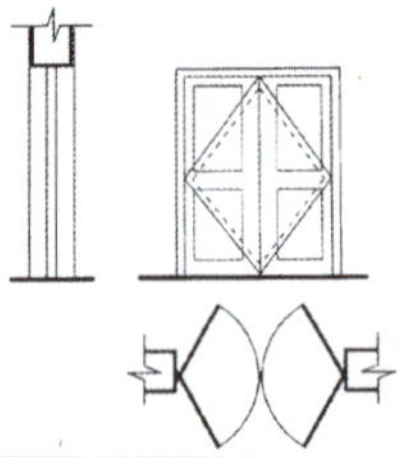	
22	转门	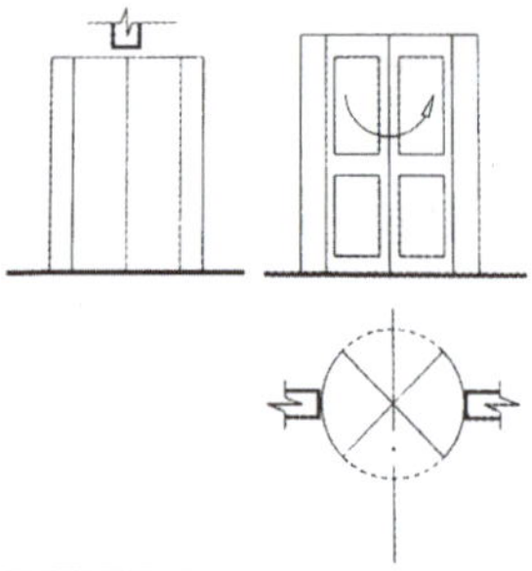	1.门的名称代号用M； 2.图例中剖面图左为外、右为内，平面图下为外、上为内； 3.立面图上开启方向线交角的一侧，实线为外开，虚线为内开； 4.平面图上门线应90°或45°开启，开启弧线宜绘出； 5.立面图上的开启线在一般设计图中可不表示，在详图及室内设计图上应表示； 6.立面形式应按实际情况绘制。
23	转门	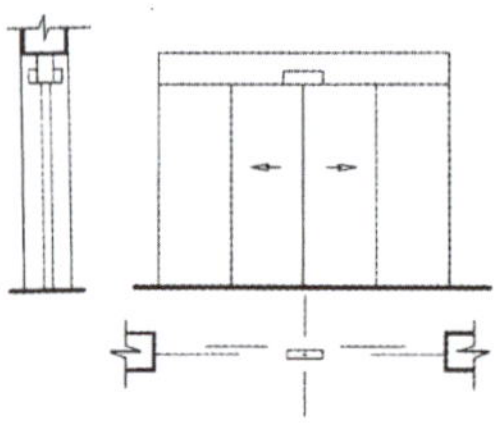	1.门的名称代号用M； 2.图例中剖面图左为外、右为内，平面图下为外、上为内； 3.立面图形式应按实际情况绘制。

续表

序号	名称	图 例	说 明
24	竖向卷帘门	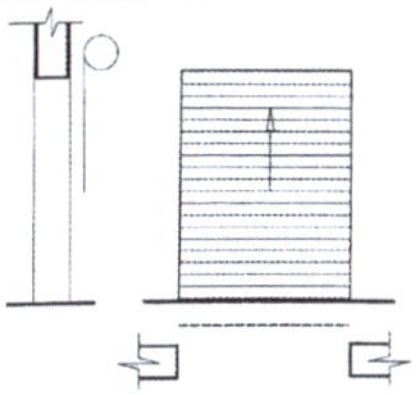	1.门的名称代号用M； 2.图例中剖面图左为外、右为内，平面图下为外、上为内； 3.立面图形式应按实际情况绘制。
25	横向卷帘门	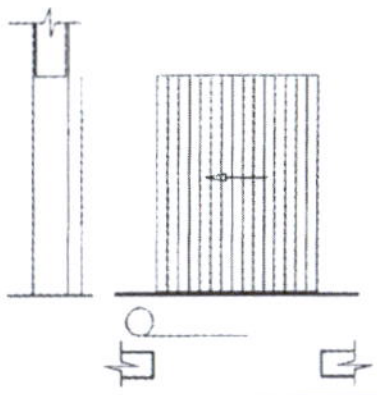	
26	提升门	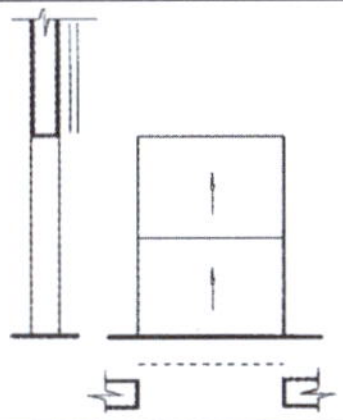	
27	单层固定窗	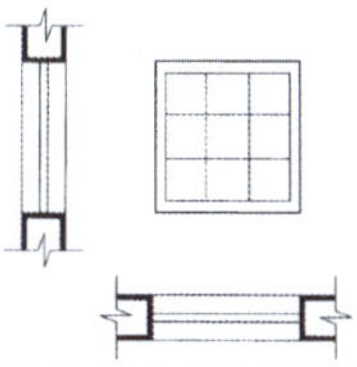	1.门的名称代号用C表示； 2.图例中，剖面图左为外、右为内，平面图所示下为外、上为内； 3.窗的立面形式应按实际绘制； 4.小比例绘图时平面、剖面的窗线可用单粗线表示。
28	单层外开上悬窗	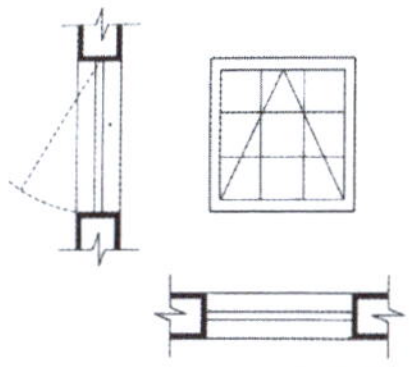	
29	单层中悬窗	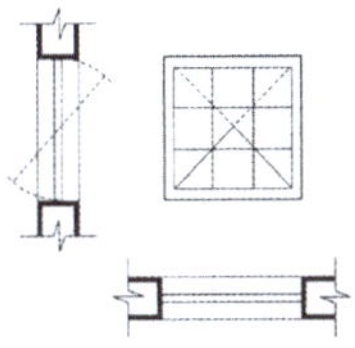	1.门的名称代号用C表示； 2.立面中的斜线表示窗的开启方向，实线为外开，虚线为内开；开启方向线交角的一侧为安装合页的一侧，一般设计图中可不显示； 3.图例中，剖面图所示，左为外上为内，平面图所示，下为外、上为内； 4.平面图和剖面图的虚线仅说明开关方式，在设计图中不需要表示； 5.窗的立面形式应按实际绘制； 6.小比例绘图时平面、剖面的窗线可用单粗实线表示。
30	单层内开下悬窗	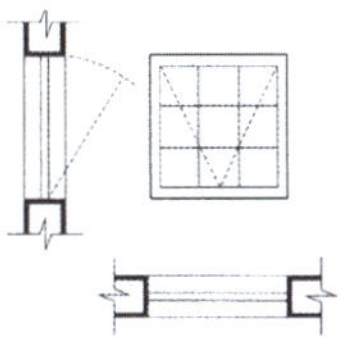	
31	立转窗	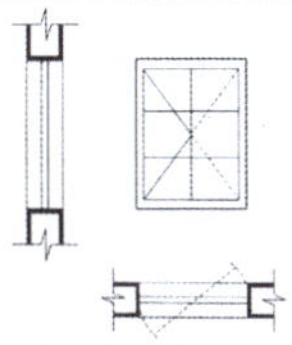	

65

续表

序号	名称	图　　例	说　　明
32	单层外开平开窗	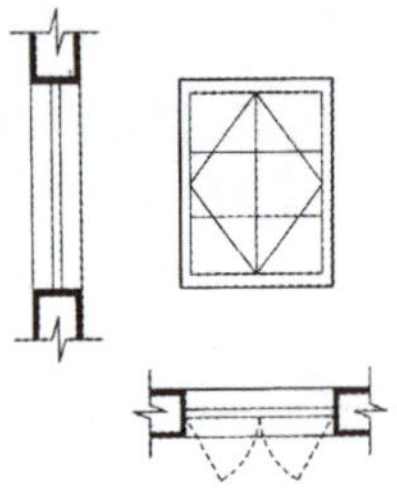	
33	单层内开平开窗	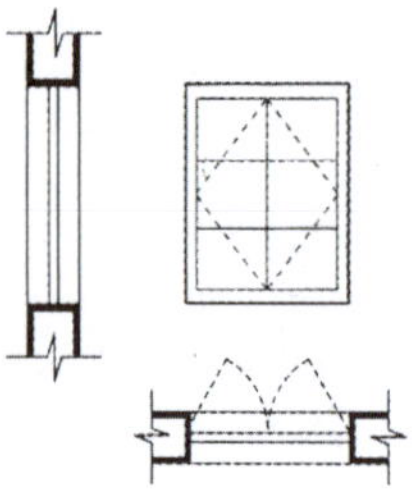	
34	双层内外平开窗	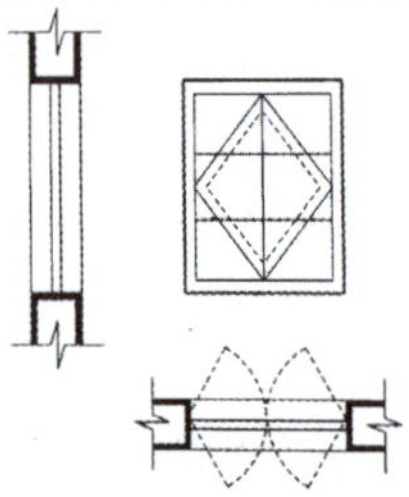	
35	推拉门	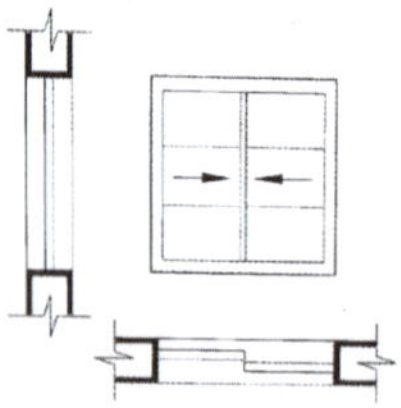	1.门的名称代号用C表示； 2.图例中，剖面图左为外、右为内，平面图所示下为外、上为内； 3.窗的立面形式应按实际绘制； 4.小比例绘图时平面、剖面的窗线可用单粗线表。
36	上推窗	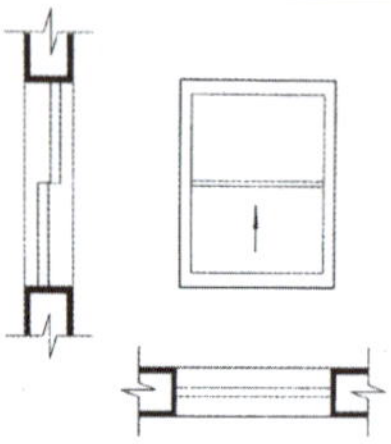	
37	百叶窗	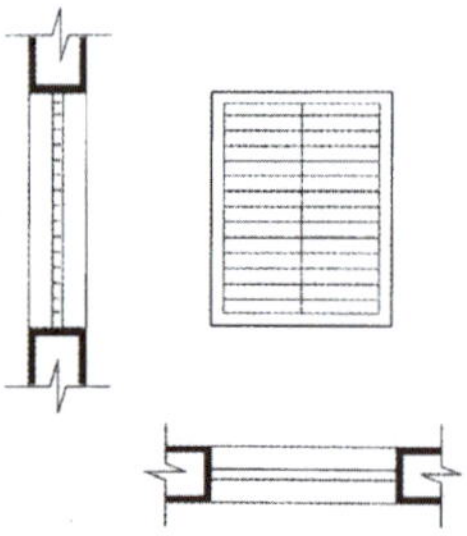	1.门的名称代号用C表示； 2.立面中的斜线表示窗的开启方向，实线为外开，虚线为内开；开启方向线交角的一侧为安装合页的一侧，一般设计图中可不显示； 3.图例中，剖面图所示，左为外上为内，平面图所示，下为外、上为内； 4.平面图和剖面图的虚线仅说明开关方式，在设计图中不需表示； 5.窗的立面形式应按实际绘制。

7.3 建筑总平面图

建筑总平面图是表明新建房屋所在基地有关范围内的总体布置。它反映新建房屋、构筑物等的位置和朝向，室外场地、道路、绿化等的布置，地形、地貌、标高等及与原有环境的关系和邻界情况等。

7.3.1 建筑总平面图的形成及作用

建筑总平面图简称总平面图。它是由建设场区的上空向下投影，将新建工程四周一定范围内的新建、拟建、原有和要拆除的建筑物、构筑物连同其周围的场地、道路、绿化等地形地物状况，采用相应的图例画出的水平投影图，如图7-3-1所示。

总平面图表明一个工程的总体布局，反映了新建房屋的平面形状、位置、朝向及其与周围环境的相互关系。它是新建房屋的定位放线、土方施工及施工现场布置的依据，也是其他专业（如水、电、暖、煤气）的管线总平面图规划布置的依据。

7.3.2 建筑总平面图的读图

①先看新建房屋的具体位置和外围尺寸。

②再看房屋室内地面的标高，这就给我们测量水平标高，引进水准点时有了具体数值。

③看房屋的具体定位，这样使我们施工放线定位有了依据。

④看与房屋建筑有关的事项。如建成后房屋周围的道路、现有市内水源干线、下水管道干线、电源可引入的电线杆位置等。此外，还需看图上是否有河流、桥梁、绿化和需拆除的房屋等的标志，这些都是在看总平面图后应有所了解的内容。

⑤最后从施工安排角度出发，还应看旧建筑相距是否太近，在施工时对居民的安全是否有保证，河流是否太近、土方坡是否牢固等。作为施工技术人员，应该构思出一张施工总布置图的轮廓。

7.4 建筑平面图

建筑平面图实际上是房屋的水平剖面图（除屋顶平面图外），在房屋施工图中习惯上称为平面图。

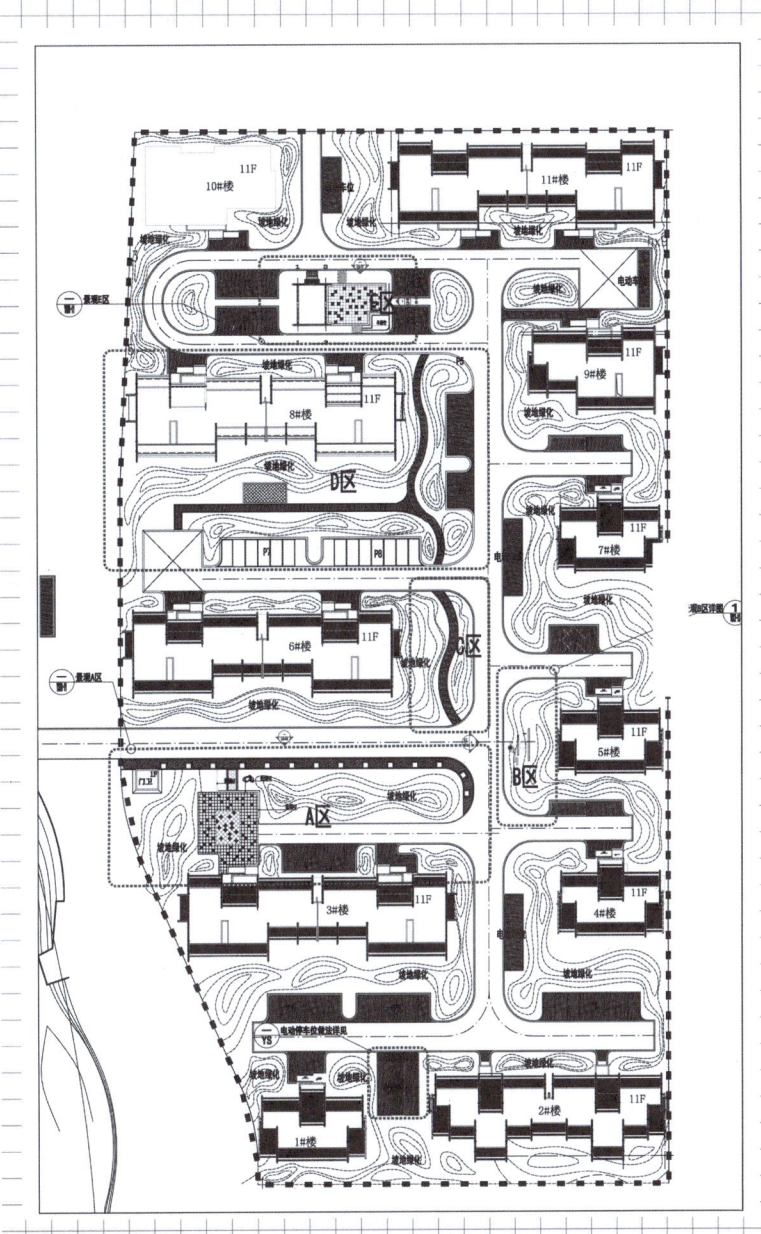

图7-3-1 建筑总平面图

7.4.1 建筑平面图的形成及作用

建筑平面图是假想用一水平的剖切面在房屋的门窗洞口处（一般在窗台上方）将整幢房屋剖开后，移去剖切平面以上的部分，将剩余的部分向下在水平投影面上做正投影所得到的图样，如图7-4-1所示。

建筑平面图主要反映建筑物的平面形状、水平方向各部分（如出入口、楼梯间、走廊、房间、阳台等）的布置和组合关系、墙或柱的布置以及门窗等其他构配件的类型、位置和大小等情况。在施工过程中，可作为施工放线、砌筑墙体、安装门窗、施工备料及编制预算的依据，是施工图中最基本的图之一。

7.4.2 建筑平面图的种类

对于多层楼房，一般每层都应画出平面图，并在下方注明图名、比例。建筑平面图通常以层数来命名，一般有以下几种。

(1) 底层平面图

底层平面图表示底层房屋的平面布置情况，即各房间的分割和组合、房间名称、出入口、门厅、楼梯等的位置，各种门窗的位置以及室外的台阶、花台、明沟、散水、雨水管的布置等，如图7-4-2所示。

(2) 标准层平面图

标准层平面图主要表示中间各层的平面布置情况。在底层平面图上已经表示出的花台、散水等结构不用重复画出。入口的雨篷等要在二层平面图中标出，二层以上的平面图中则不再表示，如图7-4-3所示。

(3) 顶层平面图

顶层平面图主要表示房屋顶层的平面布置情况，如图7-4-4所示。

(4) 屋顶平面图

屋顶平面图主要表示屋顶的形状、排水的方向和坡度、天沟、女儿墙、屋脊线、雨水管、水箱等的位置，如图7-4-5所示。

(5) 局部平面图

当某些楼层的平面布置基本相同，仅有局部不同时，或当某些局部布置固定设备较多，或者内部组合比较复杂时，可以用局部平面图来表示。

为了清楚地表明局部平面图在平面图中所处的位置，图样中必须标明与平面图一致的定位轴线及其编号。常见的局部平面图有厕所、盥洗室、楼梯间平面图等。

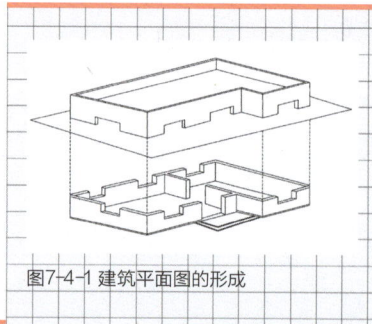

图7-4-1 建筑平面图的形成

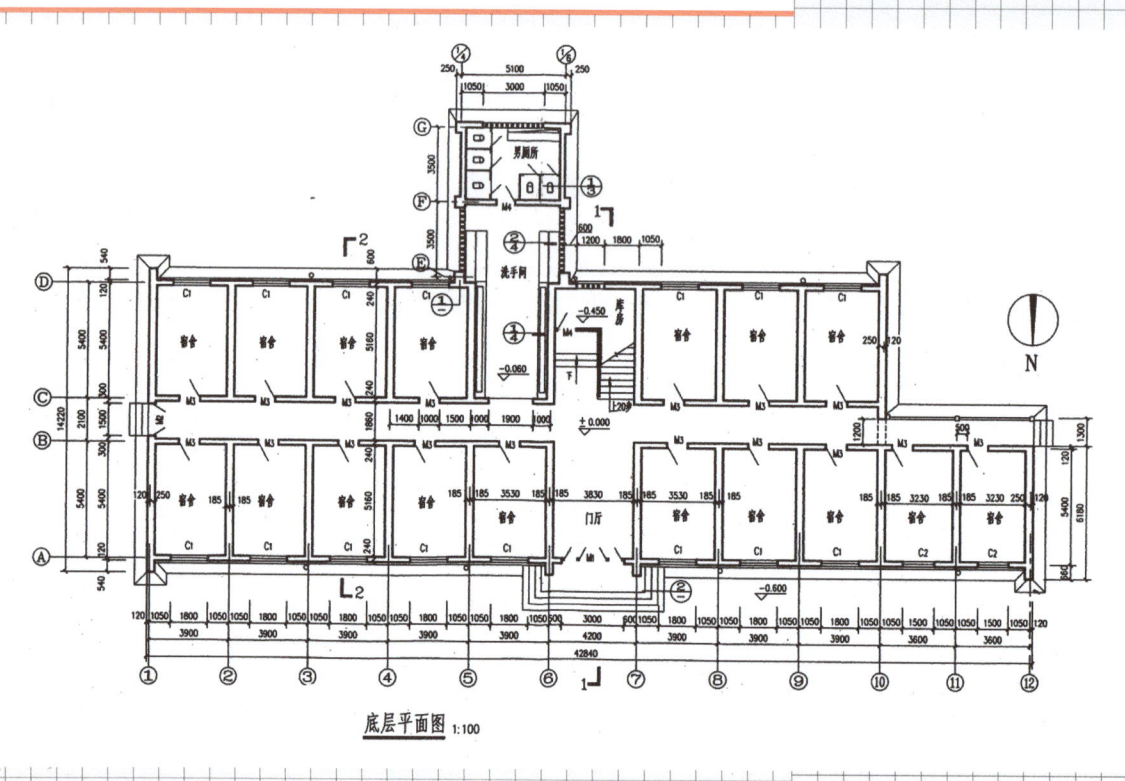

图7-4-2 底层平面图

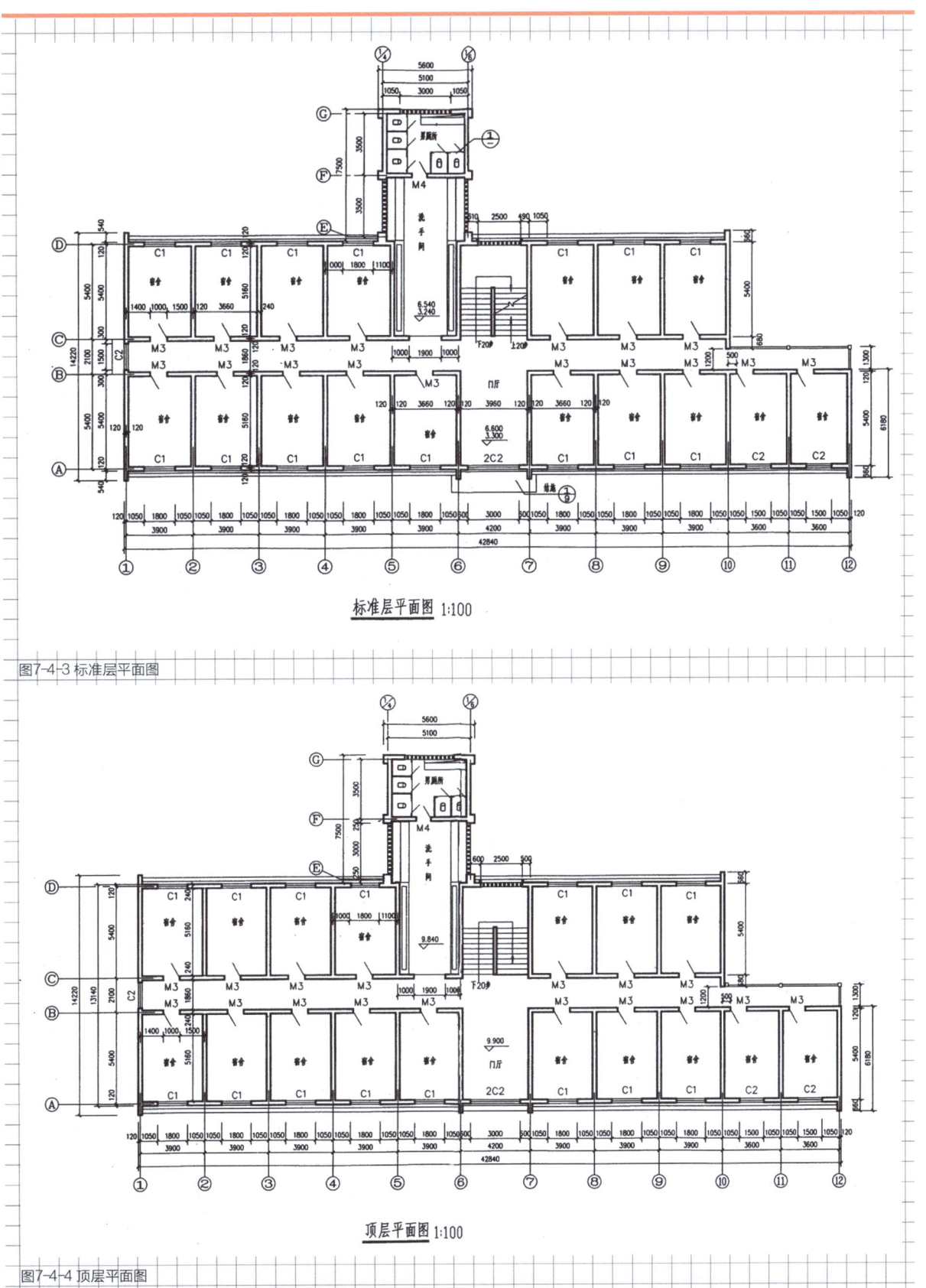

图7-4-3 标准层平面图

图7-4-4 顶层平面图

7.4.3 建筑平面图的图示内容及画法要求

(1) 图名和比例

建筑平面图的图名通常由它表示的楼层而定，如底层平面图、屋顶平面图等。平面图可以采用1:50、1:100、1:150、1:200、1:300 等比例绘制，其中1:100 的比例在实际工程中最为常用。比例应注写在图名的右侧。

(2) 定位轴线及编号按照其要求绘制

(3) 图线

① 粗实线：剖到的墙、柱的断面轮廓线及剖切符号；

② 中粗实线：未剖切到的可见轮廓线，如窗台、花台、台阶、梯段等以及门的开启符号和尺寸起止符号；

③ 细实线：其他图形线，如图例线、尺寸线、尺寸界线、标高符号、轴线圆圈等；

④ 细单点长画线：定位轴线。

(4) 建筑材料图例

在平面图中，被剖到的部分应画出材料图例。不同比例的平面图、剖面图，其材料图例、抹灰层、楼地面的省略画法应符合下列规定。

① 比例大于1:50的平面图、剖面图，宜画出抹灰层与楼地面、屋面的面层线，并宜画出材料图例。

② 比例等于1:50的平面图、剖面图，宜画出楼地面、屋面的面层线，抹灰层的面层线应根据需要而定。

③ 当比例小于1:50时，可以不画出抹灰层，但应画出楼地面、屋面的面层线。

④ 比例为1:100~1:200的平面图、剖面图，可用简化的材料图例（如砖体墙涂红，钢筋混凝土涂黑色等），宜画出楼地面、屋面的面层线。

⑤ 比例小于1:200的平面图、剖面图，可不画材料图例，剖面图的楼地面、屋面的面层线可不画出。

(5) 尺寸

建筑平面图中的尺寸按其注写位置的不同分为外部尺寸和内部尺寸。

① 外部尺寸。建筑平面图中，一般应在图形的下方和左方标注相互平行的三道尺寸。最外面的一道是总尺寸，表示建筑物的总长和总宽；中间一道尺寸是轴线之间的距离，表示房间的"开间"和"进深"；最内的一道是细部尺寸，表示门窗洞口、洞间墙的尺寸。当建筑物的平面图形不对称时，平面图的四周均应标注外部尺寸。底层平面图中还需注明台阶、花台、散水等的尺寸。

② 内部尺寸。为了说明建筑物的内墙厚度、内部门窗洞口、门跺以及固定设备的大小和位置，平面图中还应标注相关的内部尺寸。

(6) 标高

建筑平面图中还应标注出各层楼地面、台阶顶面、楼梯休息平台面以及室外地面的相对标高。标高的单位以米为单位且保留到小数点后三位。

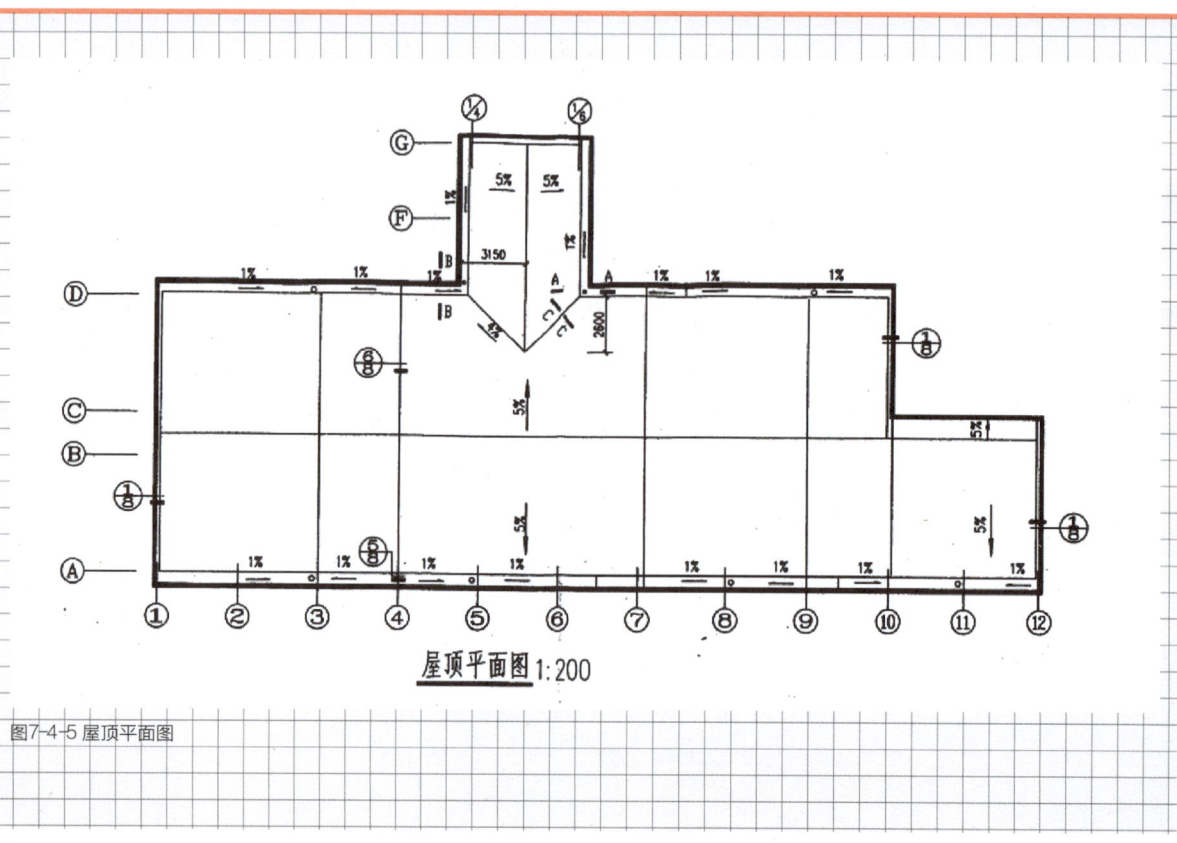

图7-4-5 屋顶平面图

7.4.4 建筑平面图的画图步骤

（1）根据开间和进深尺寸，画出定位轴线，如图7-4-6所示。

（2）根据墙厚尺寸画墙身或柱子的轮廓线，如图7-4-7所示。

（3）根据门窗洞口及窗间墙等细部构造尺寸画细部，如门窗洞、楼梯、台阶、卫生间等，如图7-4-8所示。

（4）画尺寸线、尺寸界线、尺寸起止符号以及轴线圆圈，如图7-4-9所示。

（5）检查无误后，擦去多余的线，按要求加深图线。

（6）标注轴线、尺寸、标高、剖切符号、索引符号、各房间名称、门窗编号、图名比例及其他的文字说明，如图7-4-10所示。

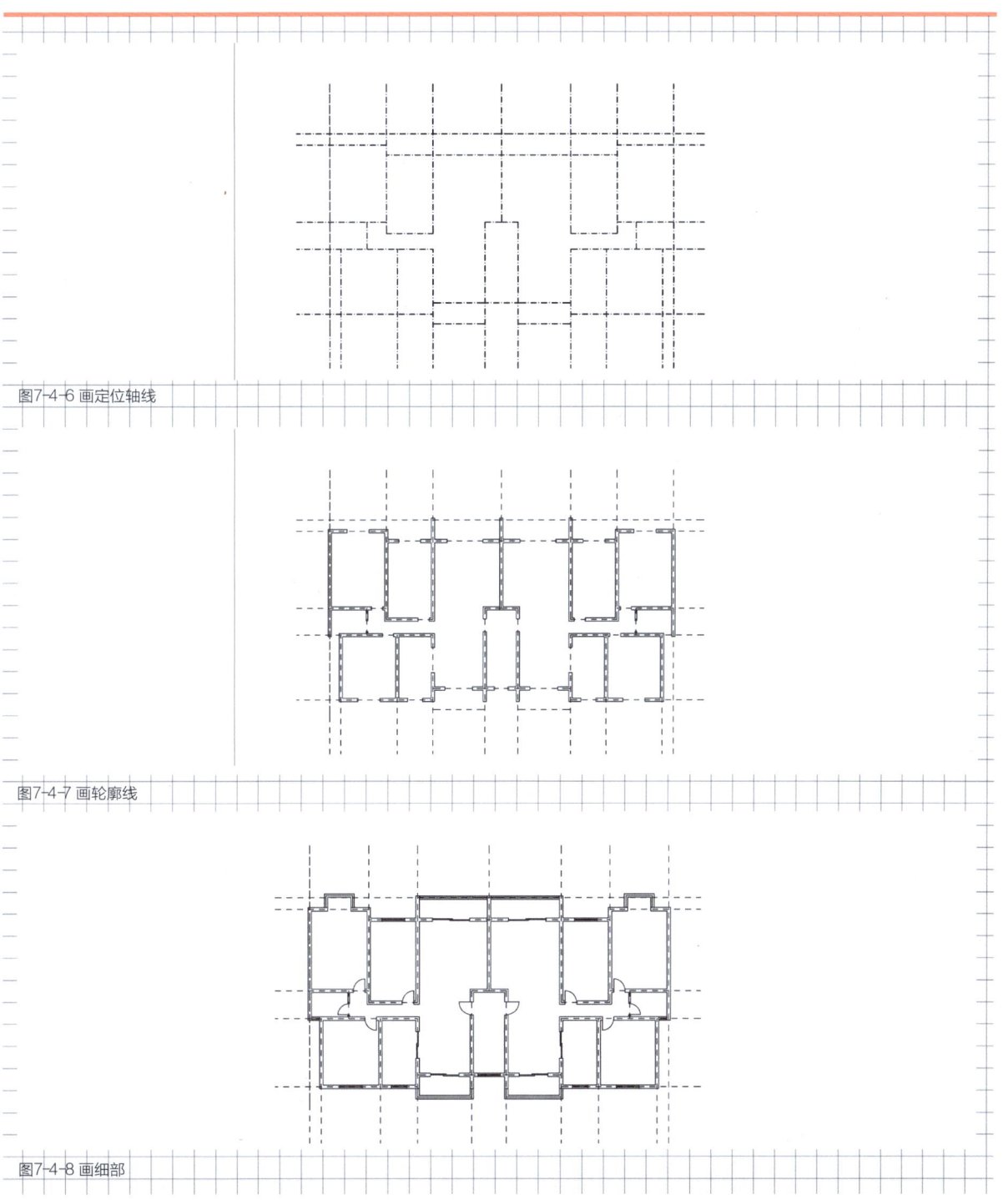

图7-4-6 画定位轴线

图7-4-7 画轮廓线

图7-4-8 画细部

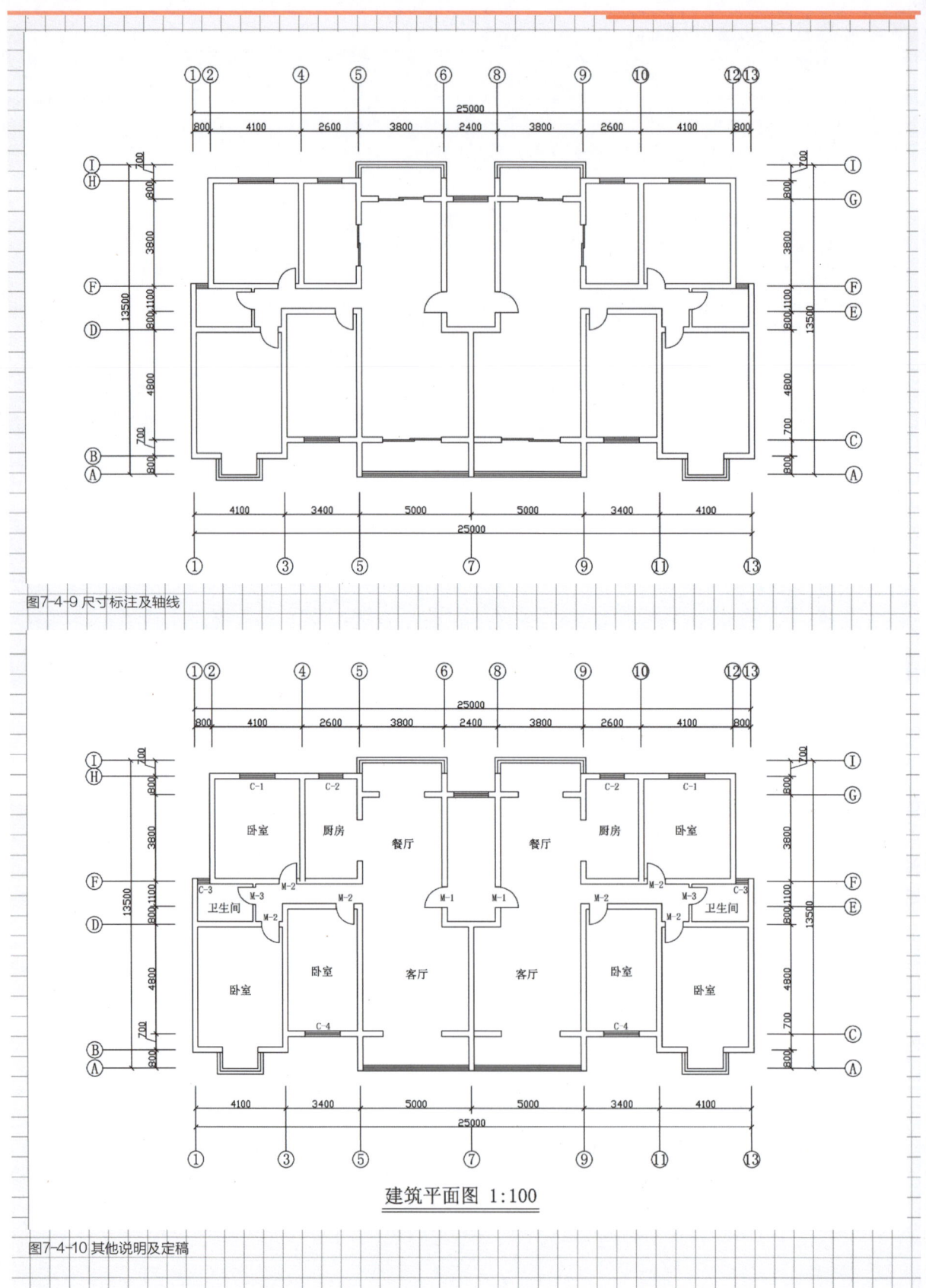

图7-4-9 尺寸标注及轴线

建筑平面图 1:100

图7-4-10 其他说明及定稿

7.5 建筑立面图

7.5.1 建筑立面图的形成及作用

在与房屋各立面平行的投影面上所作的房屋正投影图，称为建筑立面图，简称立面图。

立面图是建筑师表达立面设计效果的重要图纸，通过它可反映房屋的体型外貌、门窗类型及其排列位置和立面装修做法。在施工中是立面造型、外墙装修、工程概预算以及备料的依据，如图7-5-1~图7-5-4所示。

房屋立面如果有一部分不平行于投影面，可将该部分展开到与投影面平行，再用正投影法画出其展开视图。对于平面为"回"字形的房屋，它在院落中的局部立面，可在相关的剖面图上附带表示。如果不能表示时，则应单独绘出。

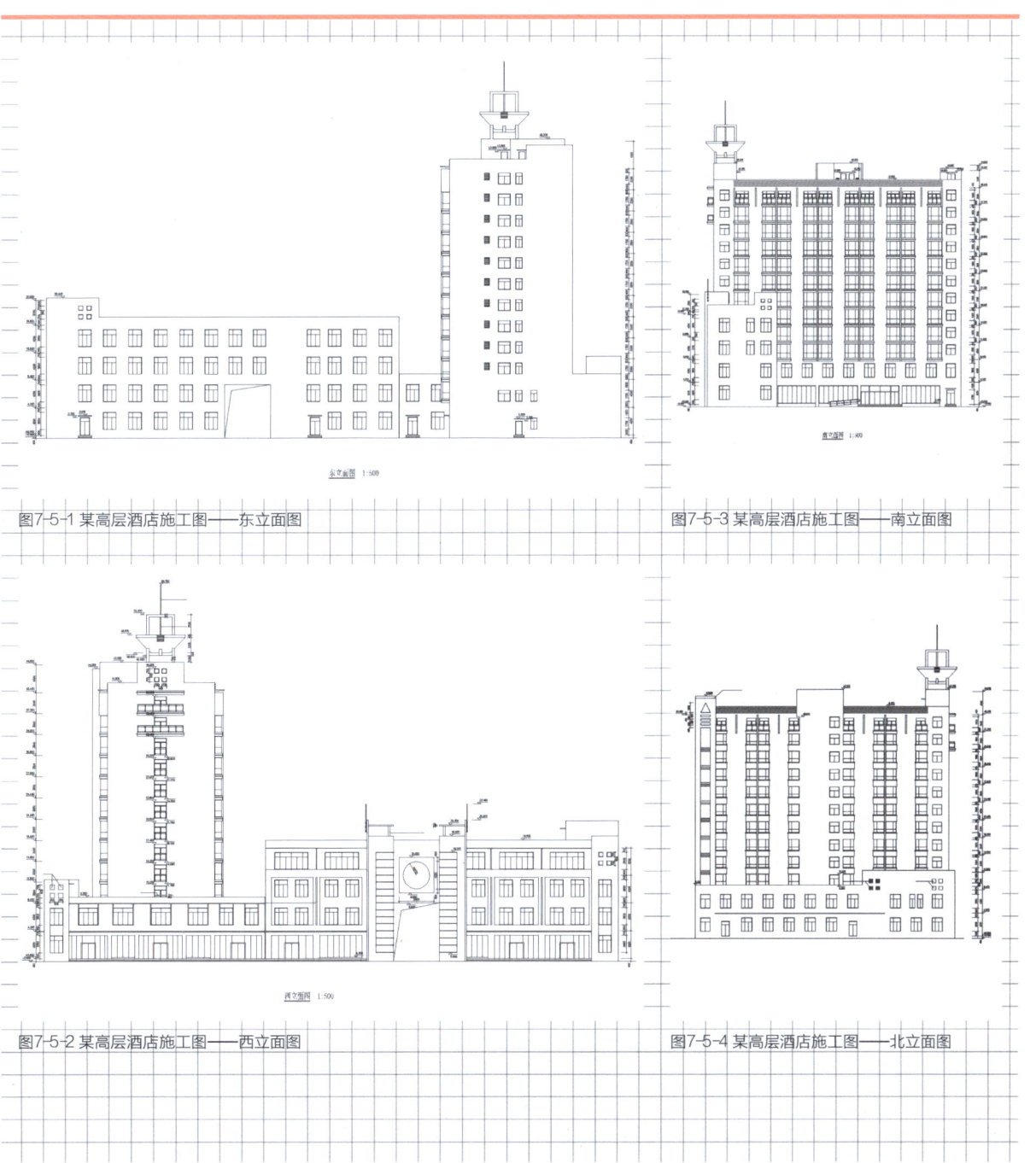

图7-5-1 某高层酒店施工图——东立面图

图7-5-3 某高层酒店施工图——南立面图

图7-5-2 某高层酒店施工图——西立面图

图7-5-4 某高层酒店施工图——北立面图

7.5.2 建筑立面图的命名

其中反映主要出入口或房屋显著外貌特征的那一面的立面图，称为正立面图，其余的立面图相应地称为背立面图和侧立面图。

立面图也可按两端轴线编号来命名，如⑨~①立面图或Ⓐ~Ⓕ立面图等。

也可按房屋的朝向来命名，如南立面图、北立面图、东立面图和西立面图等，如图7-5-5所示。

7.5.3 建筑立面图的图示内容及画法要求

(1) 图名和比例

图名可按立面图的主次、轴线编号、朝向来命名。立面图常用的比例有1:50、1:100、1:150、1:200、1:300等。实际工程中往往采用与建筑平面图相同的比例。

(2) 定位轴线

在建筑平面图上，各定位轴线表示的比较清楚。立面图中，一般只画出两端的定位轴线以及编号，以便与平面图对照识读。

(3) 图线

为使图面清晰、层次分明，立面图中采用各种线型表示不同的内容。

室外地坪线用加粗实线（1.4b）表示；

建筑立面图的外形轮廓线用粗实线表示；

立面上凸出或凹进墙面的轮廓线、门窗洞口、台阶、雨篷、阳台、檐口等较大建筑构配件的轮廓线用中粗实线表示；

较小的建筑构配件以及门窗扇、墙面分格线、雨水管、文字说明引出线等均用细实线表示。

(4) 图例

由于立面图的比例较小，因此在建筑立面中一些细部结构如门窗、阳台、栏杆以及墙面复杂的装修应按规定图例绘制。对于相同类型的门窗可以只画出一两个完整图形，其余的只画出主要轮廓线即可。立面图中窗户应画出开启方向，而门可不表示开启方向。

(5) 尺寸标注

有时立面图两侧也可沿竖直方向标注三道尺寸来表示各部分的高度。最内一道尺寸标注室内外高差、门窗洞口高度、窗间墙及檐口高度；中间一道尺寸标注层高；最外一道尺寸标注房屋的总高度。也可在立面图内部标注必要的局部尺寸来确定构配件的大小和位置。

立面图中一般不标注水平方向的尺寸。

(6) 标高

建筑立面图中用标高的形式标注高度方向的尺寸。标注标高的部位一般有室内外地坪、出入口平台顶面、各层楼面、门窗顶、窗台、檐口、女儿墙压顶、雨篷底面、阳台底面或阳台栏杆顶面等。标高符号应排列整齐。

7.5.4 建筑立面图的画图步骤

①画室外地坪线、轴线、外形轮廓线和屋面线。

②画门窗洞口定位线，确定门窗位置。

③画细部结构，如台阶、雨篷、檐口、窗台、门窗扇、雨水管、勒脚等。

④画标高符号、尺寸线、尺寸界线、尺寸起止符号。

⑤检查无误后，擦去多余的线，按要求加深图线。

⑥标注轴线编号、尺寸、标高、外墙装饰做法、索引符号、图名比例及其他的文字说明。

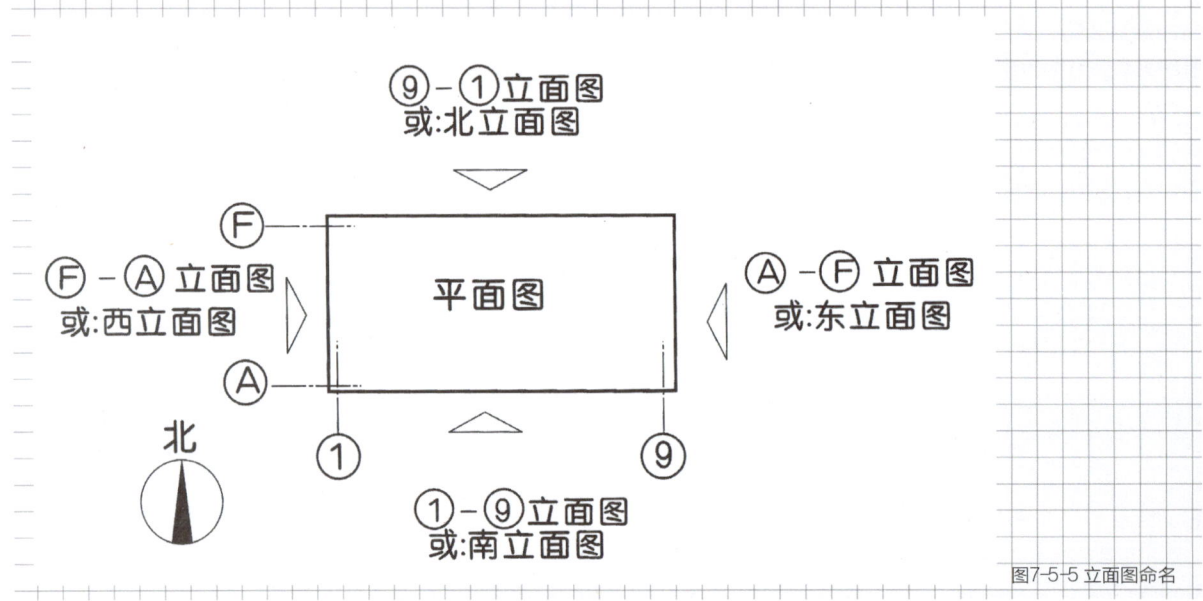

图7-5-5 立面图命名

7.6 建筑剖面图

7.6.1 建筑剖面图的形成及作用

一般是指建筑物的垂直剖面图，也就是假想用一个或多个垂直于外墙轴线的铅垂剖切面将房屋剖开，移去剖切平面与观察者之间的部分，对剩余的部分所作的正投影图称为建筑剖面图，简称剖面图。但习惯上剖面图中不画出基础以下部分，如图7-6-1、图7-6-2所示。

剖面图可用来表示房屋内部的结构和构造形式、垂直空间的利用和各部位的高度、组合关系、所用材料及其做法等。建筑剖面图用于与平面图、立面图相互配合来表示整幢房屋，是施工图中不可缺少的重要图样之一。

7.6.2 建筑剖面图的图示内容及画法要求

剖面图的剖切部位，应选择在内部结构和构造比较复杂或有变化及有代表性的部位。如门窗洞口、主要出入口、楼梯间等处。其数量视建筑物的复杂程度和实际情况而定。

(1) 图名和比例

建筑剖面图的图名是根据建筑±0.000所在层平面图上所标注剖切符号的编号来命名的，如图7-6-1剖面图、图7-6-2剖面图。

剖面图的常用比例有1:50、1:100、1:150、1:200、1:300等。实际工程中往往采用与平面图、立面图相同的比例。

(2) 定位轴线

在剖面图中通常画出两端及中间剖到的主要承重构件轴线和编号，以明确剖切位置及剖视方向，以便与平面图对照。

(3) 图线

在剖面图中的室内外地坪线用加粗实线表示。剖切到的部位如墙身、梁、楼板、屋面板、楼梯段及休息平台等用粗实线表示。

未剖切到但可见的轮廓线如门窗洞、楼梯梯段及栏杆扶手、女儿墙压顶、内外墙、踢脚、勒脚等轮廓线用中粗实线表示。

较小的建筑构配件、门窗扇及其分格线、雨水管、墙面分格线等用细实线表示。尺寸线、尺寸界线、引出线、标高符号和索引符号等均按规定用细实线画出。

(4) 图例

在剖面图中的门、窗均按规定图例绘制。砖墙和钢筋混凝土的材料图例画法与平面图相同。

(5) 尺寸标注

剖面图中应标注出剖到部分的竖直方向的尺寸和标高。

外墙的竖向尺寸一般也标注三道。

最外一道尺寸为室外地面以上的总高尺寸；中间一道尺寸为层高尺寸；最内一道尺寸为门窗洞口及洞间墙的高度尺寸。此外还需标注某些局部尺寸，不另画详图的构配件尺寸及剖面图上两轴线间的尺寸等。

建筑剖面图中还应标注室内外地面、各层楼面、楼梯休息平台面、阳台顶面、屋顶、檐口或女儿墙顶面等的标高和某些梁、雨篷等构件的底面标高。标注尺寸和标高时，注意与平面图和立面图相一致。

(6) 其他

建筑剖面图中楼、地面各层构造做法一般可用引出线说明。若需绘制详图的部位，应画上详图索引符号。对于剖到的建筑物倾斜的地方如屋面、散水等应用坡度来表示其倾斜的程度。

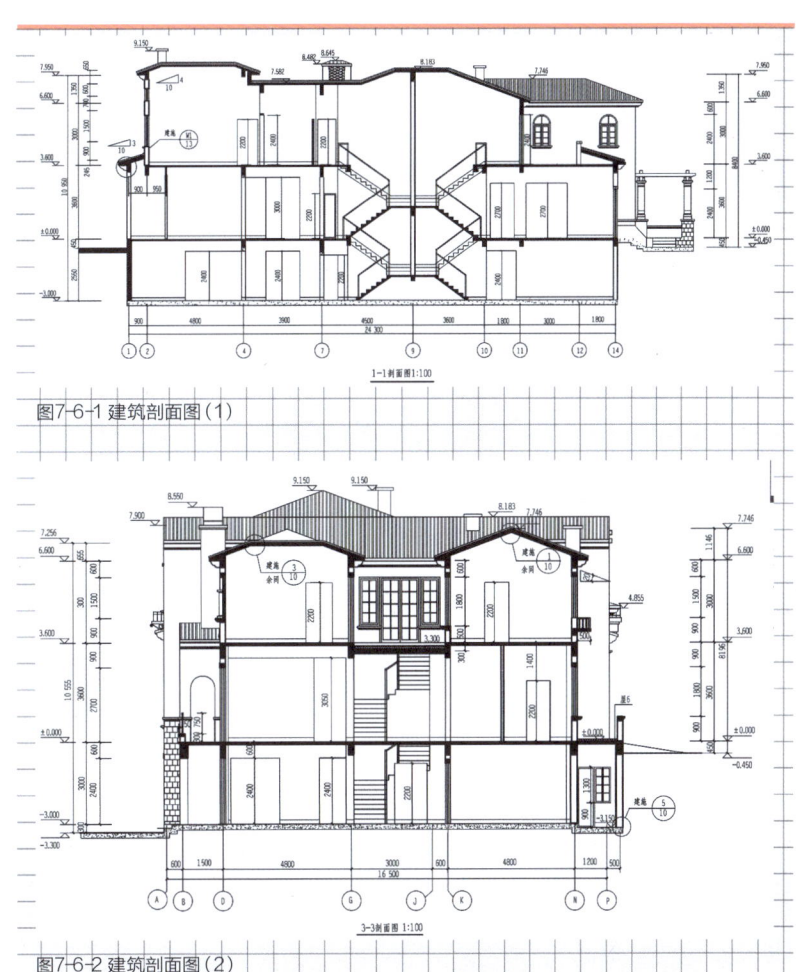

图7-6-1 建筑剖面图（1）

图7-6-2 建筑剖面图（2）

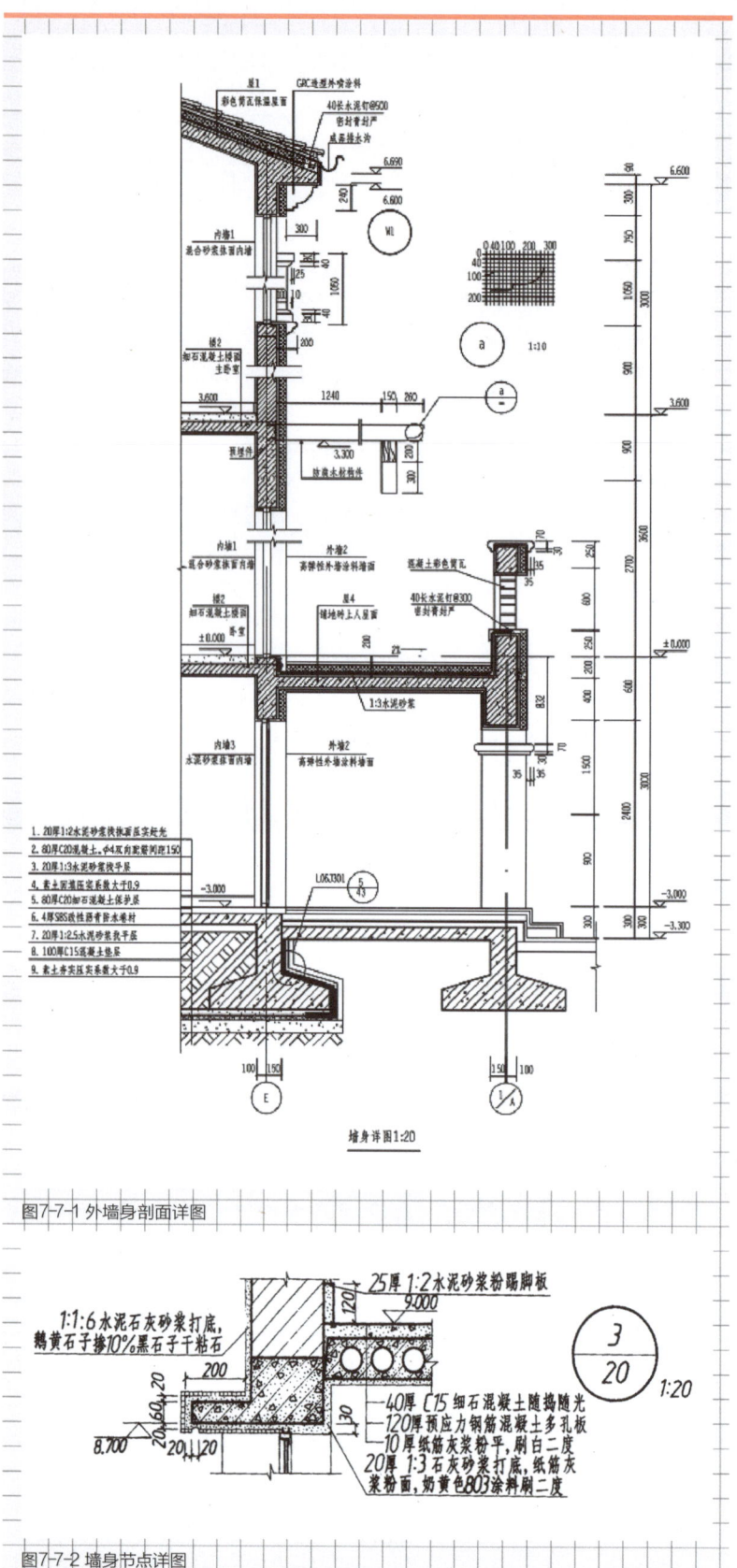

图7-7-1 外墙身剖面详图

图7-7-2 墙身节点详图

7.6.3 建筑剖面图的画图步骤

①画室外地坪线、定位轴线、楼面线、屋面线。

②确定门窗洞口的位置画墙身线，根据厚度画楼板及屋面板的轮廓线，确定楼梯的位置画楼梯轮廓线。

③画其他细部如门窗、梁、台阶、雨篷、檐口、踢脚等构配件。

④画标高符号、尺寸线、尺寸界线、尺寸起止符号。

⑤检查无误后，擦去多余的线，按要求加深图线。

⑥标注轴线编号、尺寸、标高、索引符号、图名比例及其他文字说明。

7.7 建筑详图

7.7.1 建筑详图的形成及作用

由于建筑平面图、立面图、剖面图一般采用较小的比例绘制，建筑物的某些细部或构配件的详细构造和尺寸无法表示清楚。为了满足施工的要求，必须将这些部位的形状、尺寸、材料、做法等用较大的比例详细表达出来，这种图称为建筑详图，简称详图。详图又称大样图或节点图，如图7-7-1～图7-7-5所示。

建筑详图是建筑细部或构配件的大比例图样，是建筑平、立、剖面图的深化和补充，是指导房屋细部施工、建筑构配件的制作，以及编制预算的重要依据。

7.7.2 建筑详图的特点

相对于建筑平面图、立面图、剖面图，建筑详图具有三个特点：

①绘制比例较大，如1:5、1:10、1:25、1:30等；

②图示内容详尽清楚，把细部的形状大小、层次构造、材料做法都清楚地表示出来；

③尺寸标注齐全，并注有详尽的文字说明。

7.7.3 建筑详图的分类和内容

建筑详图可分为节点构造详图和构配件详图两类。凡表达房屋某一细部的形状大小、构造做法和材料组成的详图称为节点详图，如墙身详图(包括檐口、窗台、勒脚、明沟、散水等)。凡表明构配件本身构造的详图，称为构件详图或配件详图，如门详图、窗详图、楼梯详图、花格详图等。

建筑详图的数量与房屋的复杂程度及建筑平面图、立面图、剖面图的内容及比例有关。对于引用标准图或通用详图的建筑构配件和剖面节点，只要注明所用图集的名称、页次、编号，则可不必再画详图。常用的详图主要有墙身剖面详图、楼梯详图、门窗详图、厨房详图、浴室详图、卫生间详图等。

外墙身剖面详图实际上是建筑剖面图的局部放大图，它主要表达房屋的屋面、楼地面、檐口、楼板与墙的连接、门窗顶、窗台、勒脚和散水等处的尺寸、材料以及做法等构造情况，是指导外墙施工的重要依据。

多层房屋中，若各层的情况一样时，可只画底层或加一个中间层来表示。画图时，往往在窗洞中间处断开，成为几个节点详图的组合。有时，也可不画整个墙身的详图，而是把各个节点的详图分别单独绘制。详图的线型要求与剖面图一样，断面轮廓线内应画出材料图例。

当引用标准图集时，应注写清楚图集名称及详图编号。

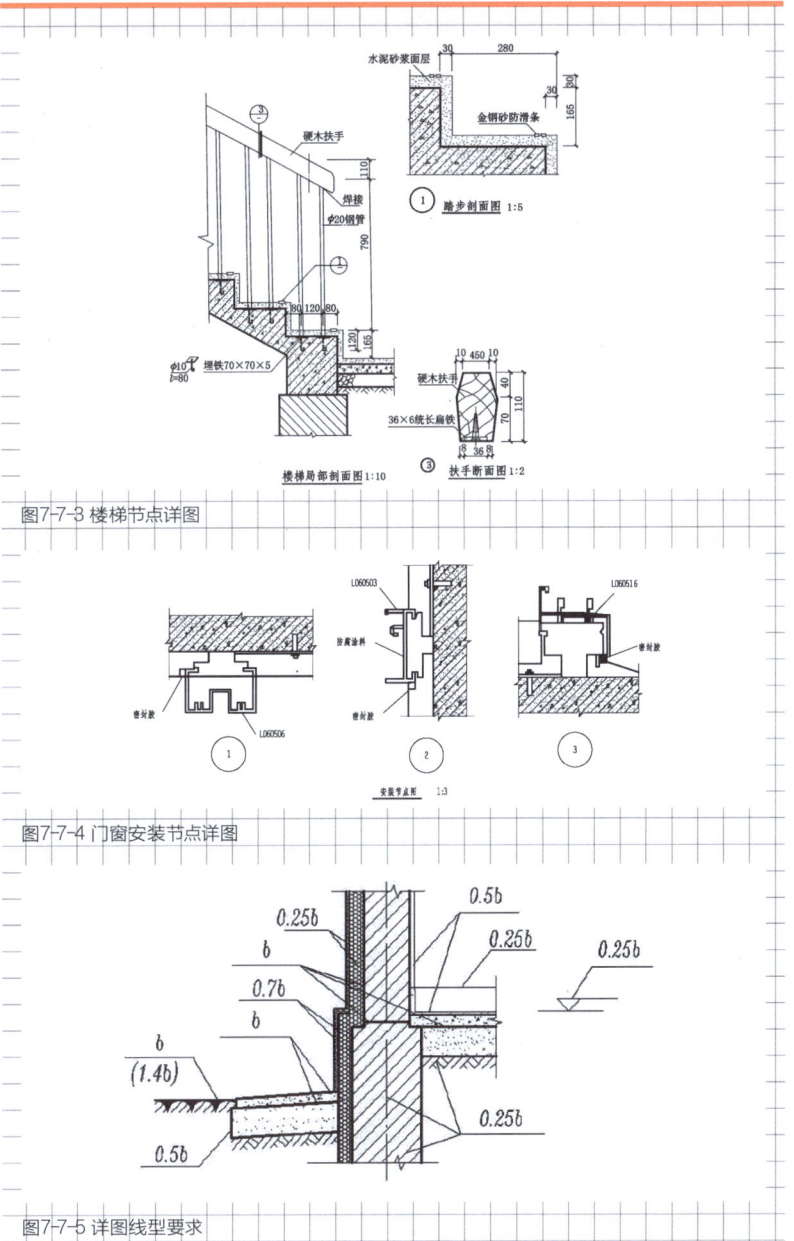

图7-7-3 楼梯节点详图

图7-7-4 门窗安装节点详图

图7-7-5 详图线型要求

课后练习

1. 掌握建筑制图的标准规定。
2. 了解并掌握建筑平面图的图示内容、线型及画图步骤。
3. 了解并掌握建筑立面图的图示内容、线型及画图步骤。
4. 了解并掌握建筑剖面图的图示内容、线型及画图步骤。了解节点大样图。
5. 临摹一整套建筑施工图，包含平面图、立面图、剖面图及节点大样图。

第8章 室内装饰施工图

课题概述

本章主要讲述室内平面图的表达方式及画图步骤、室内顶棚平面图的表达方式及画图步骤、室内立面图的表达方式及画图步骤、室内构造详图的内容及室内施工图中的常用图例等，使学生对室内施工图的形成和画法有更深层的理解和掌握，使专业的学习更加深入和具体。

教学目标

掌握室内装饰施工图的绘制方法，学会表示室内空间的布局、形状、尺寸及相应位置关系，各界面（墙面、地面、天花）的表面装饰、家具的布置、固定设施的安放及细部构造做法和施工要求等。

章节重点

熟练掌握室内装饰施工图的绘制方法，包括平面布局图、顶面布局图、室内立面图和细部节点详图的绘制。

8.1 概述

室内装饰施工图主要用于表现室内空间布局、各构配件的形状大小、各表面的装饰、家具的布置、固定设施的安放及细部构造做法和施工要求等。

室内装修施工图主要包括室内平面图、室内顶棚平面图、室内立面图和细部节点详图等。

室内设计表现内容中的平面图、顶面图、立面图和详图即室内装饰施工图（工程图）是设计者进行室内设计表达的深化阶段及最终阶段，更是指导室内装饰施工的重要依据。室内装饰施工图属于建筑装饰设计范围，在图样标题栏的图别中简称"装施"或"饰施"。

8.2 室内平面图

室内设计平面图是装饰工程中不可缺少的，了解和掌握平面图的基本知识对学习完整的装饰施工有实质性的作用。

8.2.1 室内平面图的形成

平面布置图是以一平行于地平面的剖切面剖开房屋，将上部移去后得到的水平正投影图。通常该剖面选择在距地平面1.5m左右的位置或略高于窗台的位置。

8.2.2 室内平面图的表达内容

平面图主要表示建筑的墙、柱、门、窗洞口的位置和门的开启方式；隔断、屏风、帷幕等空间分隔物的位置和尺寸；表示台阶、坡道、楼梯、电梯的形式及地坪标高的变化；表示卫生洁具和其他固定设施的位置和形式；表示家具、陈设的形式和位置等，如图8-2-1所示。

①反映楼面铺装构造、材料规格名称和制作工艺要求；

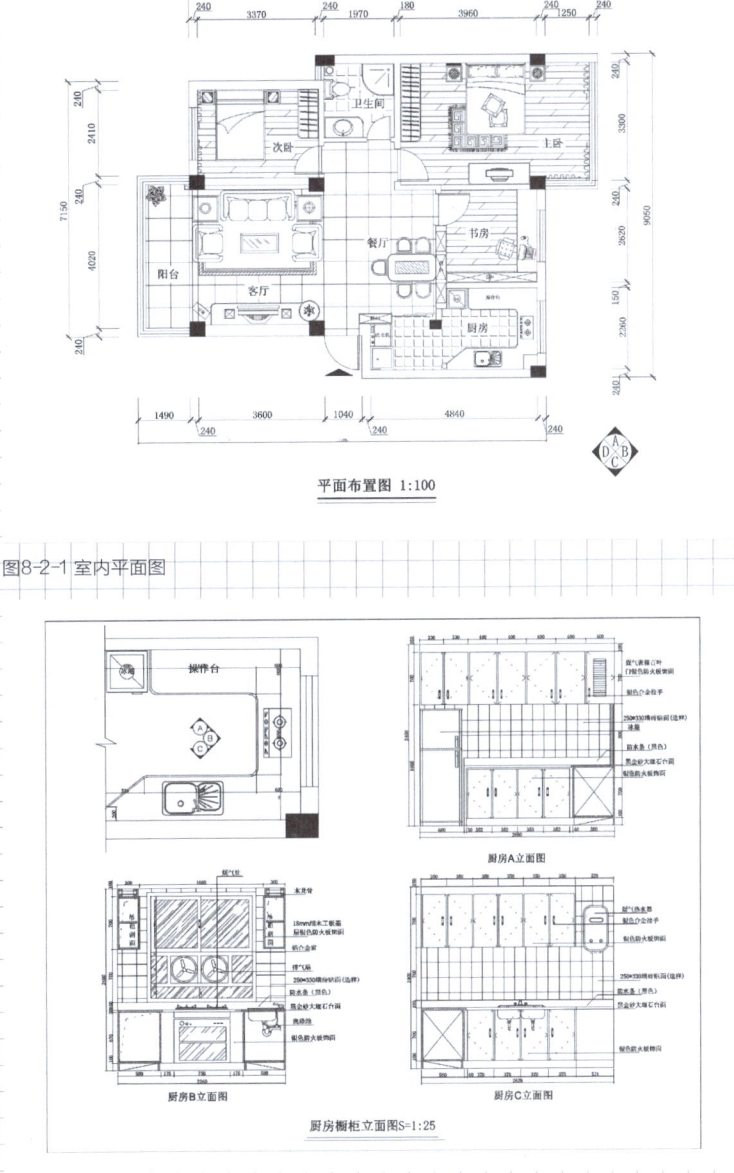

图8-2-1 室内平面图

图8-2-2 内视符号的应用

图8-2-3 内饰符号

②反映门窗位置及其水平方向的尺寸;

③反映各房间的分布及形状大小;

④反映家具及其他设置(如卫生洁具、厨房用具、家用电器等)的平面布置;

⑤注全各种必要的尺寸及标高等;

⑥注明内视符号。

为了表示室内立面在平面图上的位置,应在平面图上用内饰符号注明视点位置、方向和立面的编号,如图8-2-2所示。

内视符号由一个等边直角三角形和细实线圆圈(直径为8mm~12mm)组成。等边直角三角形中,直角所指的垂直界面就是立面图所要表示的界面。圆圈里的字母或数字为立面图的编号,如图8-2-3所示。

8.2.3 室内平面图的表达方法及要求

①平面图应采用正投影法按比例绘制;

②平面图中的定位轴线编号应与建筑平面图的轴线编号一致;

③平面图应标注清楚地面铺装材料的名称、规格、颜色等;

④平面图中的陈设品及用品(如家具、植物等)应用通用的图例表示,且符合本张图的比例;

⑤用于指导施工的室内平面图,非固定的家具、设施、绿化可以不用画出。固定设施应用通用的图例表示;

⑥需要详细表达的应画出详图,并画出相应的详图符号;

⑦一般地,凡是剖到的墙、柱的断面轮廓线用粗实线表示;家具、陈设、固定设备的轮廓线用中实线表示;其余投影线以细实线表示。

8.2.4 室内平面图的作图步骤

第一步:选比例、定图幅;画出墙体;标出功能分区,如图8-2-4所示;

第二步:画出门窗,如图8-2-5所示;

第三步:画出家具、厨房设备、卫生洁具、电器设备、隔断、装饰构件等的布置,如图8-2-6所示;

第四步:画出地面的拼花造型图案、绿化等,如图8-2-7所示;

第五步:标注尺寸、剖面符号、详图索引符号、图例名称、文字说明,如图8-2-8所示。

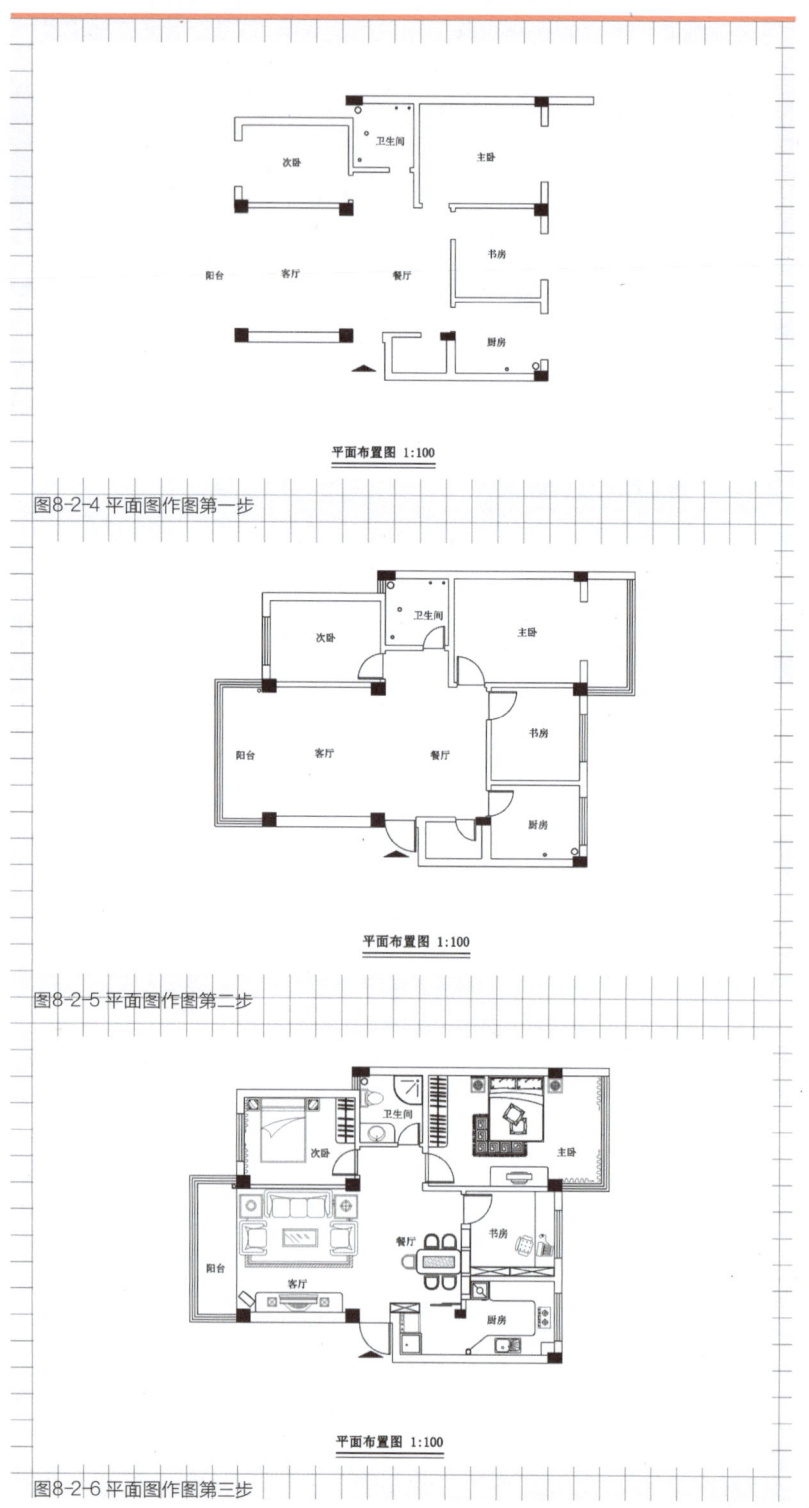

图8-2-4 平面图作图第一步

图8-2-5 平面图作图第二步

图8-2-6 平面图作图第三步

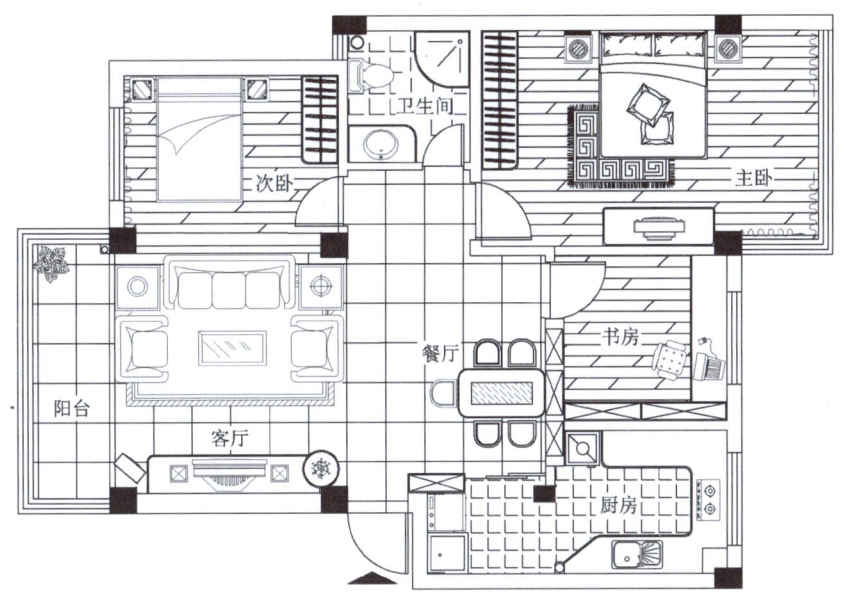

平面布置图 1:100

图8-2-7 平面图作图第四步

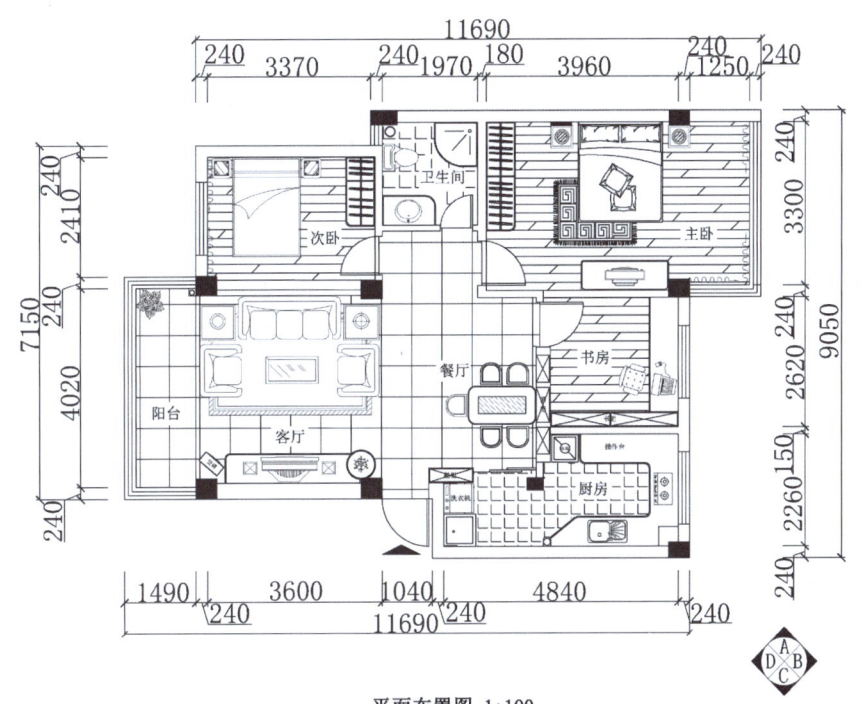

平面布置图 1:100

图8-2-8 平面图作图第五步

8.3 室内顶棚平面图

室内顶棚平面图反映整个顶部灯具的具体位置、顶部的造型、准确的尺寸及顶部造型材料等。室内顶棚平面图是施工的依据之一。

8.3.1 室内顶棚平面图的形成

顶棚平面图又叫天花平面图、天花布局图。宜采用镜像投影法绘制，其绘制方法与室内平面图相同。

8.3.2 室内顶棚平面图的表达内容

室内顶棚平面图主要表示墙、柱、门、窗洞口的位置；顶棚的造型，包括浮雕、线角等；顶棚上的灯具、通风口、扬声器、烟感、喷淋等设备的位置，如图8-3-1所示。

室内顶棚平面图的表达内容可简要归纳为以下几点。

①反映室内顶棚的形状、尺寸、结构；

②反映顶棚装修构造、材料、规格名称和制作工艺要求；

③反映灯具、窗帘等安装的位置及形状；

④各种必要的尺寸及标高等。

8.3.3 室内顶棚平面图的表达方法及要求

①室内顶棚平面图与室内平面图一致，应按照相同的比例绘制；

②室内顶棚平面图的定位轴线的位置与编号应与室内平面图一致；

③室内顶棚平面图一般只画出墙厚，门窗洞口的位置只需要留出即可；

④室内顶棚平面图不同层次的标高，一般标注该层次距本层楼面的高度；

⑤室内顶棚平面图线宽的选用与室内平面图相同；

⑥室内顶棚平面图中的灯具等附加物品，应该采用通用的图例表示，如图8-3-2所示。

⑦需要详细表达的部位，应画出详图。

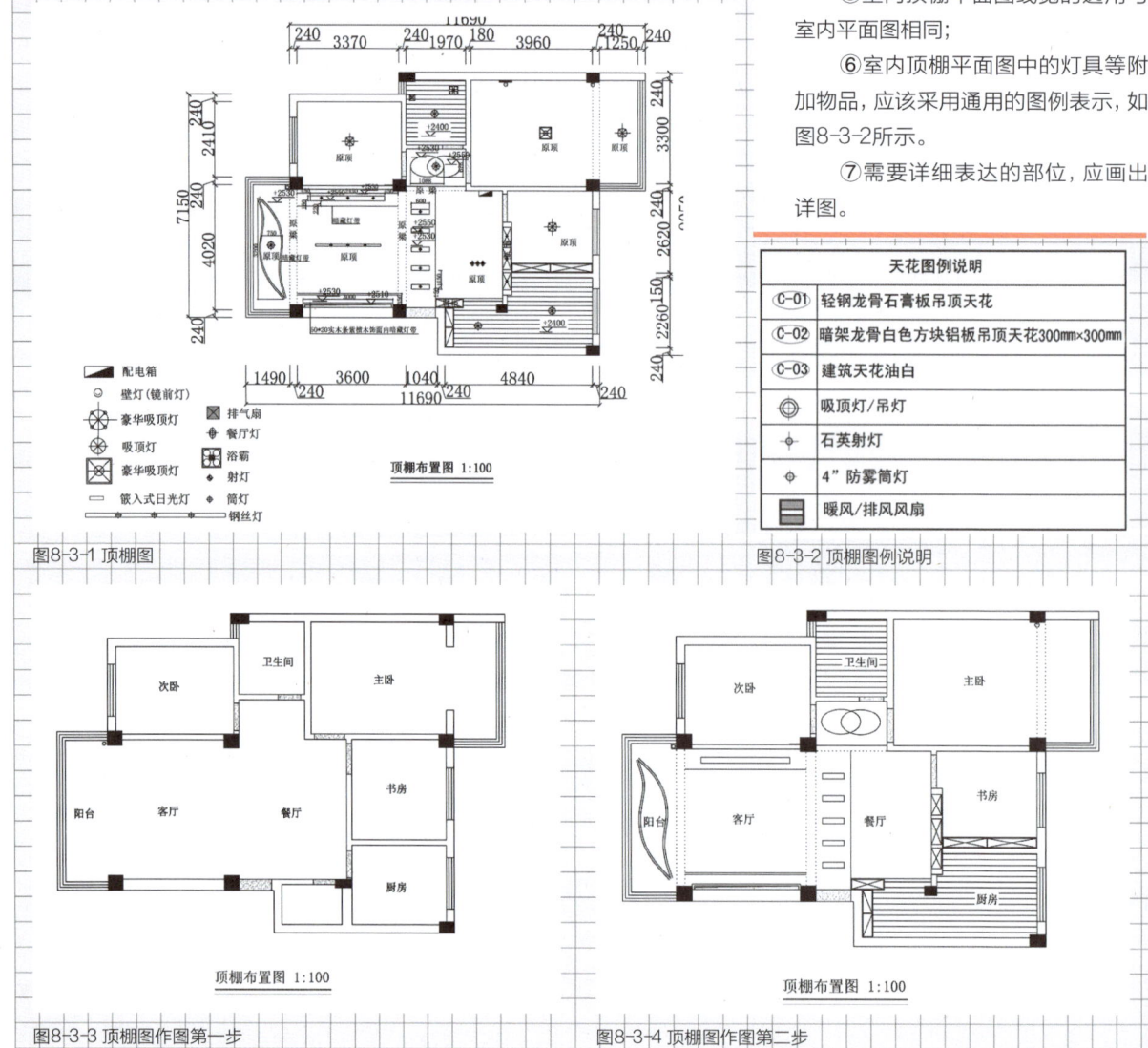

图8-3-1 顶棚图

图8-3-2 顶棚图例说明

图8-3-3 顶棚图作图第一步

图8-3-4 顶棚图作图第二步

8.3.4 室内顶棚图的作图步骤

第一步：根据平面图，选比例、定图幅；画出建筑主体结构顶棚图，如图8-3-3所示；

第二步：画出吊顶、梁柱构件等的布置，如图8-3-4所示；

第三步：画出灯具及顶部电器设备等，如图8-3-5所示；

第四步：标注尺寸、标高符号、图例名称、文字说明，如图8-3-6所示。

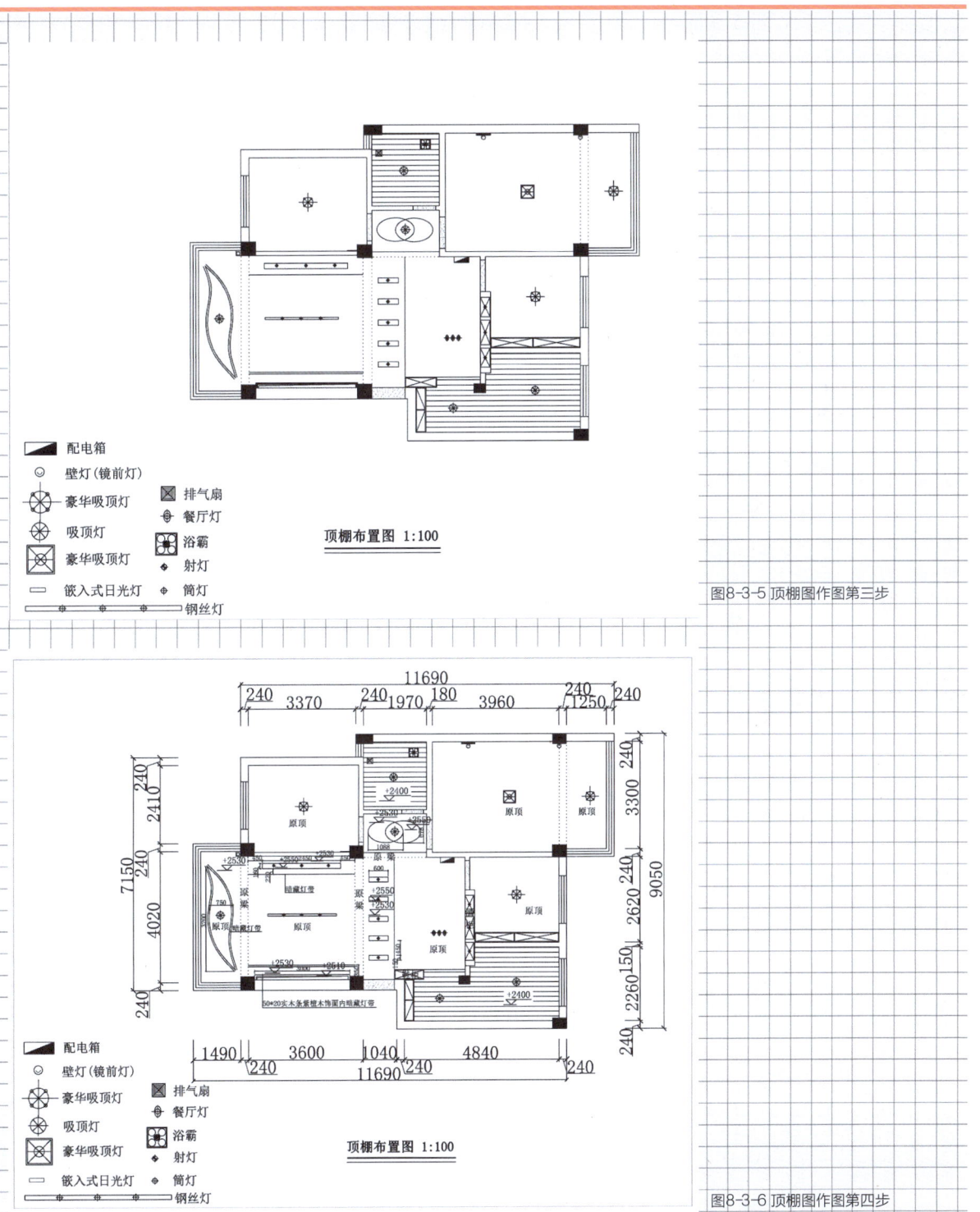

图8-3-5 顶棚图作图第三步

图8-3-6 顶棚图作图第四步

8.4 室内立面图

立面图是表现室内墙面装修装饰及墙面布置的图样,除了画出固定墙面装修外,还可以画出墙面上的装饰品、地面上陈设的家具等。立面图形成的实质是将一空间剖切后所得到的正投影图。

立面图和剖立面图主要区别是:剖立面图中需画出被剖的侧墙及顶部楼板和顶棚等,而立面图是直接绘制垂直界面的正投影图,画出侧墙内表面,不必画侧墙及楼板等,如图8-4-1所示。

8.4.1 室内立面图的表达内容

室内立面图主要表达墙面、柱面的装修做法,包括材料、造型、尺寸等;表示门、窗及窗帘的形式和尺寸;表示隔断、屏风等的外观和尺寸;表现墙面、柱面上的灯具、挂件、壁画等装饰;表示山石、水体、绿化的做法形式等。室内立面图的表达内容可归纳为如下几点,具体如图8-4-2至图8-4-12所示。

①反映投影方向可见的室内轮廓线和装修构造及墙面做法的工艺要求等;

②墙面装饰材料的名称、规格、颜色及工艺做法;

③反映固定家具、灯具及需要表达的靠墙的非固定家具、灯具等的形状及位置;

④反应门窗及构配件的位置及造型;

⑤反映室内需要表达的装饰物的形状及位置;

⑥注全各种必要尺寸和标高。

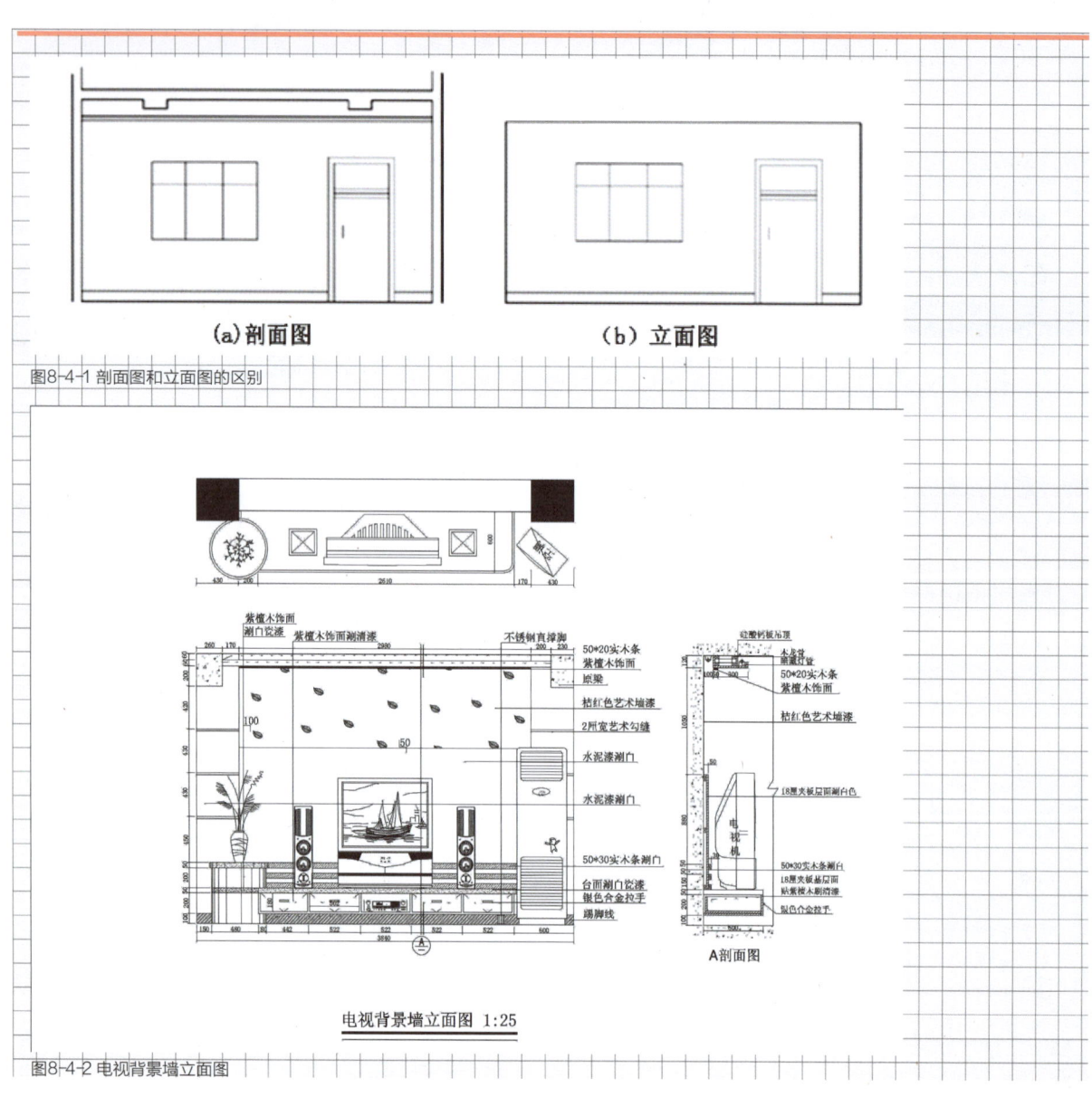

图8-4-1 剖面图和立面图的区别

图8-4-2 电视背景墙立面图

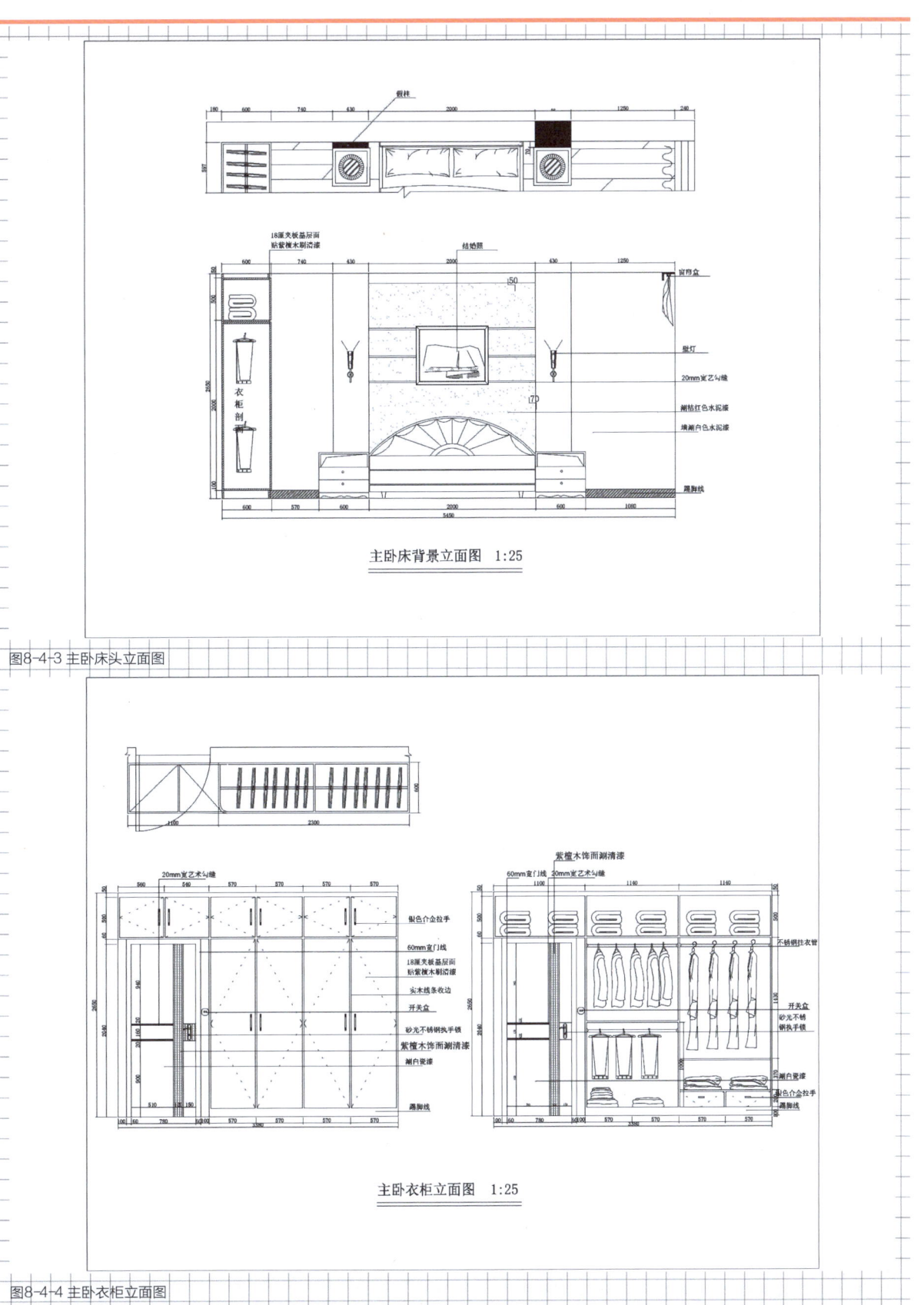

图8-4-3 主卧床头立面图

图8-4-4 主卧衣柜立面图

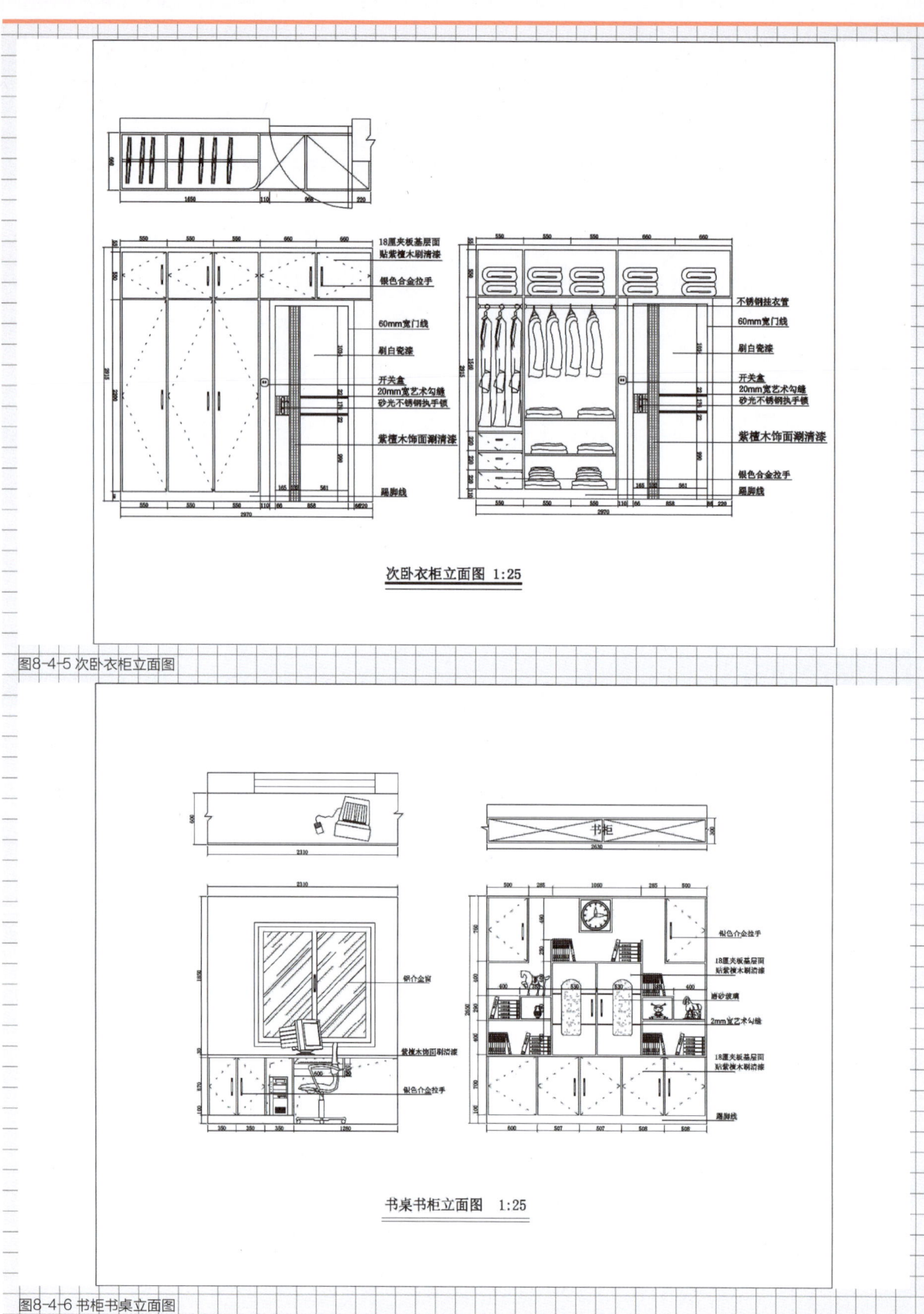

图8-4-5 次卧衣柜立面图

图8-4-6 书柜书桌立面图

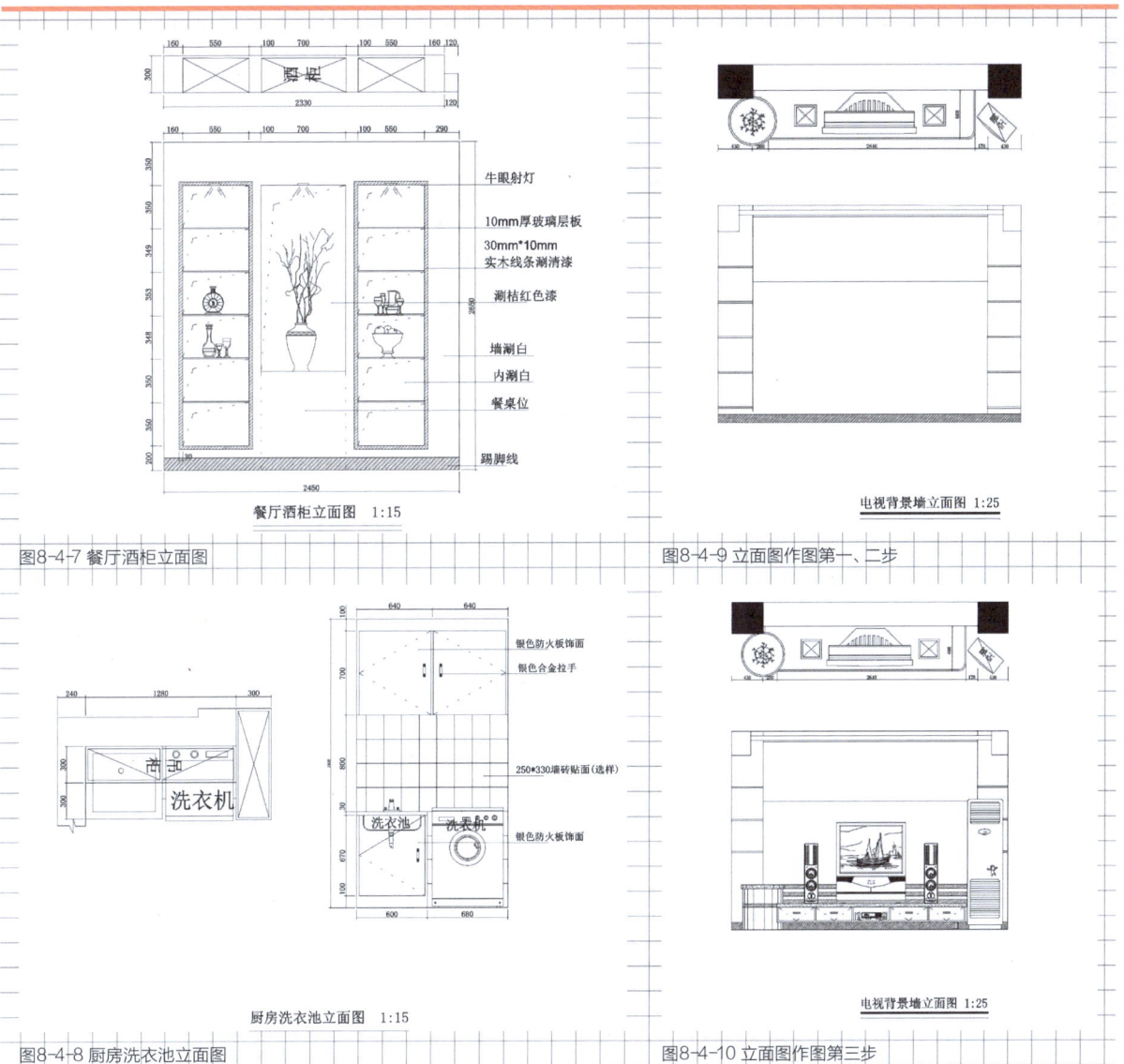

图8-4-7 餐厅酒柜立面图

图8-4-8 厨房洗衣池立面图

图8-4-9 立面图作图第一、二步

图8-4-10 立面图作图第三步

8.4.2 室内立面图的表达方法及要求

为整套设计图纸的完整和后期施工的顺利，室内立面图的表达方式也有相应的要求。

①室内立面图应按比例绘制；

②室内立面图标注定位轴线位置和编号时，应与平面图一致；

③室内立面图的顶棚轮廓线，可根据具体情况只表达平吊顶；

④平面形状曲折的墙面可绘制展开室内立面图，圆形或多边形平面的墙面可分段展开绘制室内立面图，但均应在图名后加注"展开"二字；

⑤室内立面图的名称，应根据平面图中内视符号的编号确定；

⑥室内立面图应画出门窗的形状，并标注其大小及位置；

⑦室内立面图应画出立面造型及需要表达的家具等形状；

⑧室内立面图应用文字说明各部位所用面材的名称、规格、颜色及工艺做法；

⑨室内立面图中的附加物品应用图例或投影轮廓简图表示；

⑩需要详细表达的部位，应画出详图。

8.4.3 室内立面图的作图步骤

第一步：选定图幅，确定比例；

第二步：画出立面轮廓线及主要分隔线；

第三步：画出门窗、家具及立面造型具体线；

第四步：画出陈设品、植物及各部分细节，需要详细或剖面表达的部位，还应画出详图或剖面图；

第五步：标注尺寸，注写文字说明。

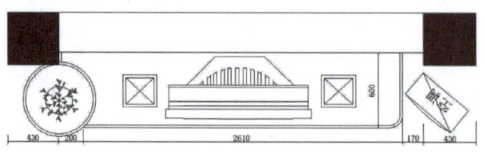
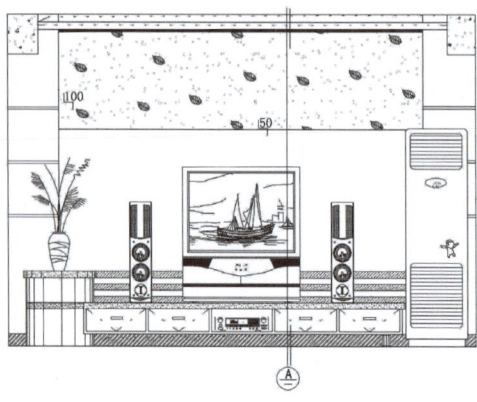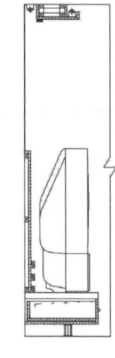

电视背景墙立面图 1:25

图8-4-11 立面图作图第四步

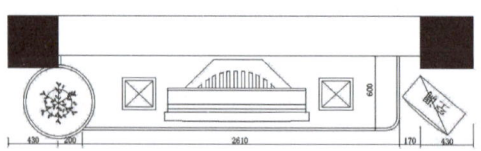
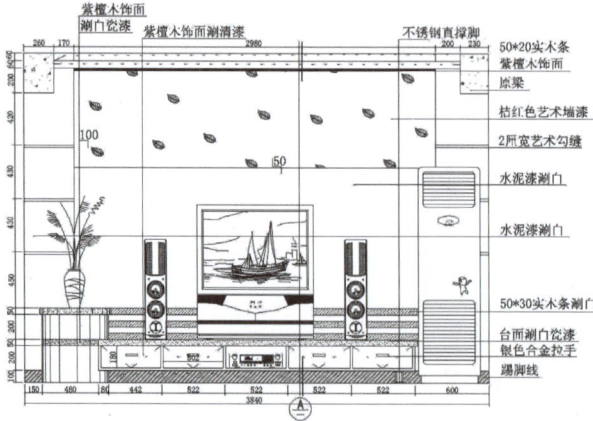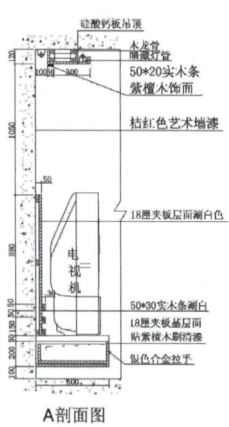

电视背景墙立面图 1:25

图8-4-12 立面图作图第五步

8.5 室内详图

在画图时,将室内平面图或立面图需要表达的某一局部,采用适当的方式,用较大的比例画出,这种图样叫构造详图,也简称详图。详图是室内设计中重点部分的放大图和结构做法图。一个工程需要画多少详图、画哪些部位的详图要根据设计情况、工程大小及复杂程度而定。

节点装饰详图又叫节点详图,指的是装修细部的局部放大图、剖面图、断面图等。由于在装饰施工中常有一些复杂或细小部位,在以上所介绍的平面图样、立面图样中未能表达或未能详尽表达,此时就需要用节点详图来表示该部位的形状结构、材料名称、规格尺寸、工艺要求等,可以引用一些相应的图集。图纸上平面图、立面图、剖面图无法表达的地方就用节点详图,如图8-5-1所示。

8.5.1 室内详图的表达内容

一般工程需要绘制墙面详图,柱面详图;楼梯详图,特殊的门、窗、隔断、暖气罩和顶棚等建筑构配件详图,服务台、酒吧台、壁柜、洗面池等固定设施设备详图,水池、喷泉、假山、花池等造景详图,专门为该工程设计的家具、灯具详图等。绘制内容通常包括纵横剖面图、局部放大图和装饰大样图。室内详图的表达内容可归纳为如下几点:

①反映各面本身的详细结构、材料及构件间的连接关系;
②反映各面的相互衔接方式;
③反映室内配件设施的安装、固定方式;
④反应需要表达部位的详细构造、材料名称、规格及工艺要求;
⑤标注必要的尺寸。

8.5.2 室内详图的表达方法及要求

室内节点详图也是节点大样图。一般局部的细节作节点大样图,目的是使内部构造清晰。其表达方法及要求可以归纳为以下几点:

(1)室内详图要按合适的比例进行绘制;
(2)画出详细构造;
(3)室内详图应画出构件间的连接方式,标明相应的尺寸及具体制作工艺;
(4)室内详图的画法与室内平面图、立面图的画法基本相同;
(5)室内详图应标明详图名称、比例,并在相应的室内平面图、立面图中标明索引符号。

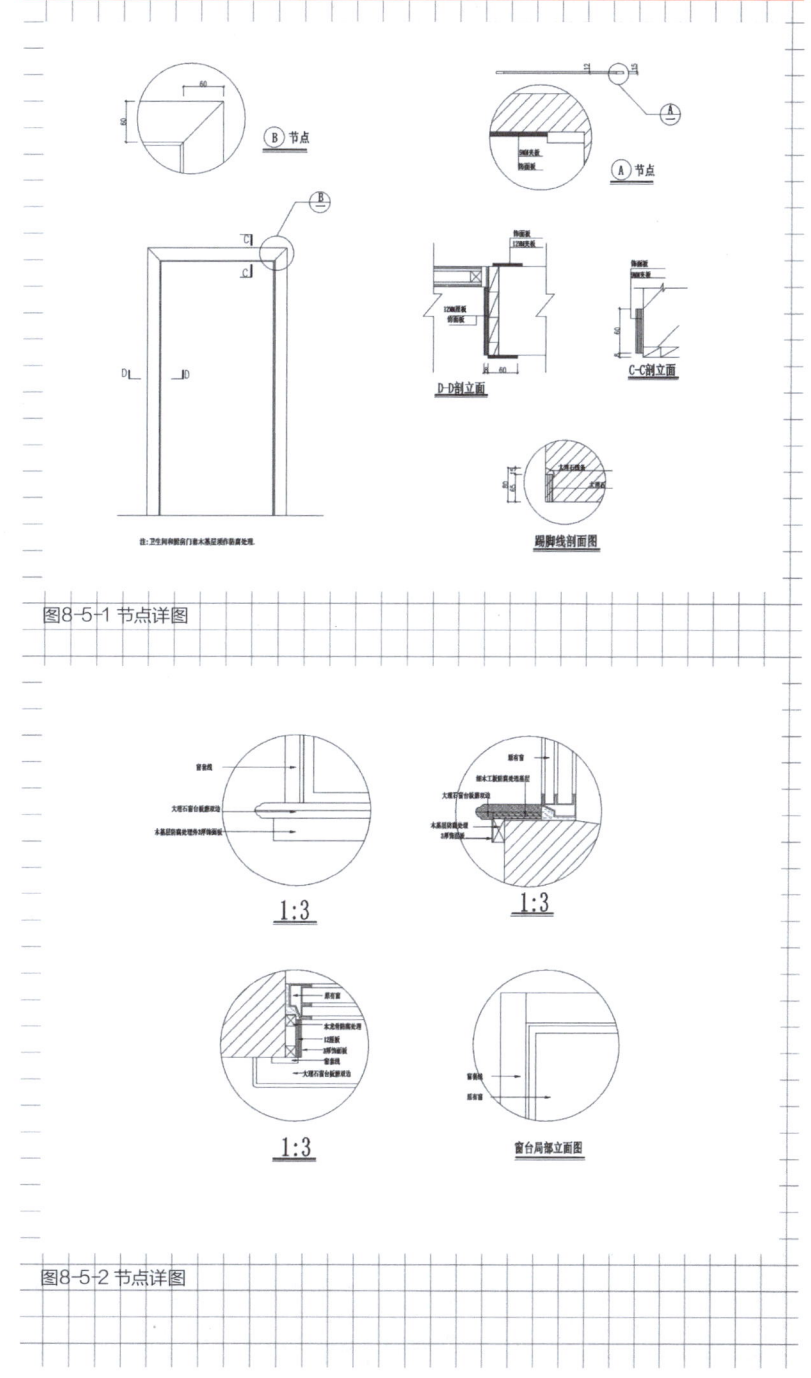

图8-5-1 节点详图

图8-5-2 节点详图

8.6 室内施工图中的常用图例

常用图例是装饰工程在完成施工图纸的过程中不可缺少的,图例运用方便、快捷、省时,同时又能很好地衬托出各空间的"真实感"。将常用的图例进行了整理归类,具体如图8-6-1至图8-6-22所示。

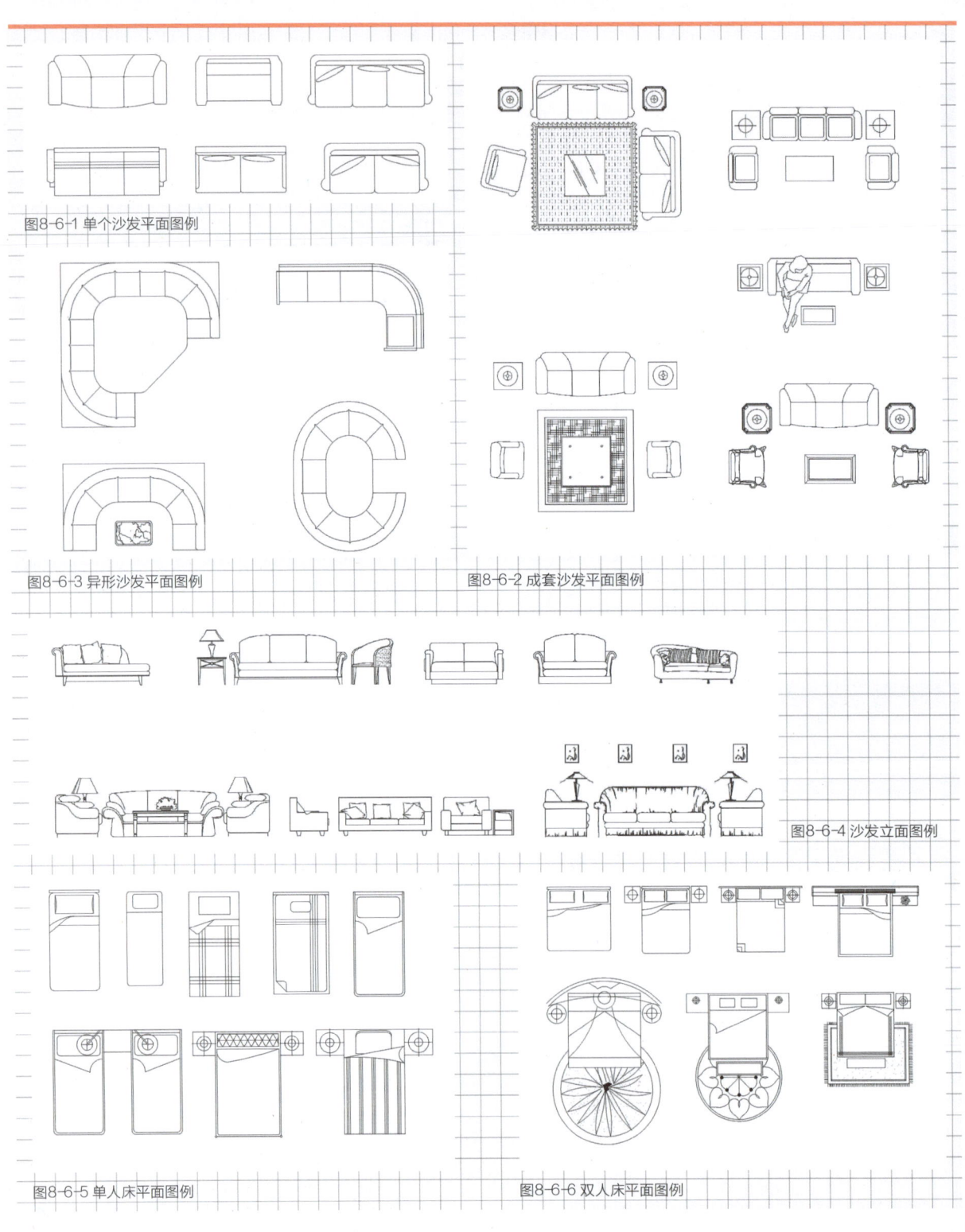

图8-6-1 单个沙发平面图例

图8-6-3 异形沙发平面图例

图8-6-2 成套沙发平面图例

图8-6-4 沙发立面图例

图8-6-5 单人床平面图例

图8-6-6 双人床平面图例

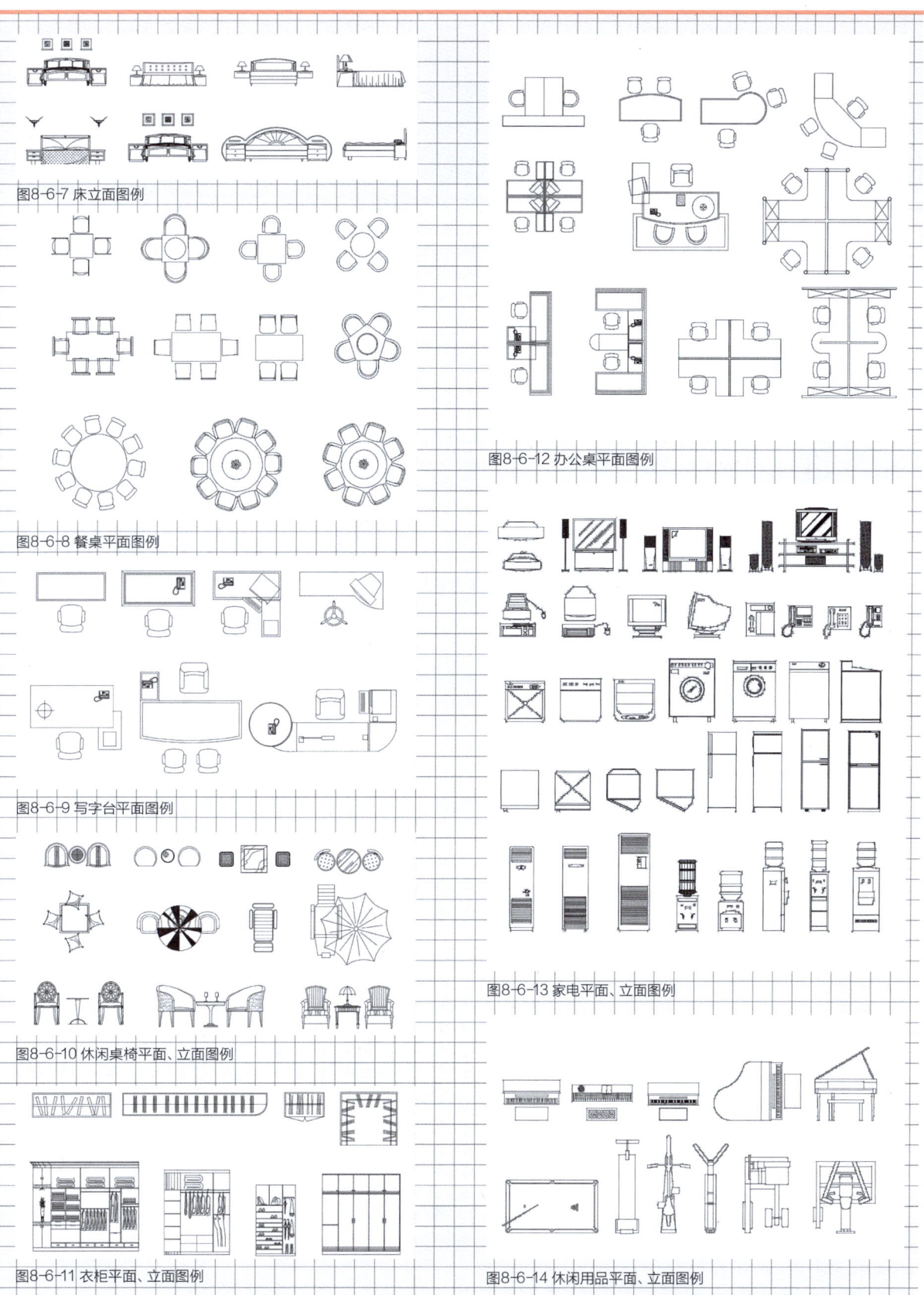

图8-6-7 床立面图例

图8-6-8 餐桌平面图例

图8-6-9 写字台平面图例

图8-6-10 休闲桌椅平面、立面图例

图8-6-11 衣柜平面、立面图例

图8-6-12 办公桌平面图例

图8-6-13 家电平面、立面图例

图8-6-14 休闲用品平面、立面图例

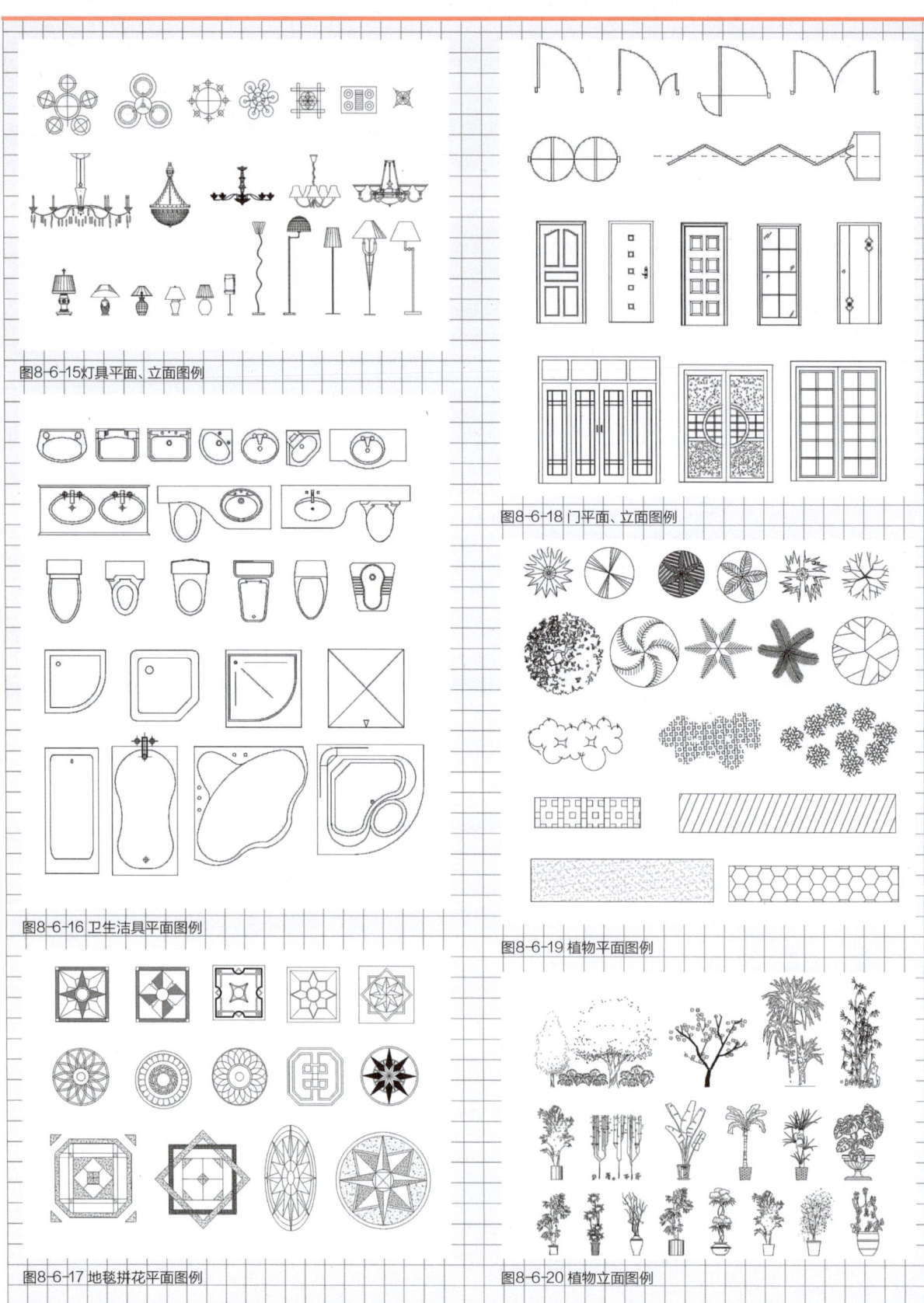

图8-6-15 灯具平面、立面图例

图8-6-16 卫生洁具平面图例

图8-6-17 地毯拼花平面图例

图8-6-18 门平面、立面图例

图8-6-19 植物平面图例

图8-6-20 植物立面图例

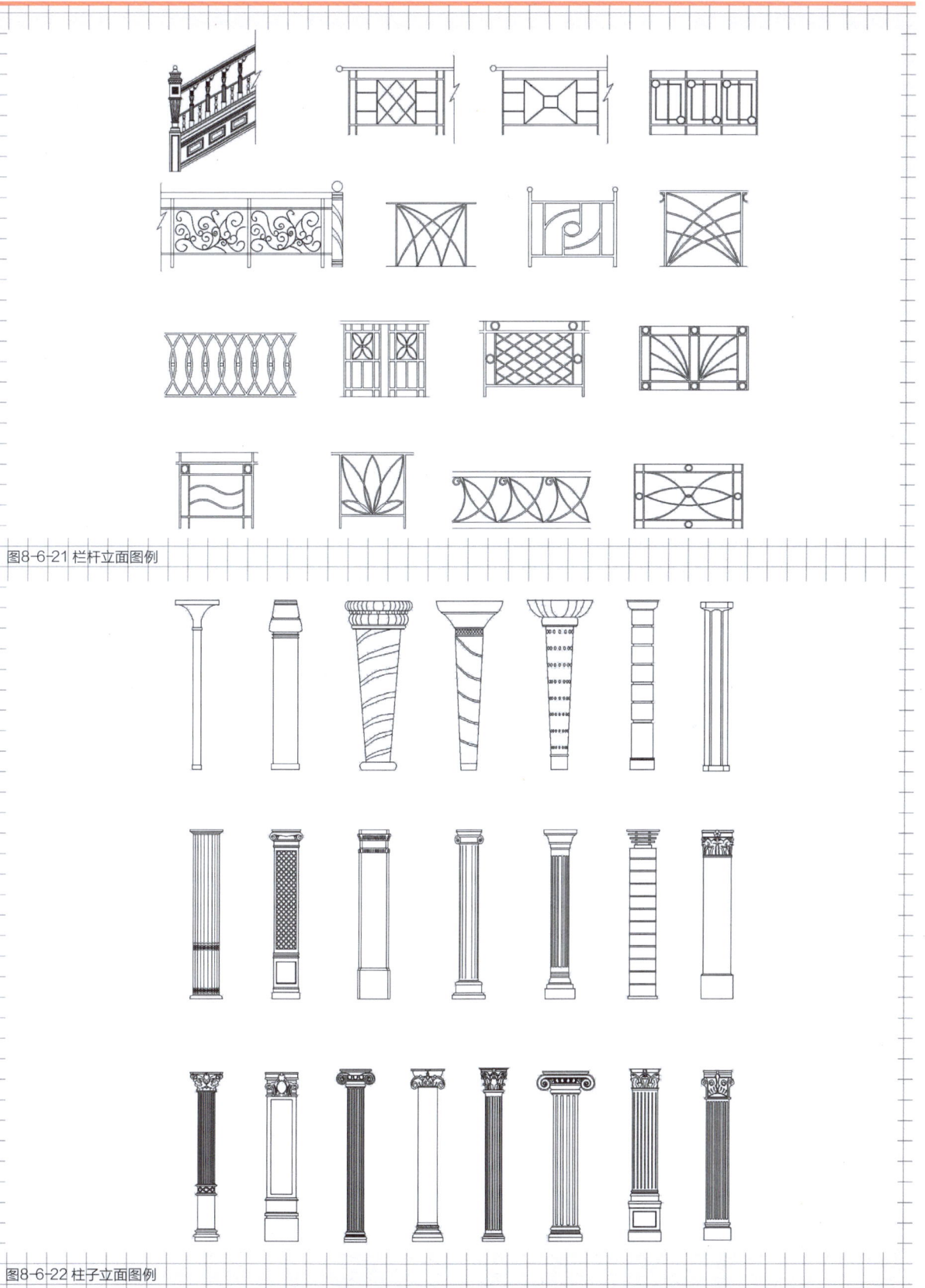

图8-6-21 栏杆立面图例

图8-6-22 柱子立面图例

第9章 综合实训范例

课题概述

本章以三套空间施工图作为范例,详细介绍了完整施工图所包含的内容,同时通过对各类施工图的练习与识读,使学生可以按照建筑图纸和装饰招标的要求,确定设计方案后绘制施工图。

教学目标

能够在了解室内设计制图的基本方法之后,熟练运用制图规范、制图方法、投影和剖切知识,从而掌握施工图系统性的识读原理和绘制程序。

章节重点

住宅空间、餐饮空间、办公空间的识图与制图。

9.1 居住空间设计施工图

为了更好地学习和掌握室内设计施工图的画法要求,充分地了解室内设计施工图的表达内容,下面以一套居住空间设计的施工图为例,来详细介绍。

案例:图9-1-1~图9-1-23所示。

9.1.1 目录及工程概况部分

目录部分排在整套施工图的最前面,有图纸目录、工程概况及设计说明、电气施工说明等几张。

图纸目录里面需列出图纸名称、图号以及整套图纸的张数等信息。

工程概况及设计说明,其主要内容是对该工程的项目名称、工程概况、设计规范、图纸说明、施工说明、材料要求以及相关的施工工艺等内容进行具体说明。

电气施工说明主要列出有关电气的设计依据、设计范围、配电系统、有线电视系统、电话系统、网络布线系统、访客对讲系统、电气施工及安全措施等信息,还可将电气系统中的相关图例用表格的形式列出来。

9.1.2 平面图部分

整套的施工图中,平面图部分一般包括原始结构平面图、原始墙体拆改图、原始墙体尺寸图、新建墙体面积图、家具平面布置图、地面铺装布置图、天花吊顶造型图、天花吊顶材质图、天花吊顶尺寸图、开关电路布置图、水路平面布置图、开关插座布置图等。

平面图部分主要用于说明平面结构的布置、尺寸、材质等相关信息。图纸的数量和内容可根据设计方案的不同而不同。

工 程 设 计 图 纸 目 录

序号	图号	图纸名称	序号	图号	图纸名称
01	P-01	工程概况及设计说明	17	LP--03	餐厅背景立面图
02	P-02	电气施工说明	18	LP--04	餐厅酒柜立面图
03	YP--01	原始结构平面图	19	LP--05	玄关鞋柜立面图
04	YP--02	原始墙体拆改图	20	LP--06	主卧背景墙立面图
05	YP--03	新建墙体尺寸图	21	LP--07	主卧室衣柜立面图
06	YP--04	新建墙体面积图	22	LP--08	客卧室衣柜立面图
07	YP--05	家具平面布置图	23	LP--09	书房储物柜立面图
08	YP--06	地面铺装布置图			
09	YP--07	天花吊顶造型图			
10	YP--08	天花吊顶材质图			
11	YP--09	天花吊顶尺寸图			
12	YP--10	开关线路布置图			
13	YP--11	水路平面布置图			
14	YP--12	插座功能布置图			
15	LP--01	电视背景墙立面图			
16	LP--02	沙发背景墙立面图			

图9-1-1 工程设计图纸目录

工程制图

工程概况及设计说明

项目编号：　　　　　　客户姓名：　　　　　　工程地址：
设计部门：　　　　　　设计师：　　　　　　　设计师电话：
客户经理：　　　　　　客户经理电话：
户型类型：三室两厅两卫　装修风格：新中式　　级别：

1.0、 总则
  1.1、 项目名称及概况
  1.2、 设计依据：
    甲方提供装饰设计任务书。
    甲方提供原始图纸。
    甲方对方案的书面及口头修改意见和最终确认的方案。
  1.3、 设计规范和施工规范：
    1.3.1、有关国家规范《建筑内部装修设计防火规范》GB50222-95
    《高层民用建筑设计防火规范》GB50045-95
    《建筑设计通则》JGJ37-87
    《民用建筑工程室内环境污染控制》GB50325-2001
    国家及地方有关标准、规范等。
  1.4、 所有图纸尺寸必须在施工、生产制作及安装前与现场进行核实。
2.0、 室内设计：
  2.1、 有关图纸的说明：
    2.1.1、本设计方案平面天花图中所注标高均相对于该层地坪装饰完成面±0.00而言。
    2.1.2、本设计方案立面图中所标注高度均相对于该层地坪装饰完成面±0.00而言。
    2.1.3、本设计方案是在现有建筑基础上的室内设计，如与现场尺寸不符，在现场基础上调整，如偏差较大，应与设计师和时联系。
  2.2、 室内施工：
    3.0、 有关工艺：
    3.1、有关施工说明：
    3.1.1、现场施工应按照国家现行建筑装饰装修工程施工工艺标准进行施工。
    3.1.2、吊顶工程：
      1、吊顶所用的龙骨、吊杆，连接件必须符合设计要求，安装位置造型尺寸必须准确，龙骨骨架排列整齐顺直，表面必须平整。
      2、龙骨骨架与结构连接必须牢固，拼缝严密不松动，安全可靠。
      3、空调出风口、回风口的具体位置、尺寸安装必须准确。
    3.1.3、洞口处理：设备口、灯具和的位置所需板块的分割、开口边缘整齐、协调美观。吊顶板与墙面、窗帘盒、灯具等交界处应严密，不得有漏缝现象。
    3.1.4、地面工程：
      1、地面基地必须平整，四角方正，花岗岩、大理石表面平整度误差0.5mm。

2、基底构造层（防潮层、找平层、结合层）的材质、强度、密度必须符合设计要求和施工规范。
3、地面石材分块必须与现场核对准确后再加工订做。
3.1.5、油漆工程：
  1、所有油漆均应先做样板。待甲方及设计师确认后方可施工，油漆颜色及效果以选定的样板为准。油漆登记要求为高级油漆工艺。
  2、所有成品窗套、门套、门、木线、木板、橱柜、浴室柜等部分产品均由工厂订制完成。
  3、提供样品和表面处理的产品在开始制作和安装前无需与设计师确认。
4.0、 专业界面：
  4.1、 设计方将不负责专业照明调光系统，网络智能化系统，舞台音响、灯光系统、保安监控、消防等专业设计内容。
  4.2、 设计方将由专业供应商负责提供，并应各自获得业主的认可或有关审查机构的批准。
  4.3、 以上各专业工作的开展应充分考虑现有建筑条件及设计师的方案。任何影响装饰界面的内容均应取得协调认可。
  4.4、 所有机电及消防施工及产品必须符合国家相关规定要求。
  4.5、 本图纸所标有空调、烟感、喷淋、温控、检修口、消防栓、火警报警器机电和消防位置只是作为示意，具体施工需以机电专业公司提供的节点图纸及标注说明为依据。
  4.6、 所有控制开关、电路及其他隐蔽设备及电器需依据专业公司提供的图纸及信息施工。
5.0、 材料要求：
  5.1、 所有装饰材料使用应符合国家的建筑防火规范。
  5.2、 所有装饰材料使用应符合GB18580-2001 规定标准。
  5.3、 住宅室内装饰装修工程使用的材料和设备必须符合国家标准，由质量检验合格认证，禁止使用国家明令淘汰的建筑装饰材料和设备。
6.0、 其他要求：
  6.1、 所有厨房的方案需与专业厂家协商后重新确定。
  6.2、 验收标准参照《建筑装饰工程质量验收标准》DBJ/-27-2003

图9-1-2 工程概况及设计说明

电气施工说明

一、工程概况：
本工程位于漯河市《西班牙玫瑰》小区内，该建筑层高层18层。建筑面积约为130平米，结构形式为现浇剪力墙结构。
二、设计依据：
建设单位提供的设计要求及有关资料
《民用建筑电气设计规范》JGJ/T 16-92
《住宅设计规范》GB 50096-1999 2003版
《供配电系统设计规范》GB 50052-95
《低压配电设计规范》GB 50054-95
《有线电视系统工程技术规范》GB 50200-94
其它有关国家及地方的现行规程、规范及标准
三、设计范围：
1.照明、电力配电系统；
2.有线电视系统；
3.电话系统；
4.网络布线系统；
5.多功能访客对讲系统；
四、照明、电力配电系统
1.供电电源：
供电电源从楼配电室采用电缆引入室内配电箱，电源为380V,50/60Hz,本建筑电力负荷为三级负荷。
2.照明、电力配电
照明、插座均由不同的支路供电，除空调插座外，所有插座均设置漏电断路器保护，漏电电流为30mA
3.设备安装
  1）住户配电箱底边距地1.4m暗装
  2）除特殊标明外，开关、插座分别距地1.3m、0.3m墙上暗装；
  3）卫生间内开关、插座选用防潮、防溅型面板，有淋浴、浴缸的卫生间开关、插座应设置在2区之外，卫生间内专用回路保护，溶管与PE线之间预留JDG20铜管；
五、建筑物接地及安全措施
  1）本工程采用供电接地，接地电阻值不大于1欧姆，若接地电阻值不能满足要求时，则增加人工接地极；
  2）本工程内配电线路系统均采用TN-C-S系统方式，入户处N线和PE线应重复接地；
  3）建筑物超过总电位联结，应降建筑物内保护下线、设备进线总管等进行联结总联结，总等电位联结采用BV-1×25mm2,总等电位联结应采用焊接或卡接，禁止在金属管道上焊接；有淋浴室全卫生间内采用局部等电位联结，应从这些地方引出两根结构钢筋至局部等电位（LEB）,局部等电位暗敷，底边距地0.3m，将卫生间内所有金属管道、金属构件联结，具体做法参照国标图集《等电位联结安装》02D501-2。
六、有线电视系统
1.有线电视信号从小区有线电视分配箱引入；
2.系统采用750MHz频道传输，要求图像清晰度不低于4级；
3.电视下线选用SYV-75-7,支线选用SYWFV-75-5,套JDG管沿墙及楼板暗敷设；
4.电视插座距地板电源插座距离不大于或等于0.3m。

七、电话系统
1.电话交线选用HYV-4X0.2mm 套JDG20管沿墙、地板或顶棚敷设；
2.住户配线箱嵌墙暗装，底边距地0.5，电话插座暗装，底边距地0.3m。
八、网络布线系统
1.网络布线采用超五类非屏蔽四对八芯双绞线。
2.数据插座采用RJ45超五类型，与网线匹配，底距地0.3M暗装。
九、多功能访客对讲系统
门口机嵌墙安装，底边距地1.4m，对讲分机安装在住户门厅内，中心距地1.4m挂墙安装。
十、电气施工及其它
  1）除施工图中所注明的电气施工安装做法外，其均参见《建筑电气安装工程图集》以及有关电气施工规程、规范进行施工。
  2）电气施工中，应及时与土建配合做好预埋电气管线及各种设备固定构件的工作。
  3）在施工时，若遇到问题应及时和设计与有关部门共同协商。
  4）若遇到图纸表示不详的地方，请施工单位与设计单位协商解决。

图例

序号	图例	名称	序号	图例	名称
1		配电箱	15	K1	柜式空调插座（距地0.3m）
2		多联跷板暗装开关	16	K2	壁挂式空调插座（距地2.3m）
3		双控跷板暗装开关	17	MK	住户多媒体接线箱 底边距地0.5m嵌墙安装
4		三控跷板暗装开关	18		一位电视插座 底边距地0.3m
5		磁跷开关	19		一位电话插座 底边距地0.3m
6		线路连接点	20		一位数据信息口 底边距地0.3m
7		单相二、三极暗插座（距地0.3m除注明外）	21	T	一位电话地面插座
8		地面插座	22	TV	一位电视地面插座
9		厨房油烟机插座（距地1.8m）	23	C	一位地面数据信息口
10		冰箱插座（带防溅盒距地1.3m）	24	W	一位数字电视信息口
11		高位插座（带防溅盒距地1.3m）	25		可视对讲室内(外)分机 底边距地1.4m
12		防溅插座（带防溅盒距地1.3m）	26		燃气报警器（吸顶安装）
13		热水器插座（带防溅距地2.3m）	27		紧急求助按钮 距地0.5m
14		洗衣机插座（带开关距地1.5m）		KBG	双面镀锌电线管　WC 沿墙内敷设
				ACC	沿吊顶内敷设　FC 沿地面内敷设
				PVC	中性塑料电线管

图9-1-3 电气施工说明

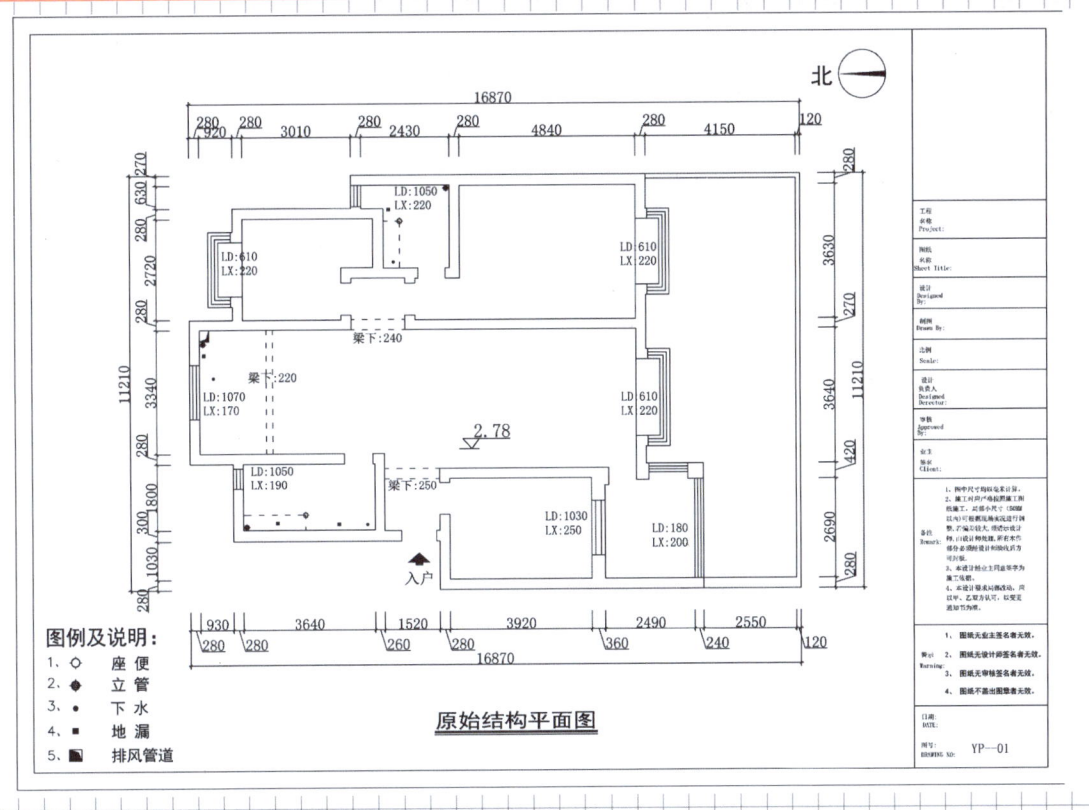

图9-1-4 原始结构平面图

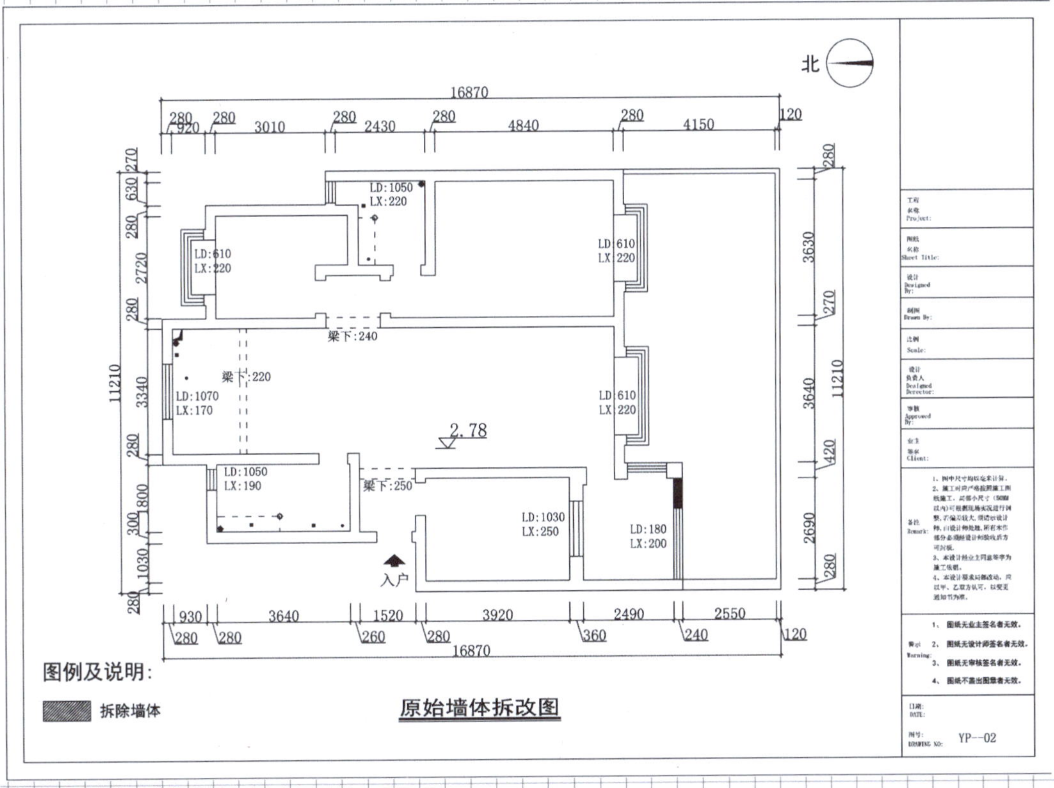

图9-1-5 原始墙体拆改图

工程制图

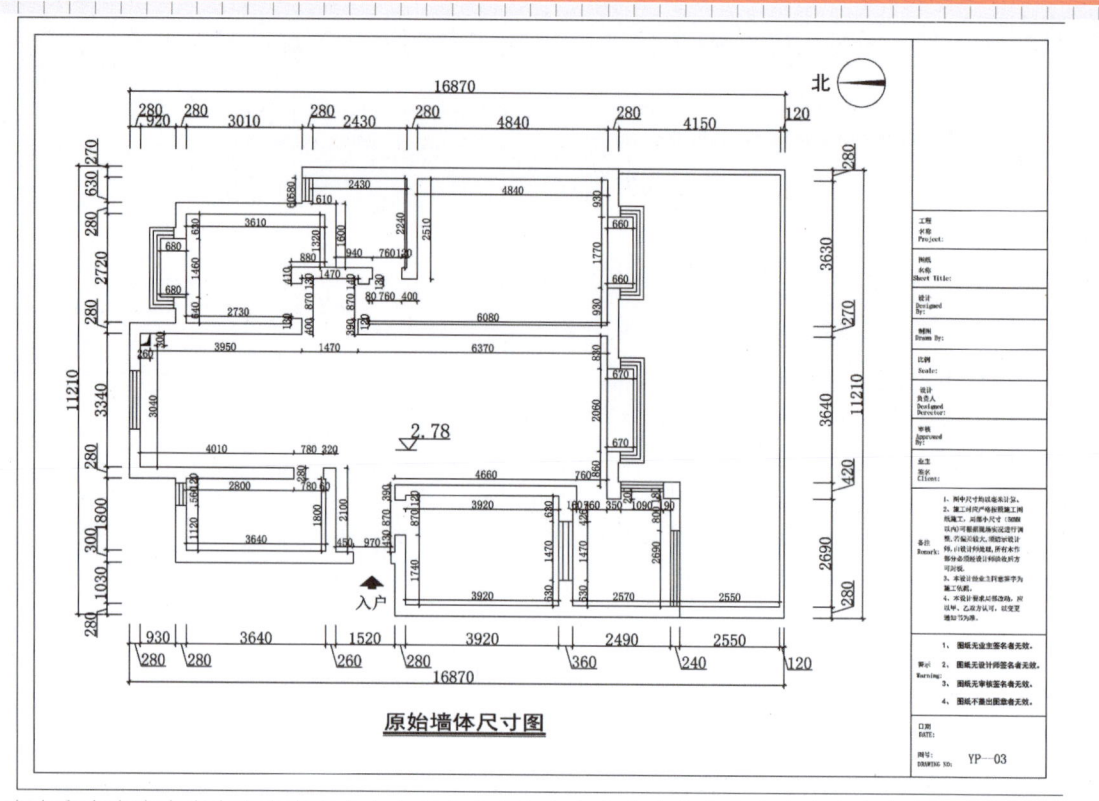

图9-1-6 原始墙体尺寸图

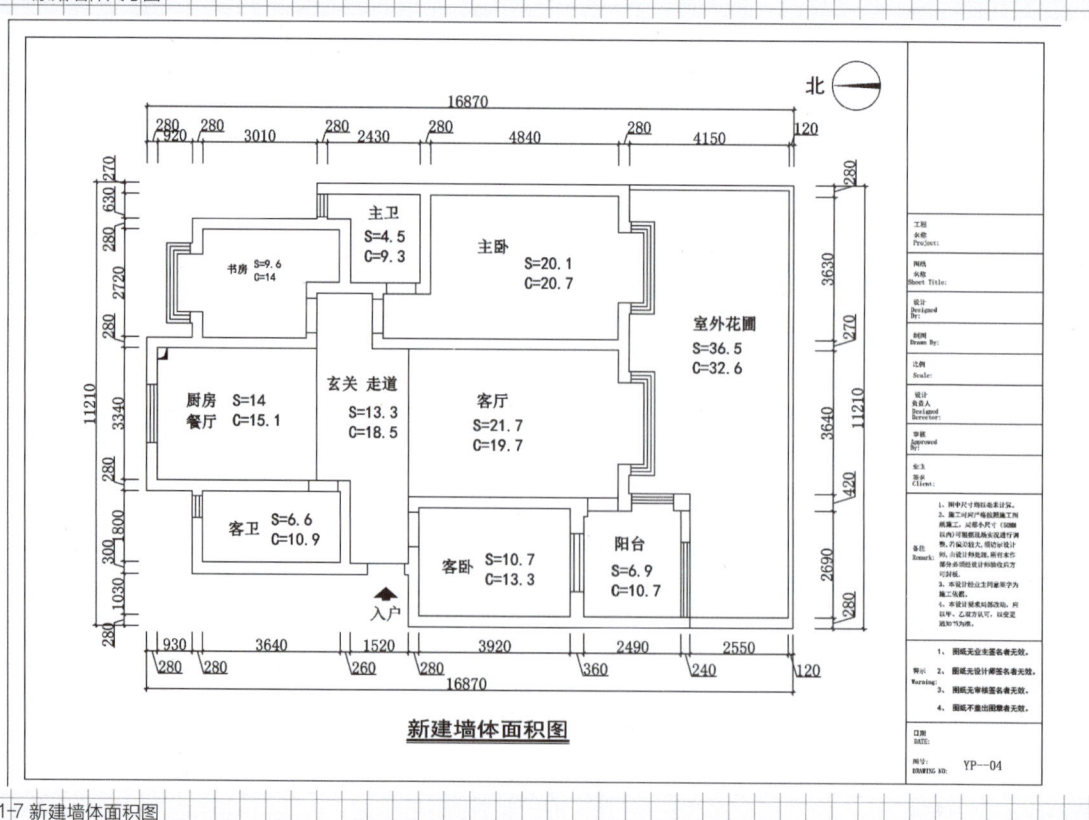

图9-1-7 新建墙体面积图

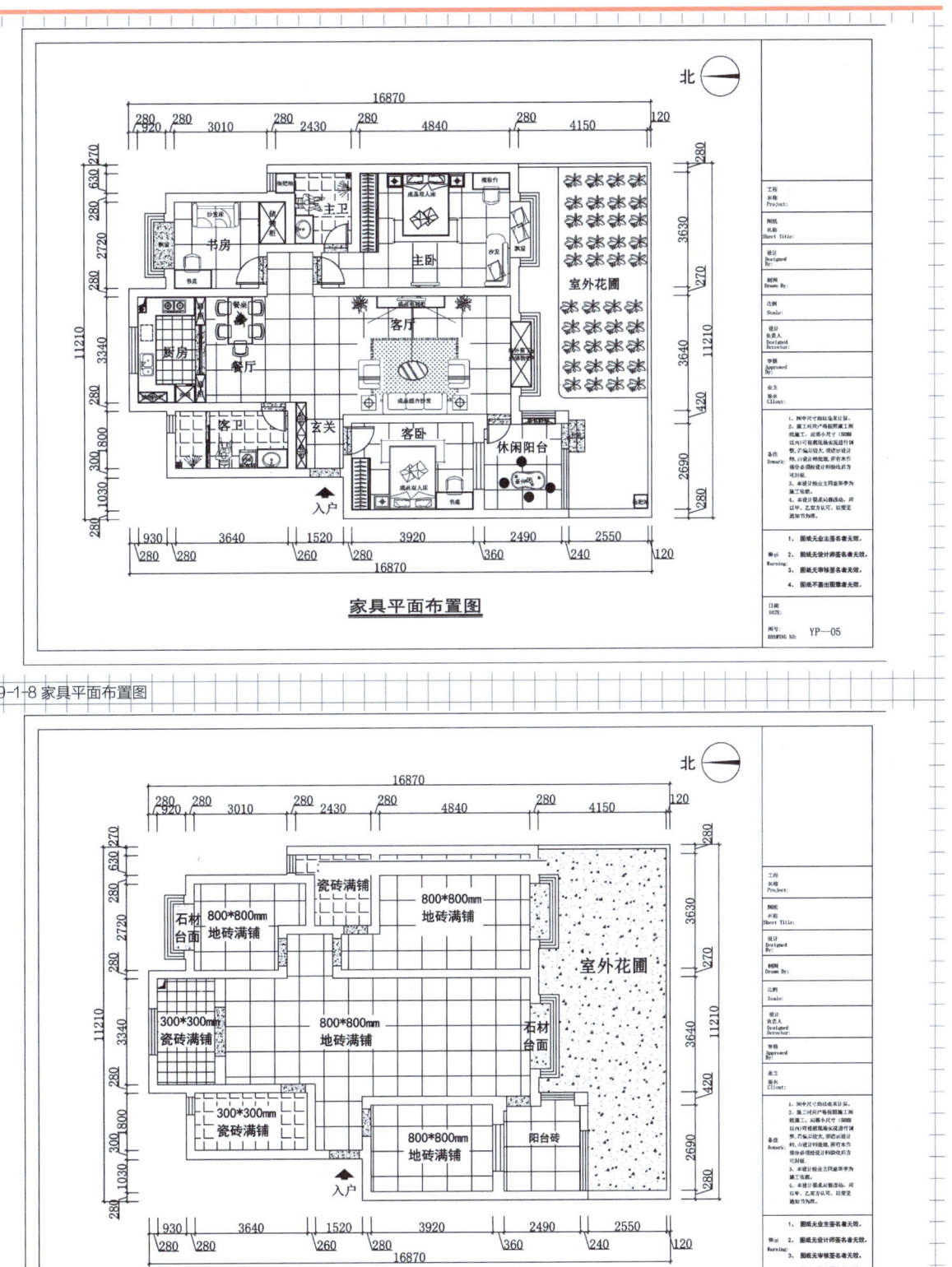

图9-1-8 家具平面布置图

图9-1-9 地面铺装布置图

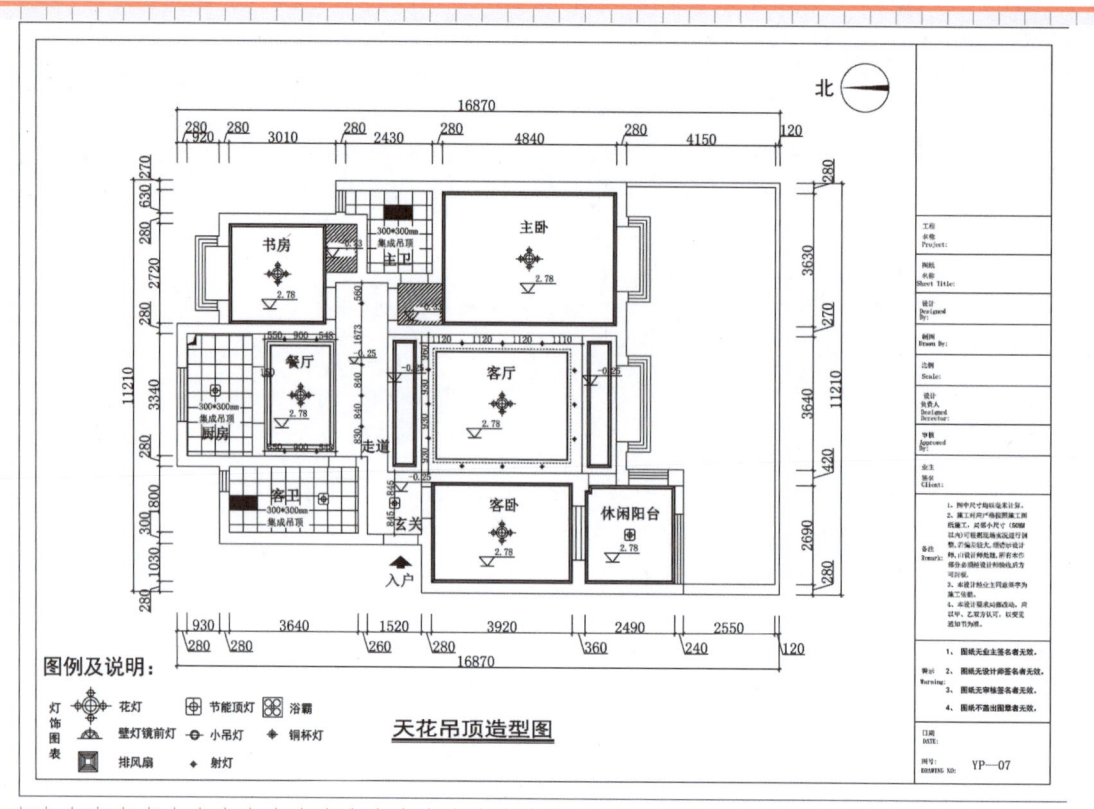

图9-1-10 天花吊顶造型图

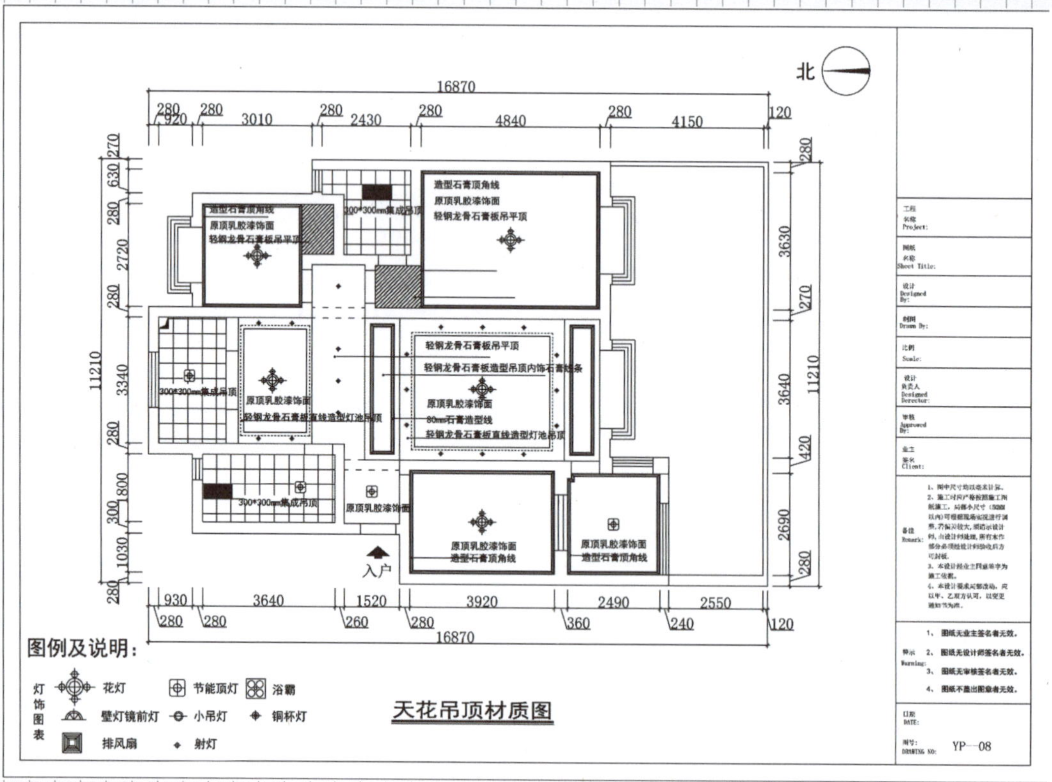

图9-1-11 天花吊顶材质图

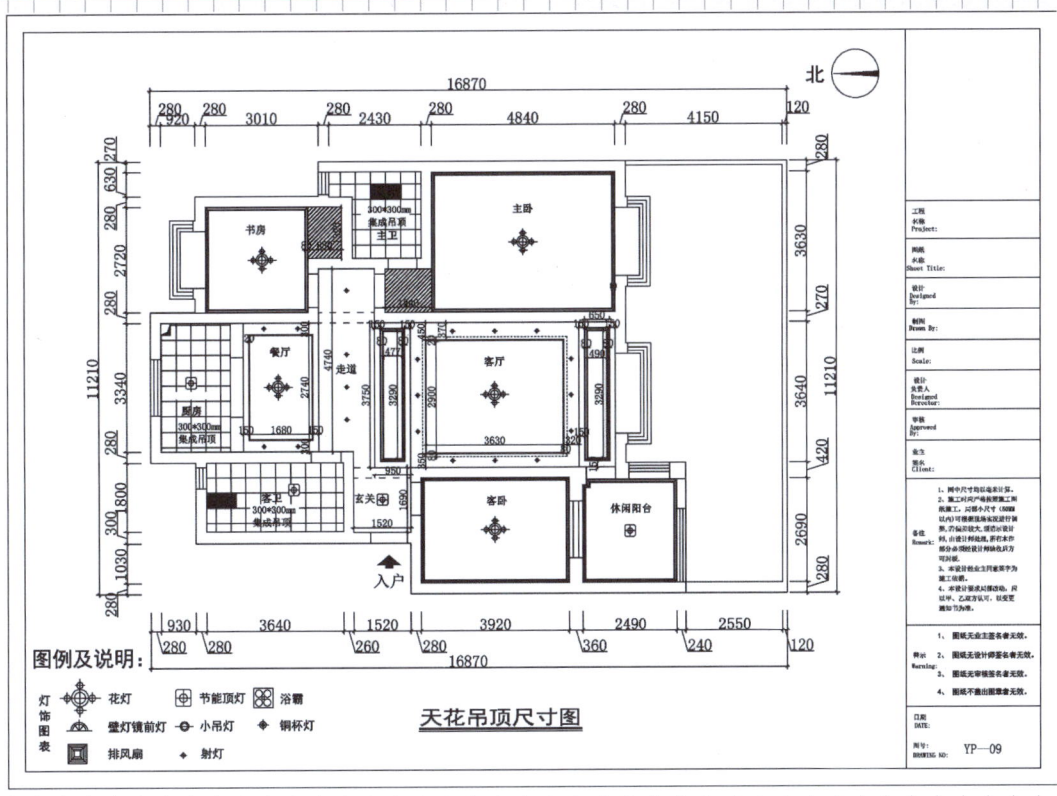

图9-1-12 天花吊顶尺寸图

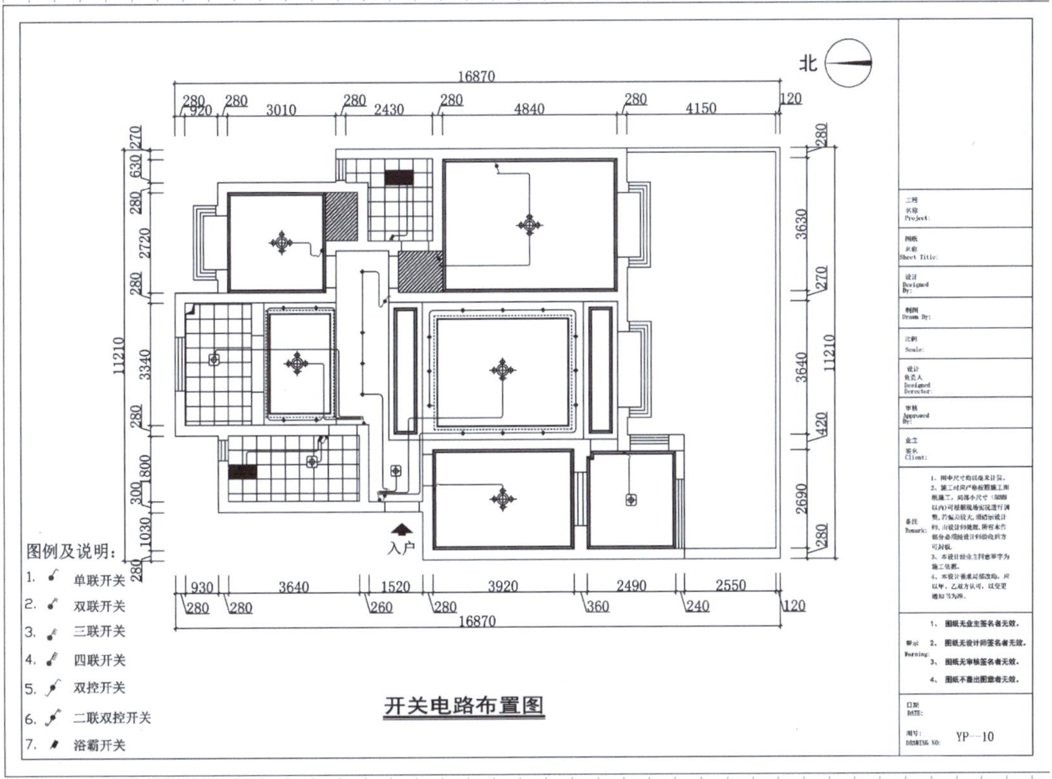

图9-1-13 开关电路布置图

工程制图

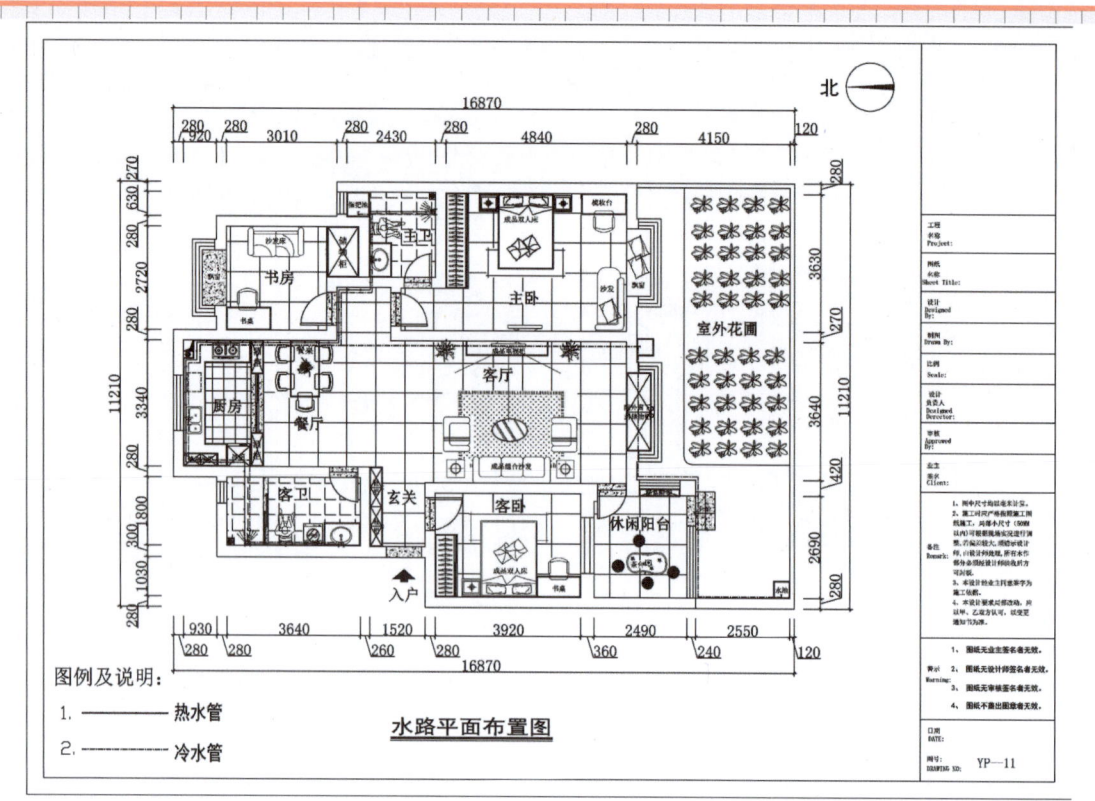

图9-1-14 水路平面布置图

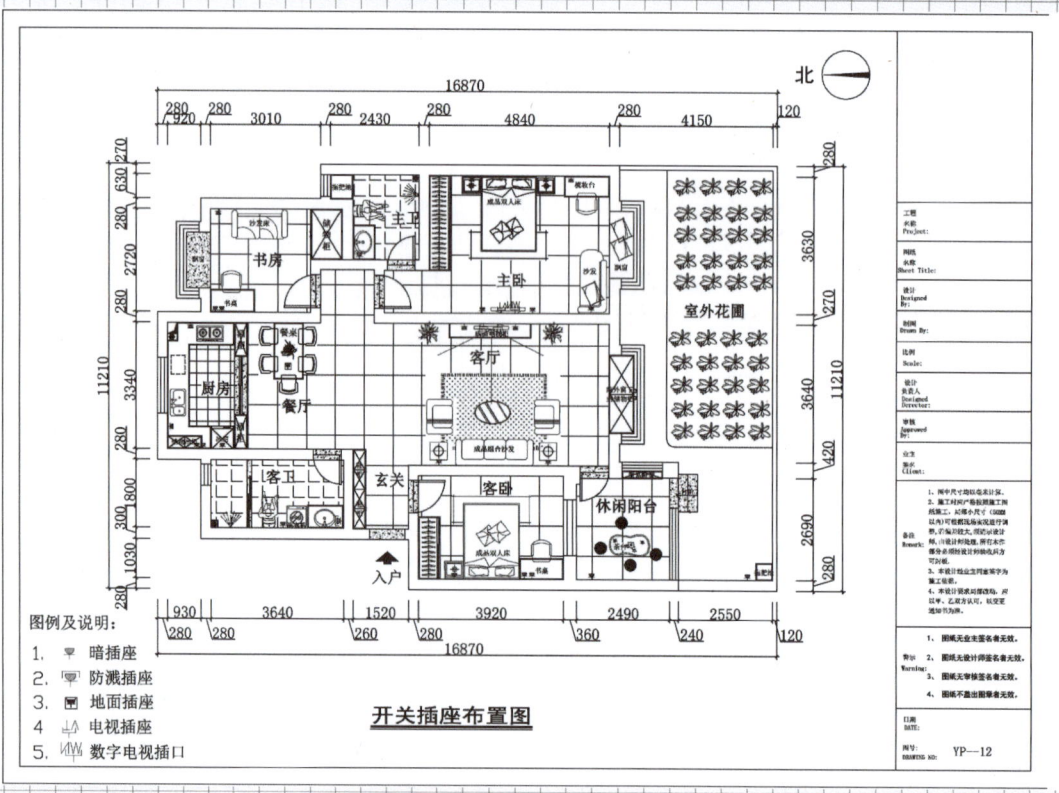

图9-1-15 开关插座布置图

9.1.3 立面图部分

室内设计施工图中的立面图部分主要表明空间内部某一装饰空间的立面形式、尺寸、室内配套布置、材质及施工工艺等内容。当内部结构结尾复杂时，还需要绘制剖面图和详图来说明。

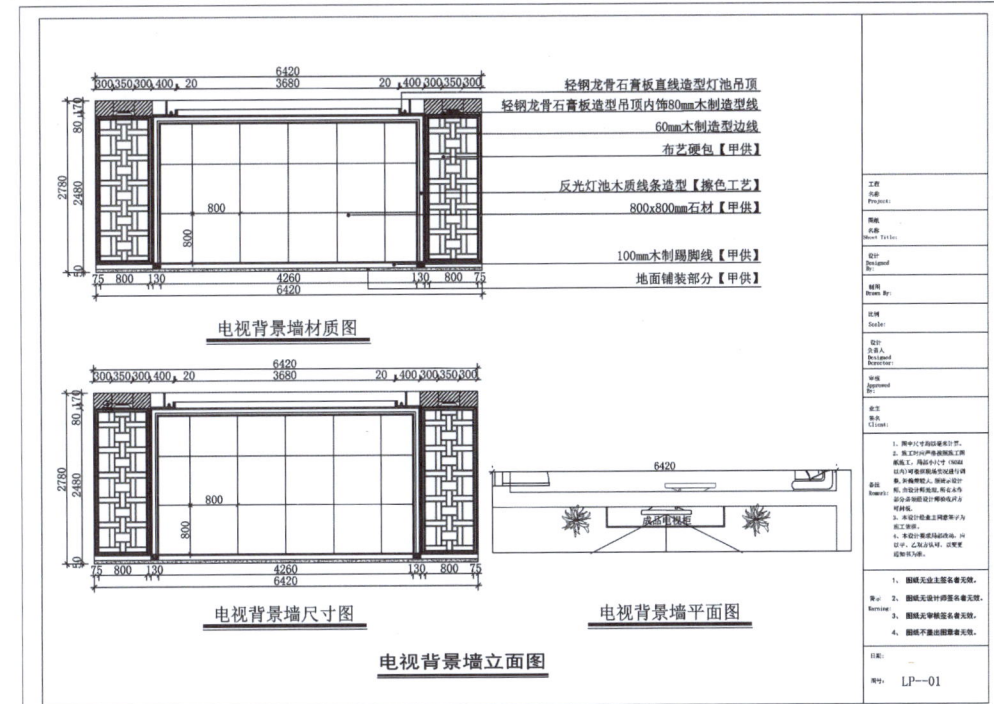

图9-1-16 电视背景墙立面图

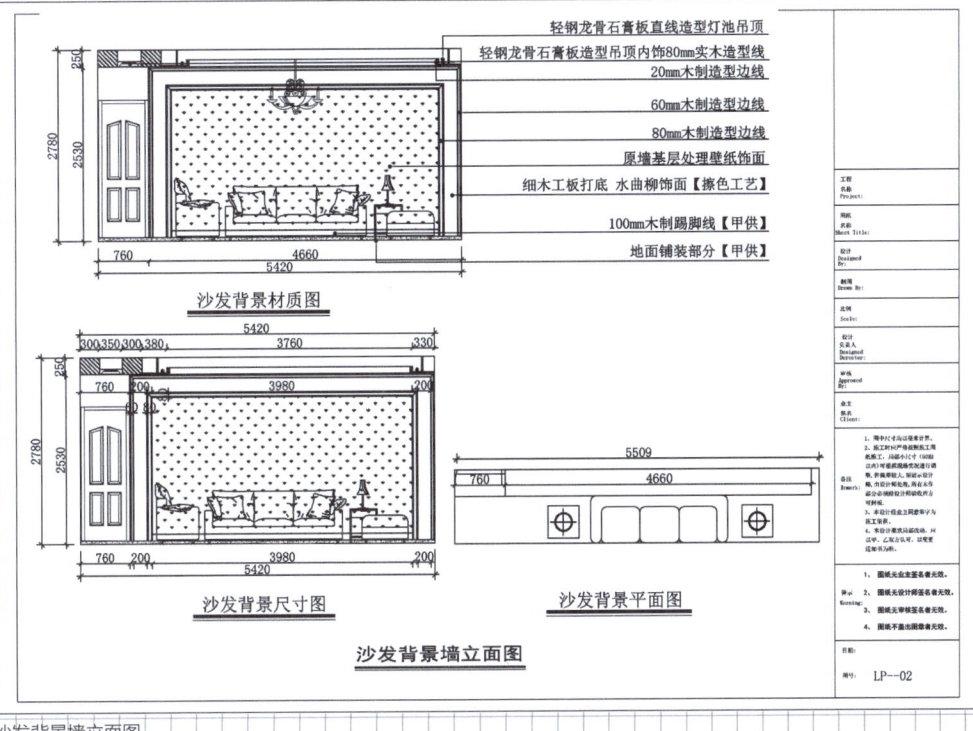

图9-1-17 沙发背景墙立面图

103

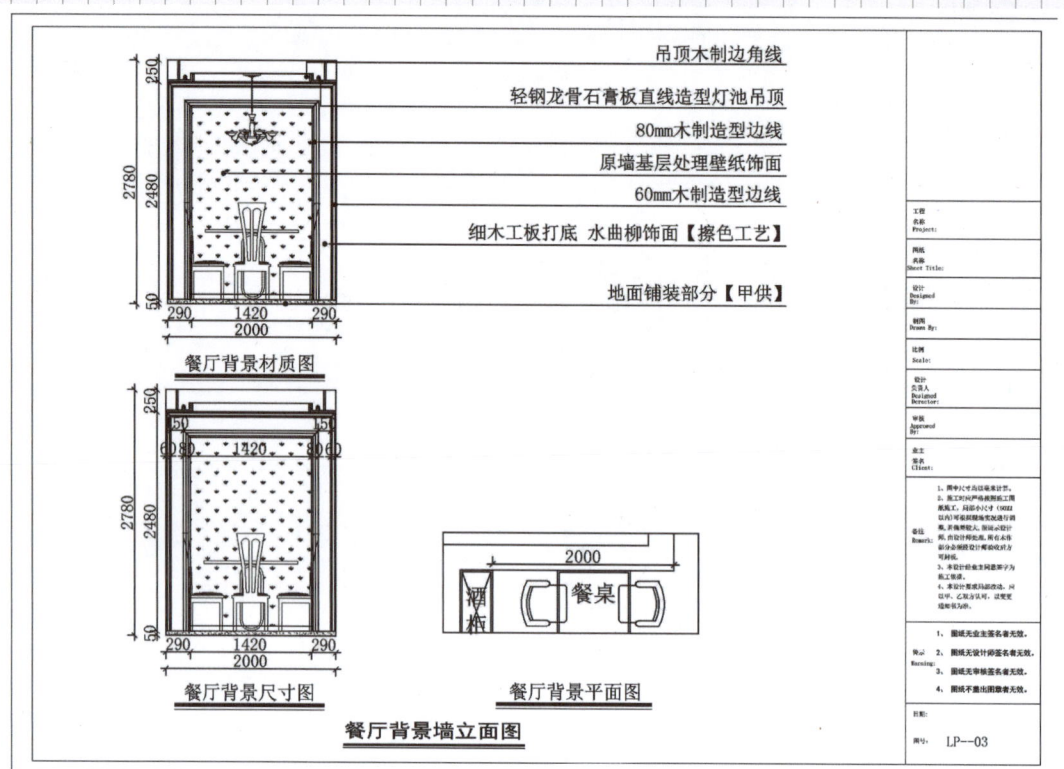

图9-1-18 餐厅背景墙立面图

图9-1-19 餐厅酒柜立面图

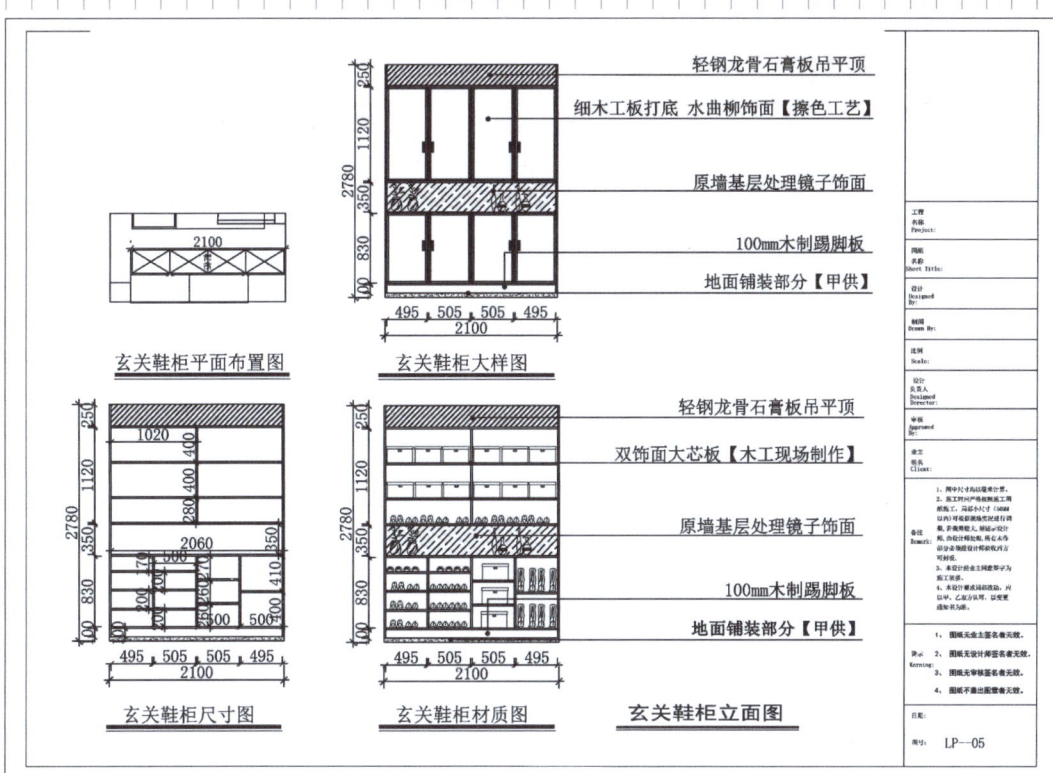

图9-1-20 玄关鞋柜立面图

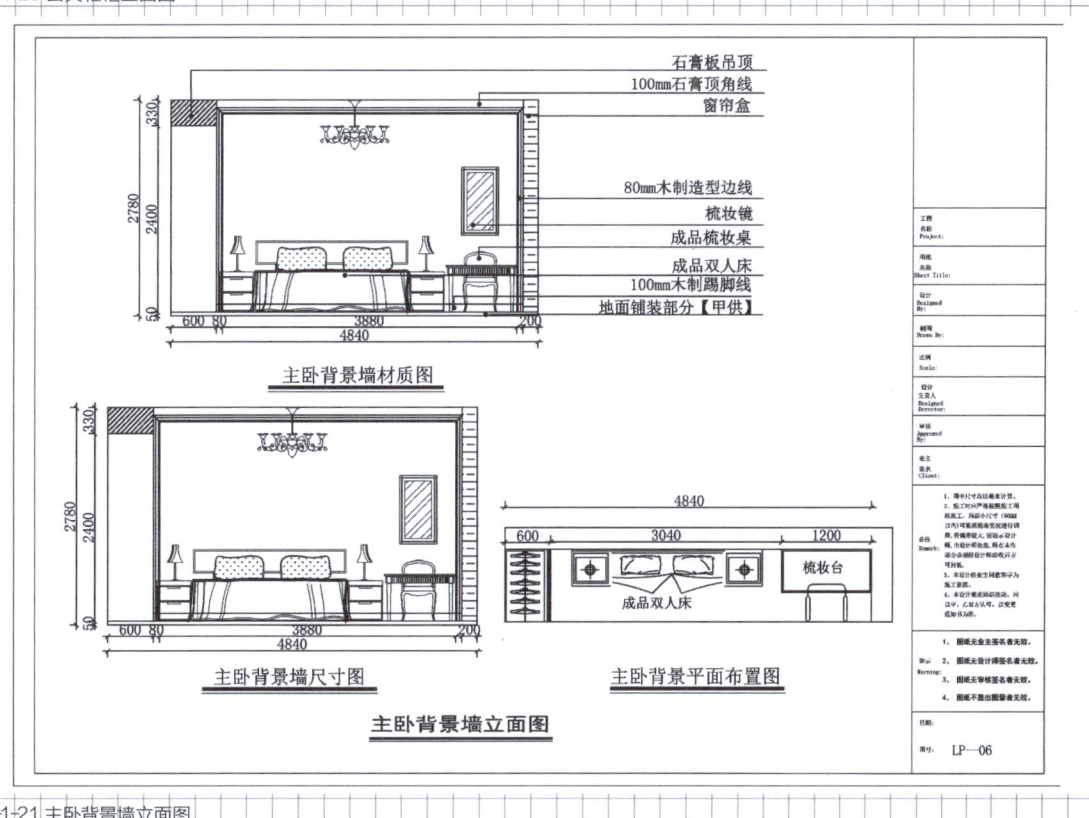

图9-1-21 主卧背景墙立面图

工程制图

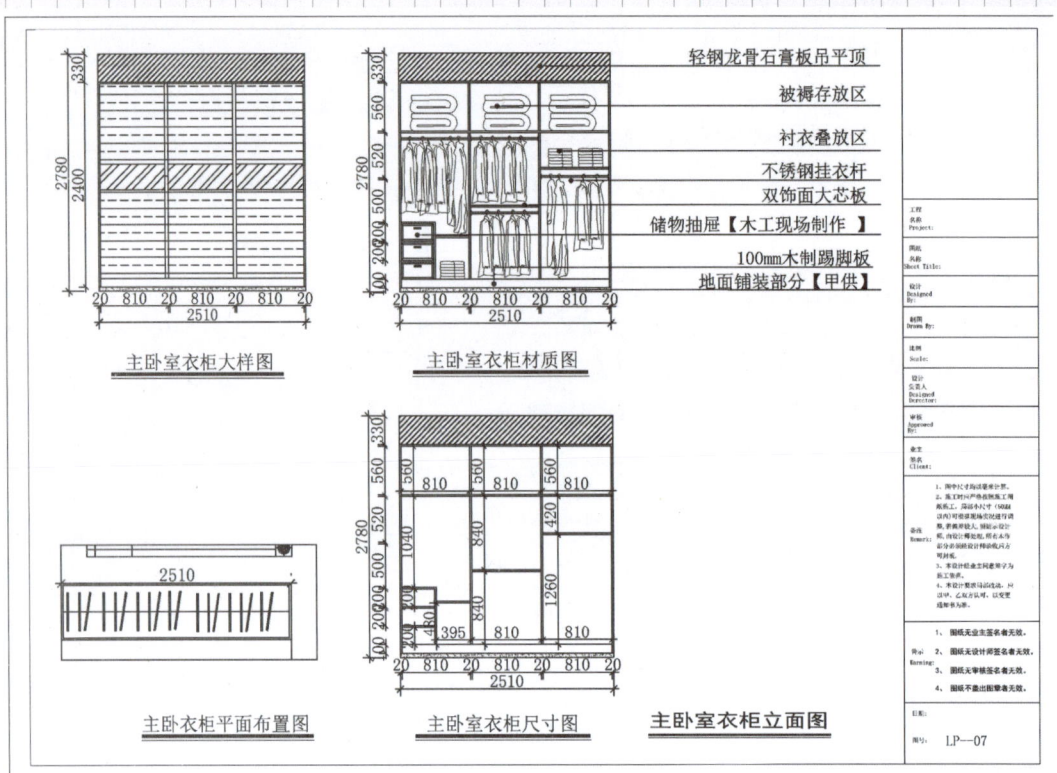

图9-1-22 主卧室衣柜立面图

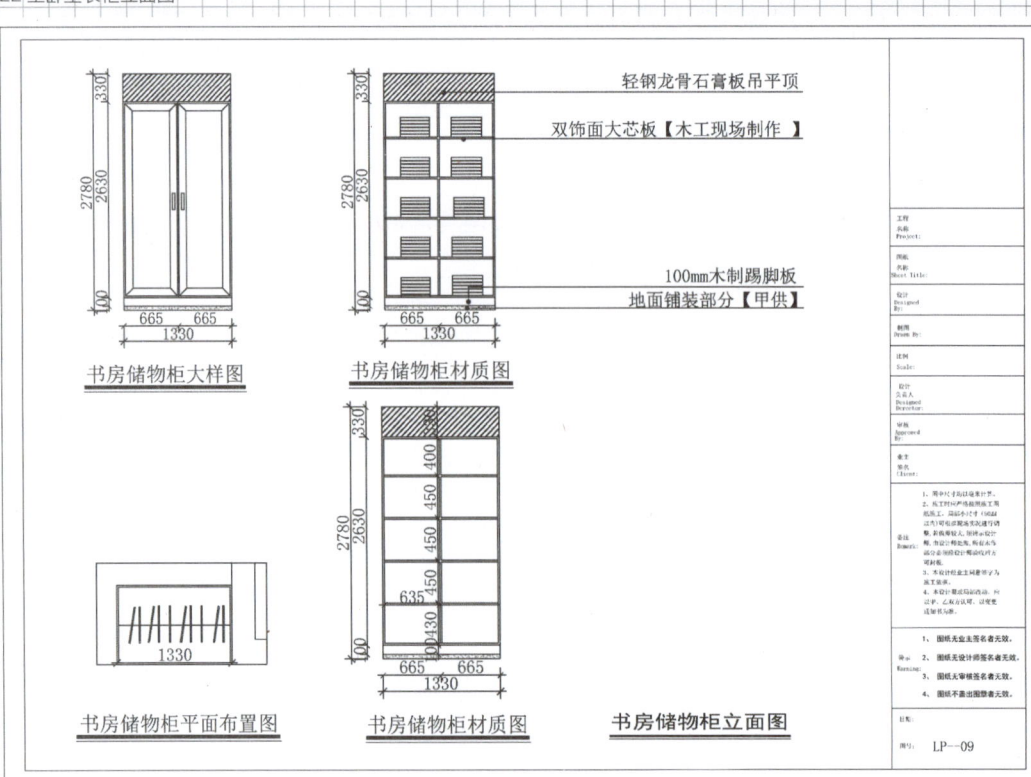

图9-1-23 书房储物柜立面图

9.2 餐厅设计施工图

公共空间设计在室内设计中占有重要的地位，为了更好地学习和掌握公共空间室内设计施工图的画法要求，充分地了解公共空间室内设计施工图设计的主要内容，进一步提高公共空间室内设计施工图识图和绘图技能，下面以一套餐厅设计的施工图为例，来详细介绍。

案例：图9-2-1~图9-2-13所示。

9.2.1 目录及工程概况部分

公共空间室内设计施工图的目录部分和居住空间设计施工图的目录基本一致，都是排在整套施工图的最前面，有图纸目录、工程概况及设计说明等几张。

公共空间室内设计施工图的图纸目录里面同样需列出图纸名称、图号以及整套图纸的张数等信息。

公共空间室内设计施工图的工程概况及设计说明不仅要对该工程的项目名称、工程概况、设计规范、图纸说明、施工说明、材料要求以及相关的施工工艺等内容进行具体说明。对涉及消防要求、相关的室外部分的设计、施工等要求也要具体说明。

9.2.2 平面图部分

整套的施工图中，公共空间室内设计施工图的平面图部分一般包括原始结构平面图、平面布置图、地面铺装布置图、顶面布置图、照明布置图、平面索引图等。

平面图部分主要用于说明平面结构的设计、尺寸、材质及施工工艺等相关信息。图纸的数量和内容可根据设计方案的不同而不同。

序号	图号	图纸名称	序号	图号	图纸名称
01	SM-01	工程概况及设计说明（一）	08	PM-06	餐厅平面索引图
02	SM-02	工程概况及设计说明（二）	09	LM-01	餐厅A、B立面图
03	PM-01	美食广场原始结构图	10	LM-02	餐厅C、D立面图
04	PM-02	餐厅平面布局图	11	LM-03	传菜口立面图
05	PM-03	餐厅顶面布局图	12	DJ-01	吧台立面剖面图
06	PM-04	餐厅地面布局图			
07	PM-05	餐厅照明平面图			

图9-2-1 工程设计图纸目录

工程概况及设计说明（一）

一、设计依据：
1、办公建筑设计规范（JBJ67-89）
2、建筑内部装修防火施工及验收规范（GB50354-2005）
3、民用建筑设计隔声设计规范（GB50354-2005）
4、建筑照明设计标准（GB50034-2004）

二、室内设计防火技术说明：
1、本室内设计未改变原建筑设计的防火分区，有关防火分区的各项要求及具体作法，均按原建筑设计相关内容执行。
2、防火卷帘、防火门本次设计未包括，均按原建筑设计施工。需要装饰配合的有关项目，在施工现场处理。
3、本工程所有天花设计耐火等级为A级，公共大空间地面耐火等级为A级（石材或陶瓷类材料），其余空间地面耐火等级为B1级，所有墙面、隔断、耐火等级为B1级，室内固定家具、织物、窗帘等均应符合B2级标准。
4、本工程室内设计不改变原消防通道、防烟、排烟设施、火灾自动报警、自动灭火装置、火灾事故照明、疏散指示标志、防火门、窗、卷帘等系统设施的原设计，但有需室内装饰配合的项目，现场由设计师根据实际情况，在业主技术负责人及监理工程师指导下协调解决。

三、施工及验收规范及技术规范：
1、本工程地面工程执行《建筑地面工程施工质量验收规范》（GB50209-2002）
2、本工程石材或金属干挂工程参照执行《金属与石材幕墙工程技术规范》（JGJ133-2001）
3、本工程予埋项目执行《建筑防腐蚀工程施工质量验收规范》（GB50212-2002）
4、本工程其它装饰项目执行《建筑装饰装修工程施工质量验收规范》（GB50210-2001）

四、装饰材料的质量要求及部份做法说明：
1、所有装饰材料需执行国家最新颁布的十项强制性标准，即（GB1850-1858-2001和GB6566-2001），凡不符合标准要求的材料严禁使用。
2、所有石材均选用"A"级板材，并作放射性检测，磨光度达95%以上。图纸所标注材料品种仅供参考，施工前需提供材料样板经甲方及监理确认后方可使用。
3、所有木材、方材、板材应严格控制含水率在12％以下。
4、所有木制夹板、饰面板均需符合国际标准的AA级产品，并应有绿色环保认证，进场前需对有害物质含量作检测。
5、轻钢龙骨石膏板天花。
6、本工程所用油漆、涂料，均选用绿色环保系列产品，符合国家最新环保标准并提供出厂检测证明。
7、本工程所有木制结构部份，均需涂刷防火涂料3遍，所选用防火涂料及工艺必须符合当地消防部门的要求。卫生间木制作均刷聚脂漆一边。
8、本工程设计所选全部灯具，均为参考指标，具体灯具需由施工单位提供市场能供应的样品，经甲方和监理确认后使用。
9、本工程所使用一般钢结构均需作标准防锈处理。用钢刷将原有锈斑除去，并刷防锈漆3遍。
10、本工程所使用铝合金板材、不锈钢板材、管材、型材，建议由专业厂家作厂艺成型，以保证造型及面层的质量标准。钢材必须达到国家标准。50角铁壁厚5MM，40角铁壁厚4MM，40*25方管壁厚1.2MM，达到以上标准方能施工。

五、作法说明：
1、所有天花安装参照图纸，凡图纸未注明均按国家相关规范执行。双层纸面石膏板安装时，两层拼缝必须错开。
2、干挂石材，施工单位可根据所选厂家的干挂工艺提出具体的安装工艺，并绘制干挂工艺施工图，经甲方、监理和设计三方认可后作为具体施工工艺图执行。
3、图纸所标注石材分割尺寸为设计样式和分割方式，施工单位应根据土建施工现场的具体分割形式和放线尺寸，在不改变整体分格效果的前提下重新绘制石材加工图，再得到业主、监理和设计三方确认后方可加工。

图9-2-2 工程概况及设计说明（一）

工程概况及设计说明（二）

4、石材拼花及图案，建议由专业厂家加工预拼并编号。
5、石材、人造板材、金属板材的安装施工工艺按国家相关验收标准执行。其中，干挂工艺执行《金属与石材幕墙工程技术规范》（JGJ133-2001），湿贴工艺执行《建筑地面工程施工质量验收规范》（GB50209-2002）和《建筑工程饰面砖粘接强度检验标准》（JGJ100-97）。窗台板石材与幕墙窗相接处留5mm收缩缝密封胶填缝。
6、所有灯具的采购均需提供样板，由甲方确认后方可采购。普通灯具的具体排列位置，以平面综合图为准。凡与其它安装项目发生冲突，可适量移动，但需经现场设计师认可。
7、大型吊灯应由供货厂家提供安装方案，经监理审查后方准施工。
8、消防终端、空调终端、给排水终端、智能化终端、电梯终端，均需与各专业安装公司作施工前的图纸会审。在互相提供三维位图并协调无误后，绘制实际配合施工图，由甲方与监理确认后 方准施工。
9、所有湿贴石材均需在板材背面及切口加作防水涂料。
10、卫生间、厨房等湿作业功能区，防水层由原土建单位负责，装饰施工中严禁破坏防水层。
11、木饰面凡需索色，需先制作色板，经甲方和现场设计师确认后方准施工。所有木骨夹板底结构，需作防火涂料3遍。
12、所有门、固定家具的五金配件，包括门铰、门吸、抽屉加强型导轨、门锁、拉手、闭门器等，均需先提供样品，经甲方确认方可购安装。
13、后厨等湿作业功能区其地面及周边墙壁，用1：2水泥砂浆找平。
14、凡室内抹灰墙面及柱面在做乳胶漆基层前均刮建筑石膏两遍。

六、施工工艺说明：
1、吊顶工程：吊顶工程中的预埋件、钢筋吊杆型钢吊杆应进行防锈处理。吊杆距主龙骨端部距离不得大于300mm。当大于300mm时，应增加吊杆。与设备相遇时应调整并增加吊杆。暗龙骨顶顶标高、尺寸、起拱和造型应符合设计要求。饰面材料表面应洁净，色泽一致。不得有翘曲、裂缝及缺损，压条平直，宽窄一致。饰面板上的灯具、烟感器、喷淋头、风口鼻子等设备的位置应合理美观，与饰面板的交接应吻合、严密，石膏板、矿棉板平整度偏差不得大于2－3mm，接缝直线与高差不大于3mm和1mm。（注：参照图集03J502-2）
2、隔墙工程：隔墙材料安装应垂直、平整、位置正确。并有隔声、隔热、阻燃、防潮功能。现制钢化网水泥隔墙与周边墙体的连接应符合设计要求连接牢固。施工后的墙表面应平整光滑、色泽一致、洁净，接缝均匀顺直。（注：参照图集03J502-1）
3、门窗工程：成品门、防盗门、玻璃门品种、规格尺寸色彩装饰涂贴贴膜朝向设计要求符合GB50210－2002（5），单块玻璃大于1.5m时应使用钢化安全玻璃。门窗隐蔽工程预埋与锚固件，防腐填嵌处理应按规范执行，建筑外门窗安装必须牢固，在砌体上安装门窗严禁用射钉固定。门窗安装应开关灵活，关闭严密，无裂隙，应满足使用要求及各项性能要求。

七、其它说明：
1、本图所标注尺寸，均参考原建设图，凡与建筑现场实际不符处，应根据现场实际情况由现场设计师作调整，但不得改变整体装饰效果，不准改变饰面材料和色彩，不准降低质量标准。
2、凡本设计图纸及说明未详尽之处，均应以国家现行施工及验收相关规范为准。

图9-2-3 工程概况及设计说明（二）

第9章 综合实训范例

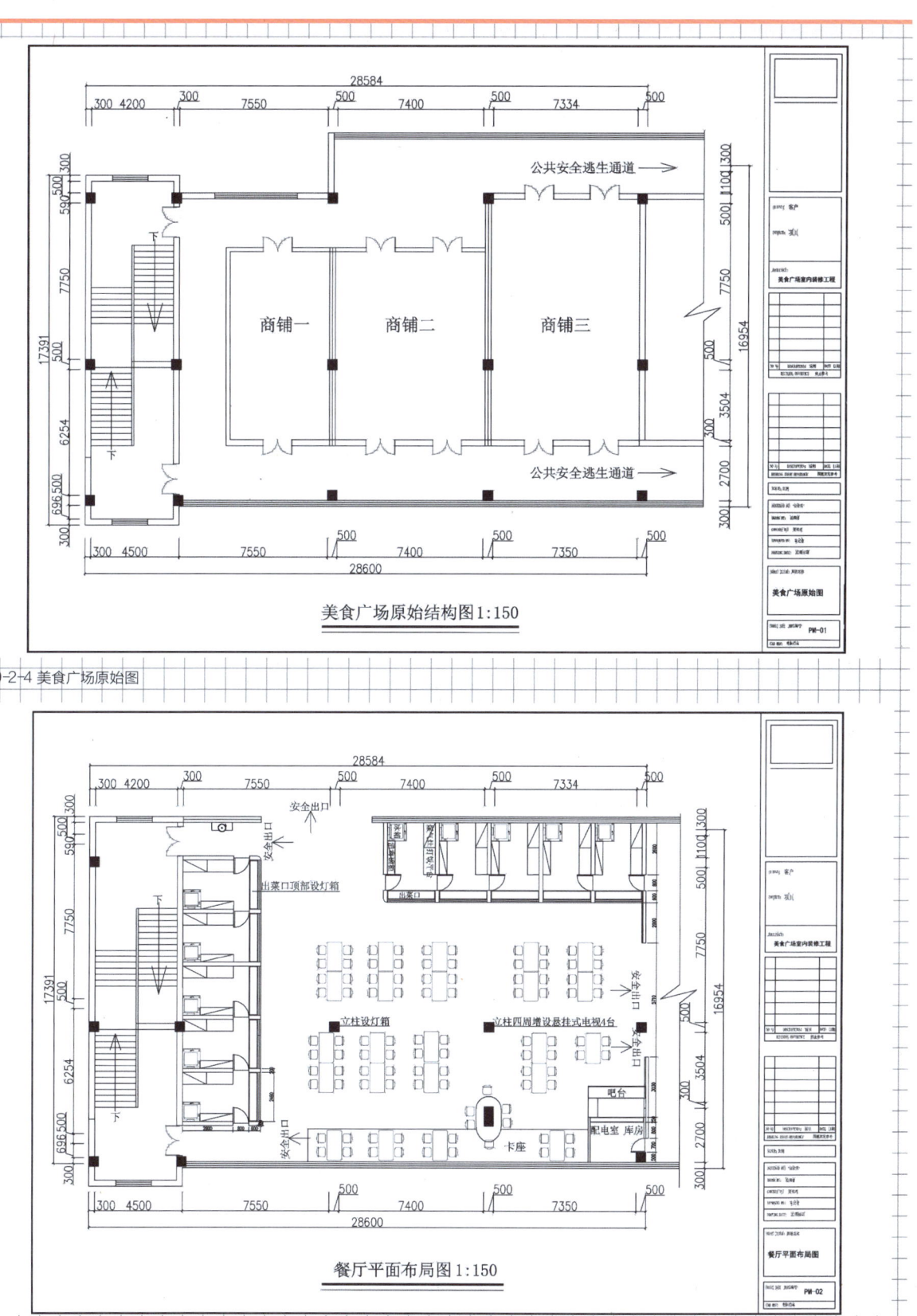

图9-2-4 美食广场原始图

图9-2-5 餐厅平面布局图

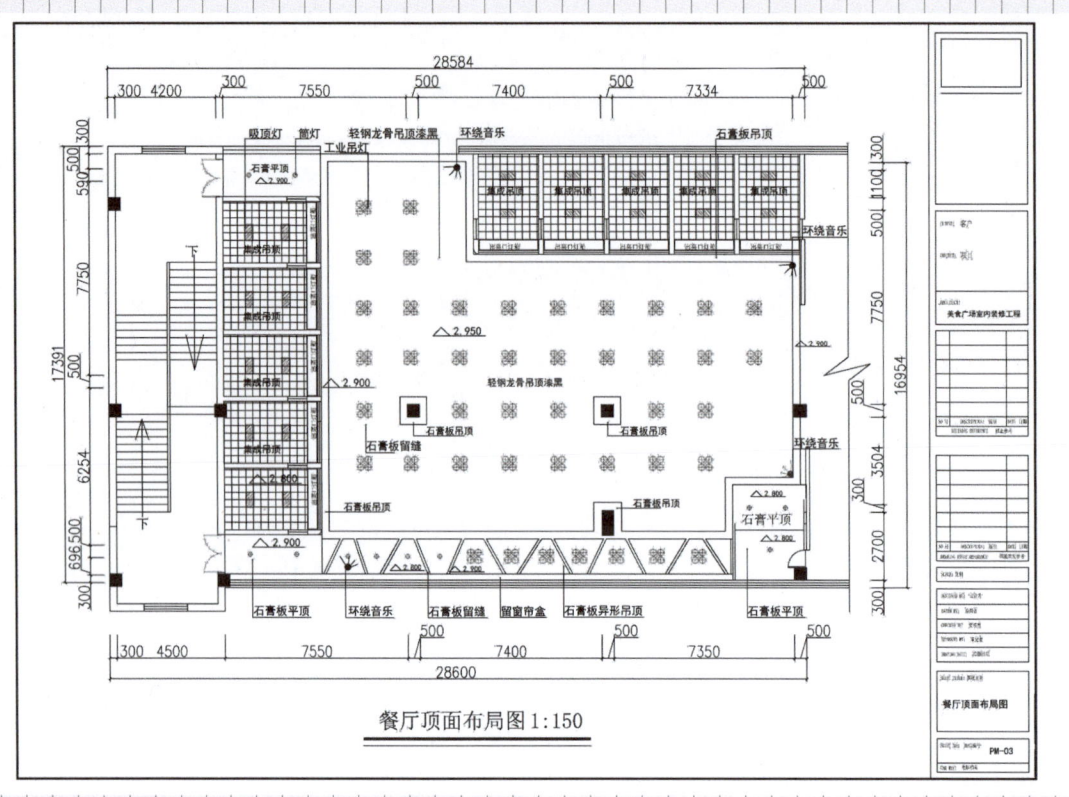

图9-2-6 餐厅顶面布局图

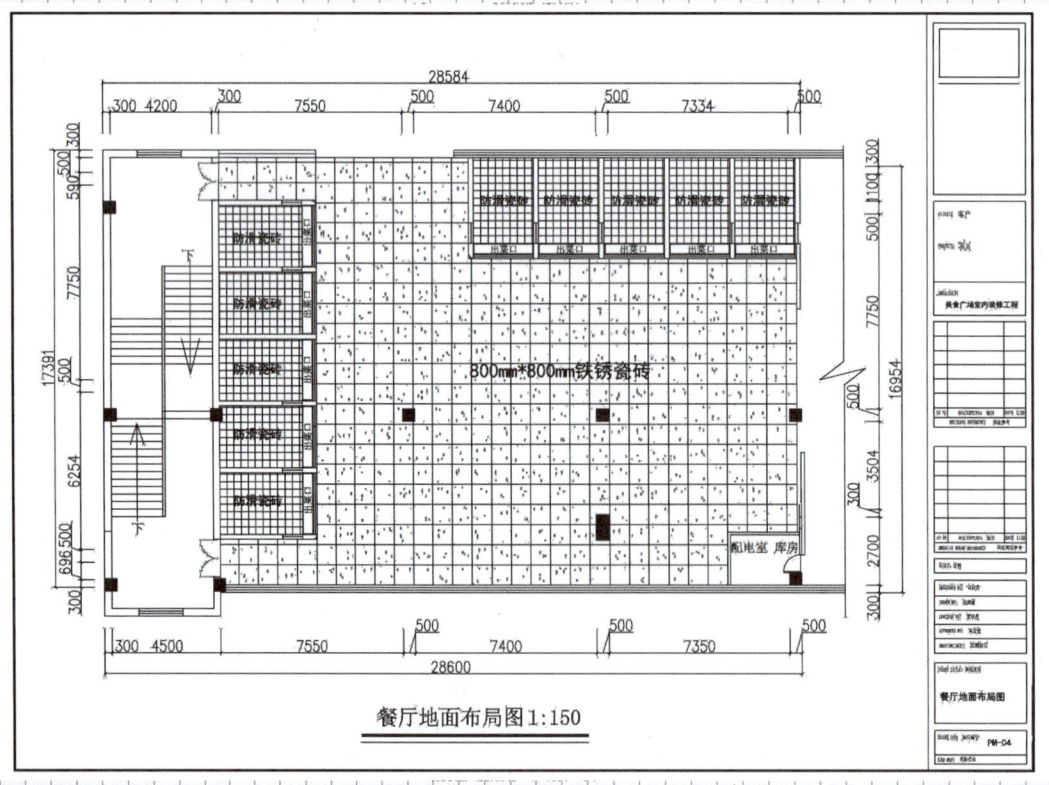

图9-2-7 餐厅地面布局图

第9章 综合实训范例

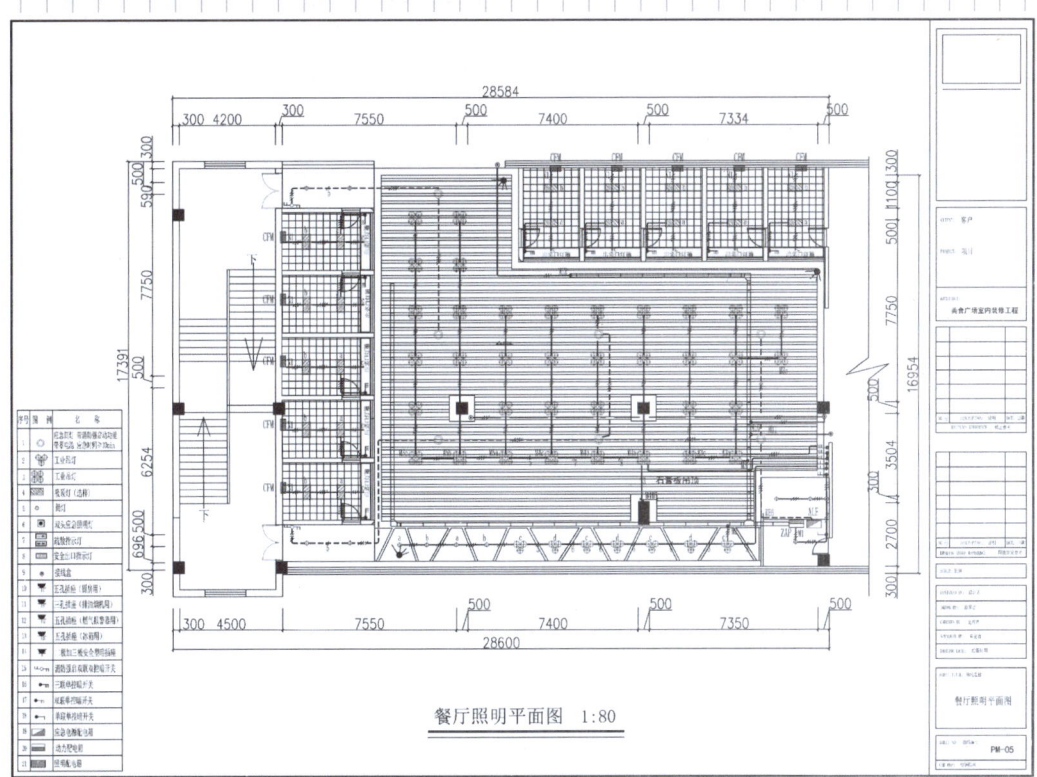

图9-2-8 餐厅照明平面图

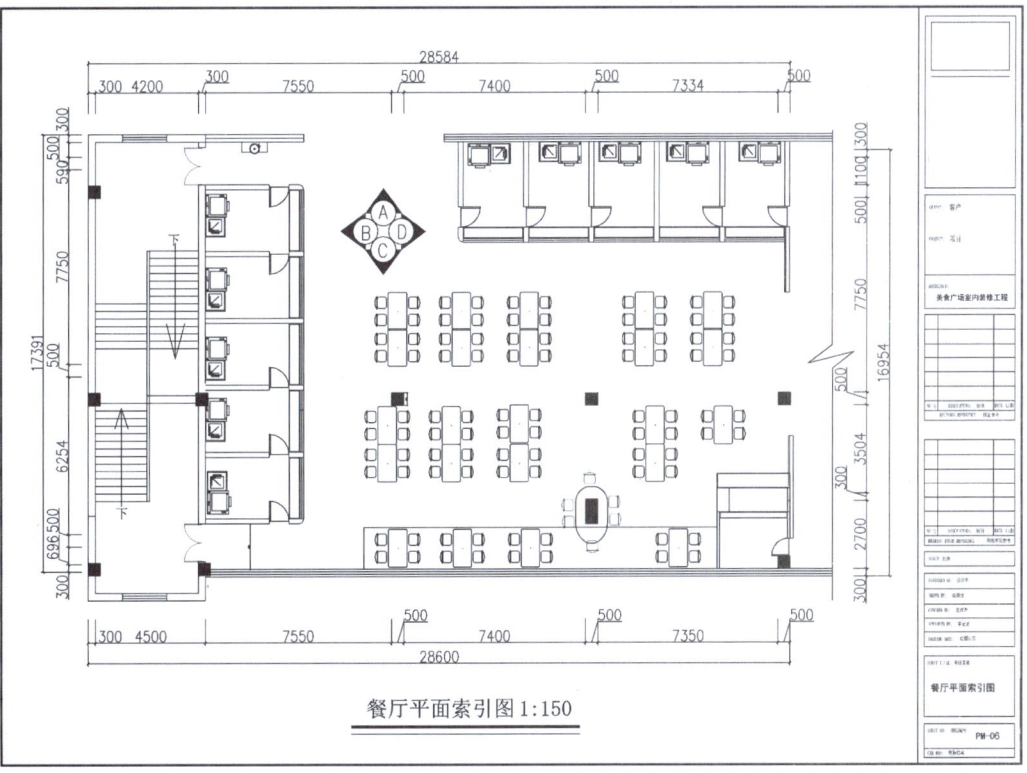

图9-2-9 餐厅平面索引图

111

9.2.3 立面图部分

公共空间室内设计施工图中的立面图部分和居住空间施工图的立面图部分一样,也是主要表明空间内部某一装饰空间的立面形式、尺寸、室内配套布置、材质及施工工艺等内容。当内部结构结尾复杂时,还需要绘制剖面图和详图来说明。

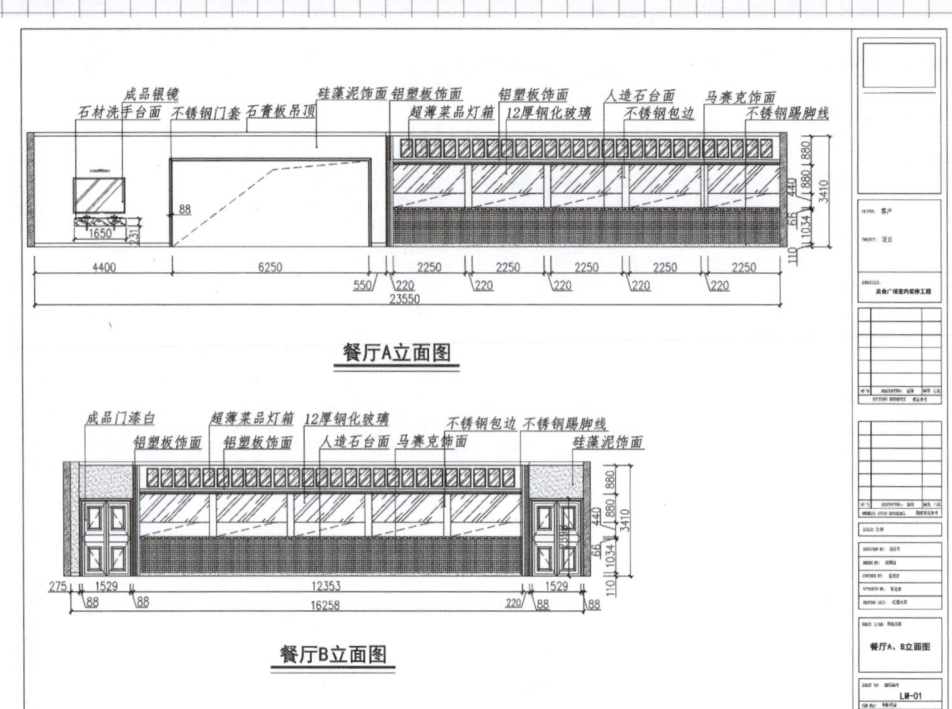

图9-2-10 餐厅A、B立面图

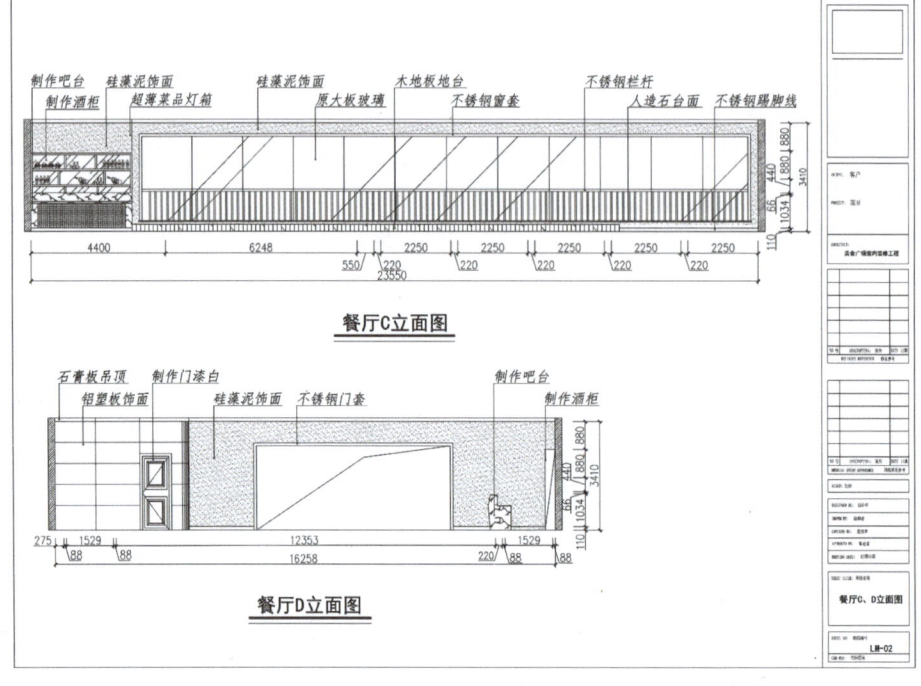

图9-2-11 餐厅C、D立面图

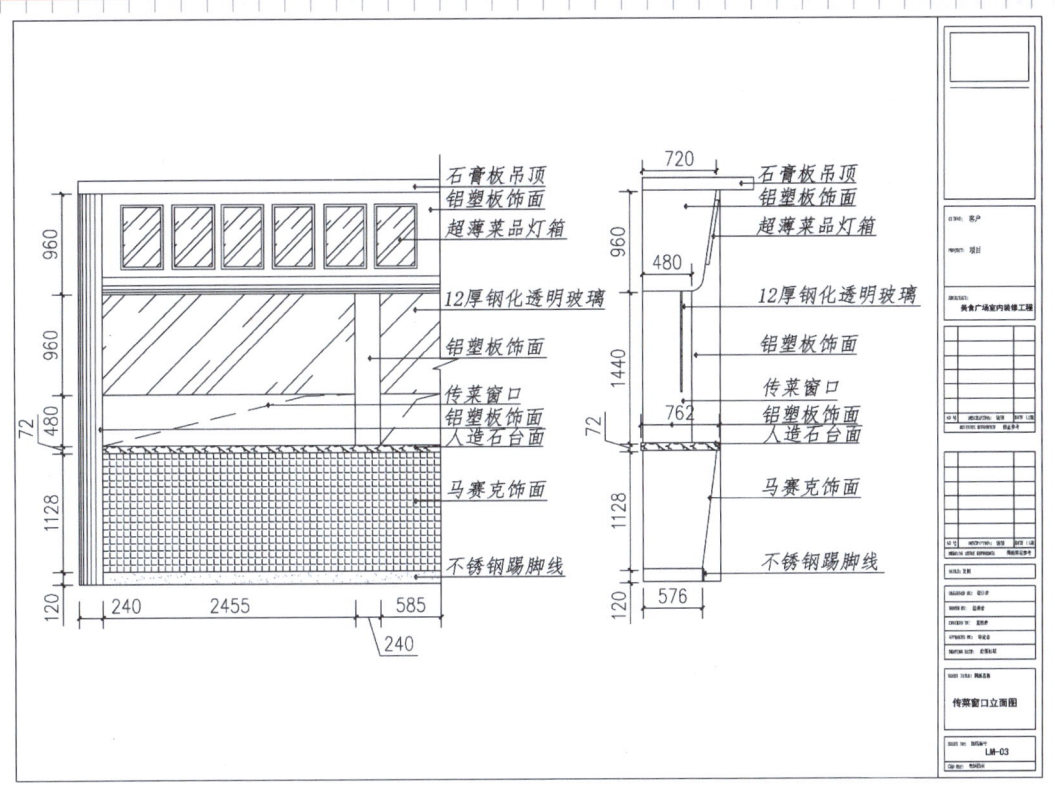

图9-2-12 传菜窗口立面图

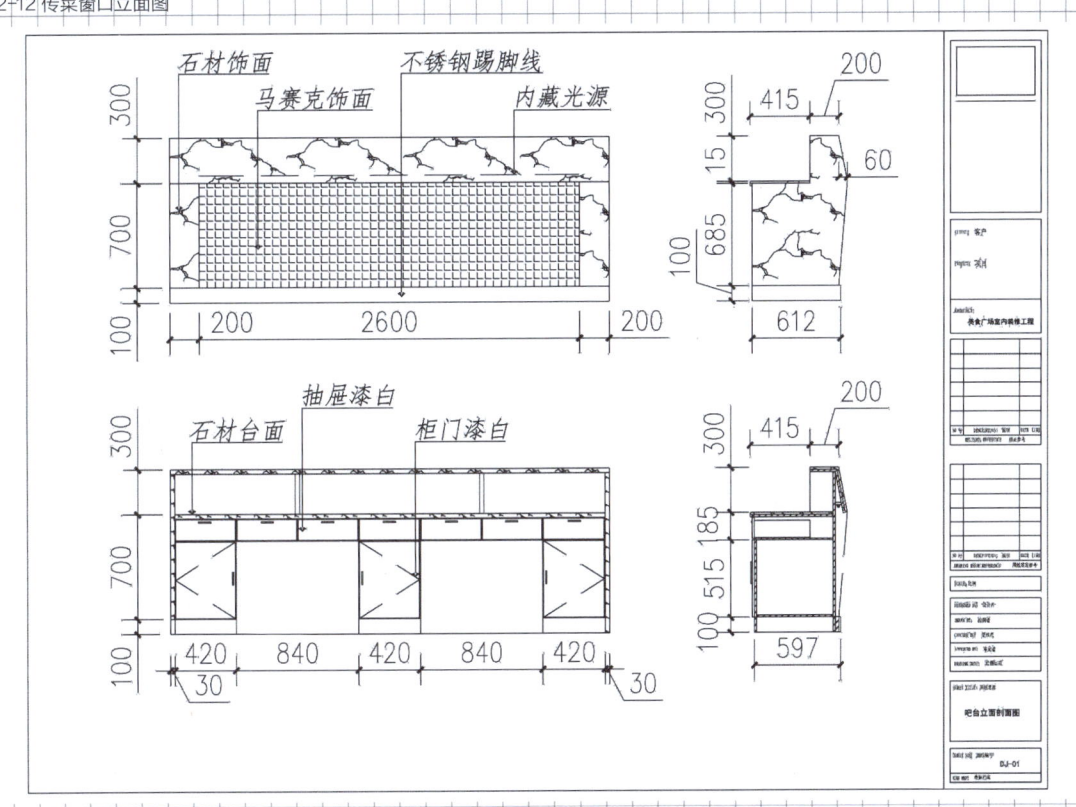

图9-2-13 吧台立面剖面图

9.3 办公空间设计施工图

公共空间设计设计的具体空间种类有多种，上一小节我们以一套餐厅设计的施工图为例来学习，为了更加充分地学习和掌握公共空间室内设计施工图的画法要求，充分地了解公共空间室内设计施工图设计的主要内容，进一步提高公共空间室内设计施工图识图和绘图技能，下面将以一套办公空间设计的施工图为例，来详细介绍。

案例：图9-3-1~图9-3-14所示。

图9-3-1 工程设计图纸目录

图9-3-2 工程概况及设计说明(一)

第9章 综合实训范例

工程概况及设计说明（二）

5、门窗：
（1）主入口门为原有隔热断桥保温铝合金型材门，门外侧原有石材，门内侧原有玻化砖，内设铝合金电动夹芯保温卷闸门（带地锁）。卷帘由施工单位采购安装。
（2）现金区入口处门为防尾随联动互锁安全门。
（3）更衣室、卫生间、办公区为家俱厂定制成品木制装门（分行指定厂家），其中卫生间门下部带百叶，门套为60mm。
（4）加钞室、金库为成品安全防盗门。
（5）柜台做法见土详图。
（6）文件柜、资料柜、更衣柜、机柜、荣誉室展柜为甲方成品定制。
（7）柜员办公桌、填单台、客户等候椅等室内家俱均为甲方成品定制。
6、雨篷做法详见06J505-1《外装修（一）》图集M11页见③钢结构雨篷（一）。
7、踢脚：踢脚做法为100高12中纤板基层1.2拉丝不锈钢饰面。
8、暖气系统改为地暖。
9、所有扶手（楼梯扶手）做法见国家建筑标准设计图集06SJ403-1《楼梯 栏杆 栏板（一）》第25页B15型。
10、分体式空调冷媒铜管均由施工单位预埋、安装完成。
11、现金区通风设备由专业厂家设计施工（分行指定厂家）。

五、防火设计
1、设计原则及设计依据
5.1.1本工程设计遵循原土建设计的防火分区、防烟分区、人员疏散等各项防火措施，对不符合消防设计规范的部位做局部调整。
5.1.2本工程执行现行国家标准《建筑内部装修设计防火规范》GB50222中对材料的燃烧性能等级要求的相关规定。建筑内部各部位装修材料的燃烧性能等级规定如表1所示。

表1 建筑内部各部位装修材料燃烧性能等级

建筑物	建筑性质	装修材料燃烧性能等级				装饰织物		其他装饰材料
		顶棚	墙面	地面	隔断	固定家具	窗帘	帷幕	
营业厅	高层建筑	A	B1	B1	B1	B2	B1	B1	B1

5.1.3装修材料达不到燃烧性能等级时，通过阻燃处理，提高材料燃烧性能等级，使之达到防火要求。
5.2装修施工注意事项
5.2.1施工应符合《建筑内部装修防火施工及验收规范》GB50345的规定。
5.2.2对进入施工现场具有防火设计要求的装修材料应核查其燃烧性能或耐火极限、防火性能检验报告、合格证等技术文件并填写进场验收记录。
5.2.3每层保证通向疏散楼梯的交通畅通，在安全出口处及疏散楼梯处均设有疏散指示灯及明显标志，内装修不应妨碍消防和疏散走道的正常使用。
5.2.4建筑内部消火栓不应被装修物遮蔽，消火栓门上的标志图形应规范，颜色应鲜明醒目。
5.2.5当照明灯具的高温部位靠近木材制品或其他非A级材料时，应采取隔热、散热等防火保护措施，灯饰使用材料的燃烧性能不应低于B1级。
5.2.6变形缝两侧的基层采用A级材料。
5.2.7所有暗藏木龙骨，木结构板材背面必须刷防火涂料三遍，防火性能达到相应防火等级。
5.2.8凡本工程未说明之处，一律按国家施工验收规范及自治区有关规定施工。

六、附加说明：
1、施工工艺除特殊做法图中详尽表示外，一般常规做法均按照中华人民共和国《建筑装饰装修质量验收规范GB50210-2001》有关规定执行。
2、施工验收应严格按照中华人民共和国《建筑装饰装修工程质量验收规范GB50210-2001》有关规定执行。
3、卫生间等经常用水的地方，地面及墙面装修一定要进行防水处理，地面向地漏找坡，坡度0.5%。
4、所有的油漆、涂料、粉刷等均预先做好样板，经建设单位认可后方可施工。
5、所有钢结构隐蔽工程均需做防锈处理。（不锈钢除外）
6、在施工过程中应通阅全套图纸，各工种间密切配合。
7、施工中应严格执行国家及自治区有关规范及规定，且施工时不得擅自更改设计，如有不妥之处，应及时同设计人员联系，各方协商解决。
8、凡本工程未说明之处，一律按国家施工验收规范及自治区有关规定施工。

图9-3-3 工程概况及设计说明（二）

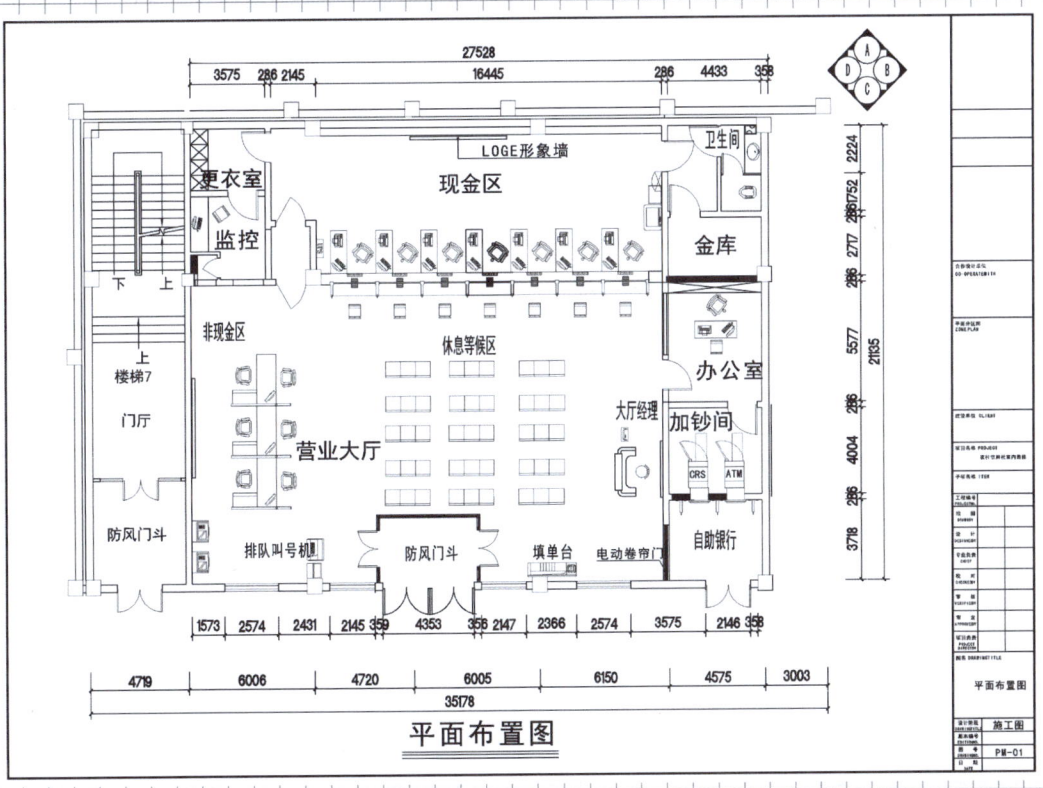

图9-3-4 平面布置图

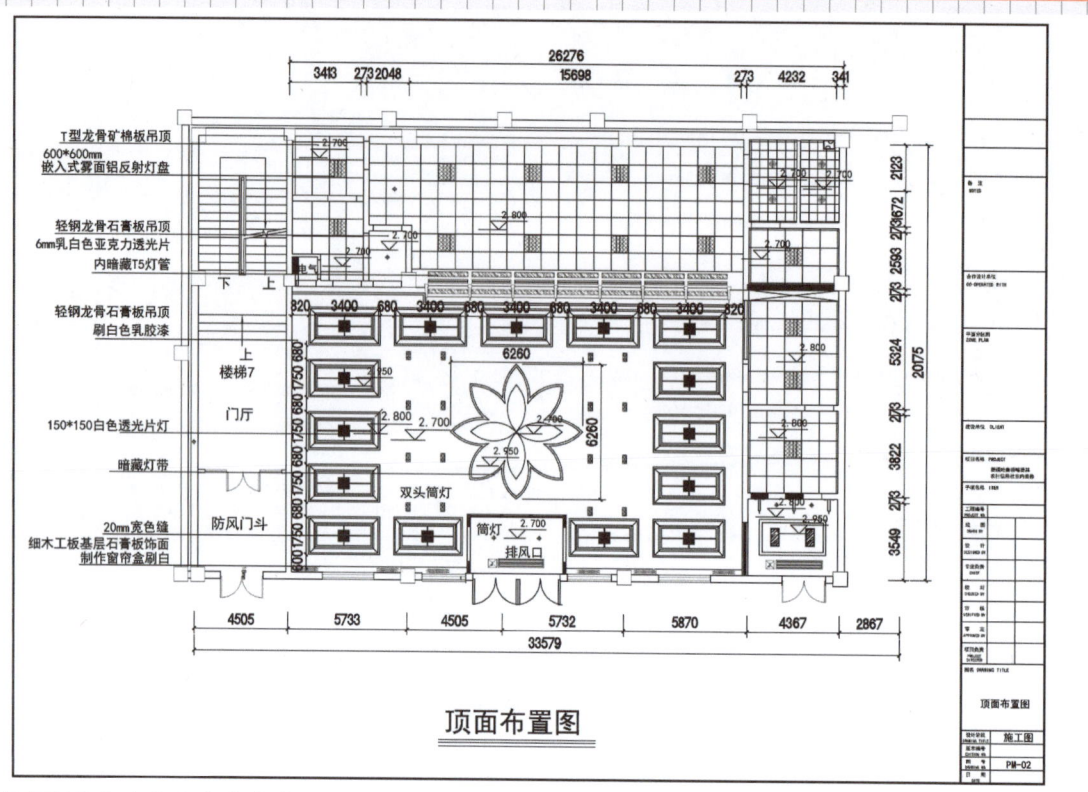

图9-3-5 顶面布置图

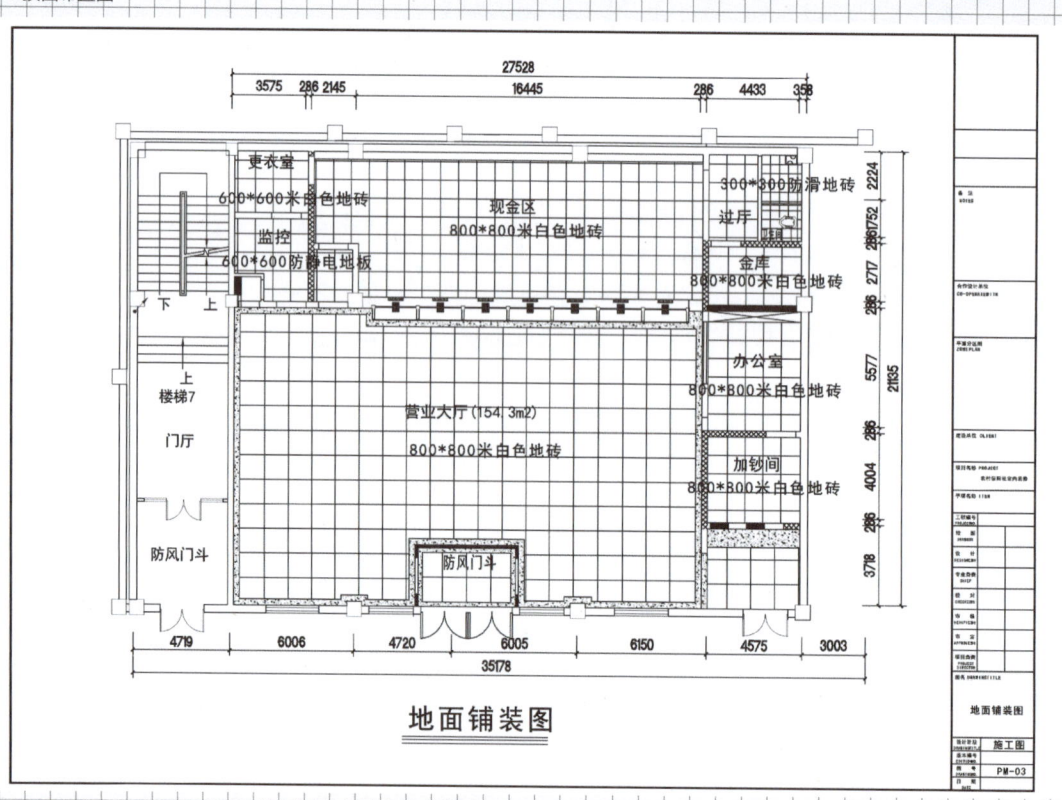

图9-3-6 地面铺装图

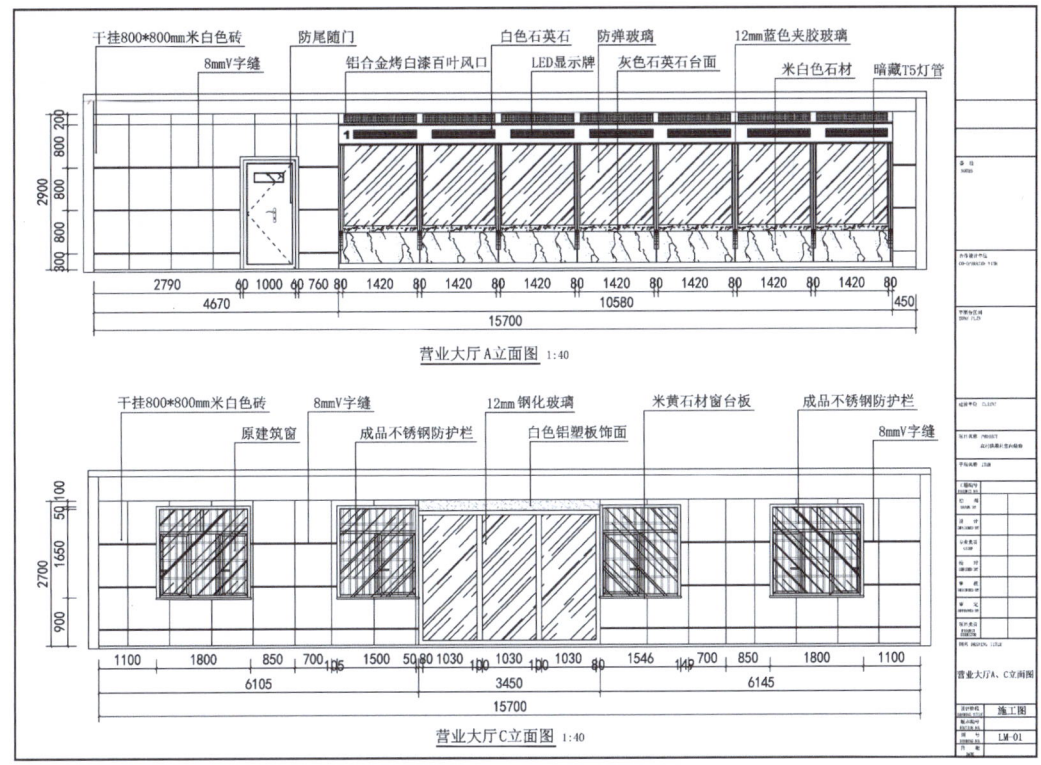

图9-3-7 营业大厅A、C立面图

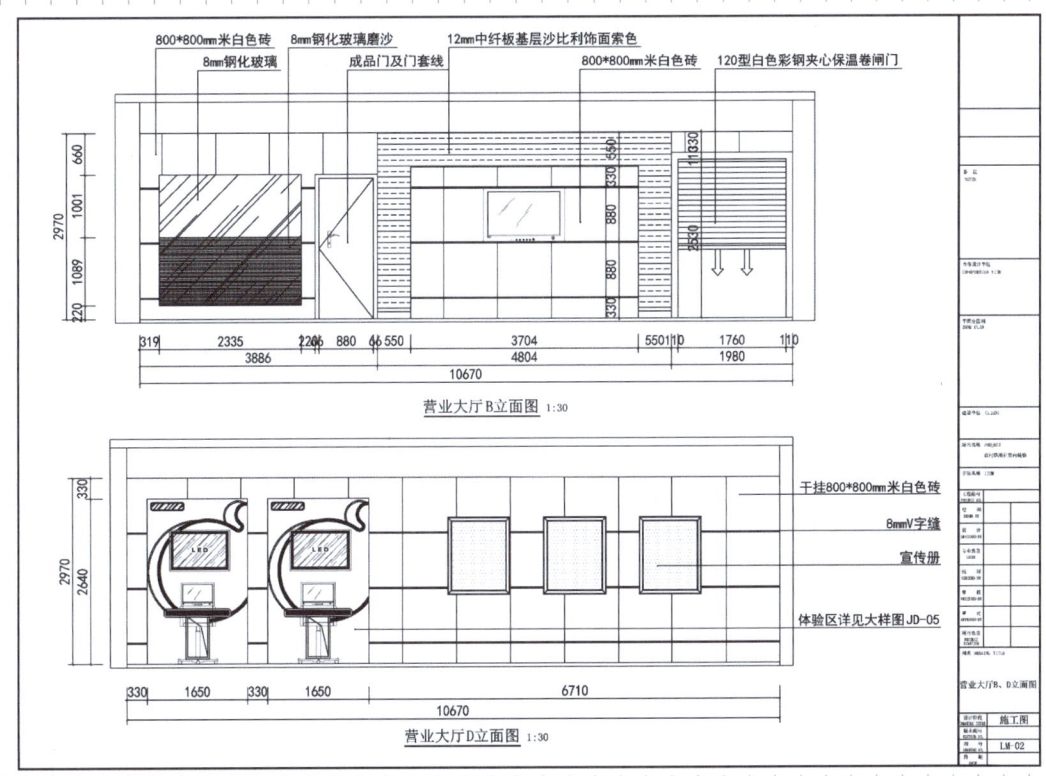

图9-3-8 营业大厅B、D立面图

工程制图

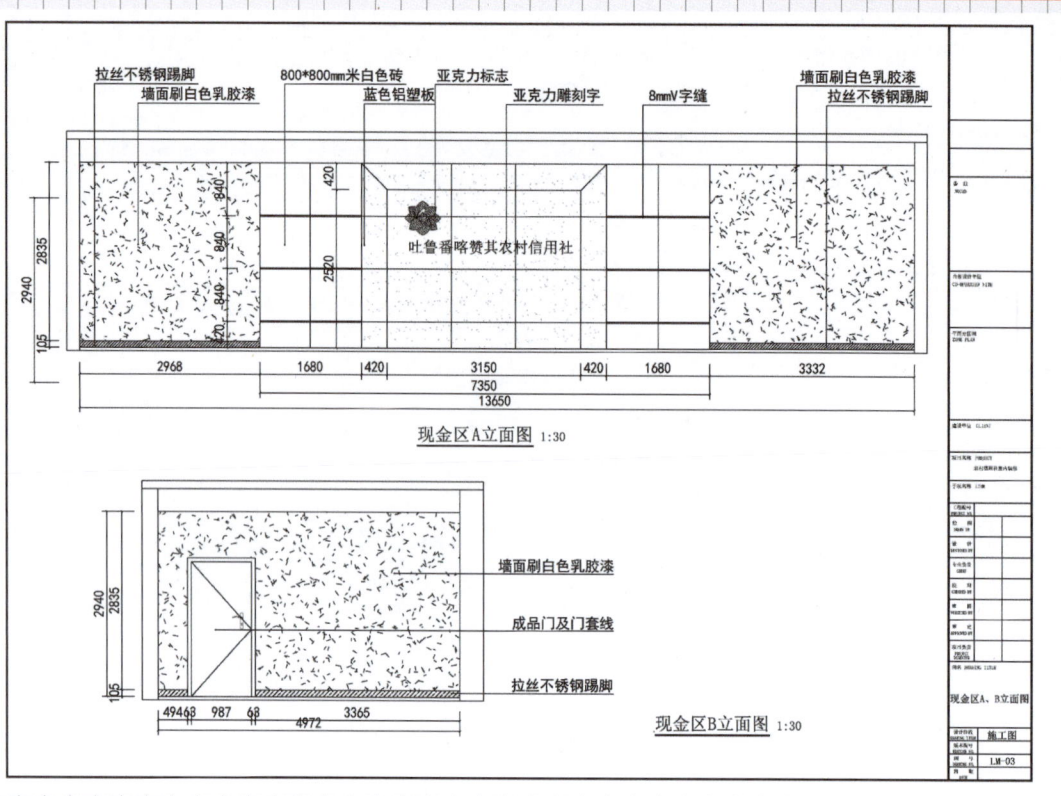

图9-3-9 现金区A、B立面图

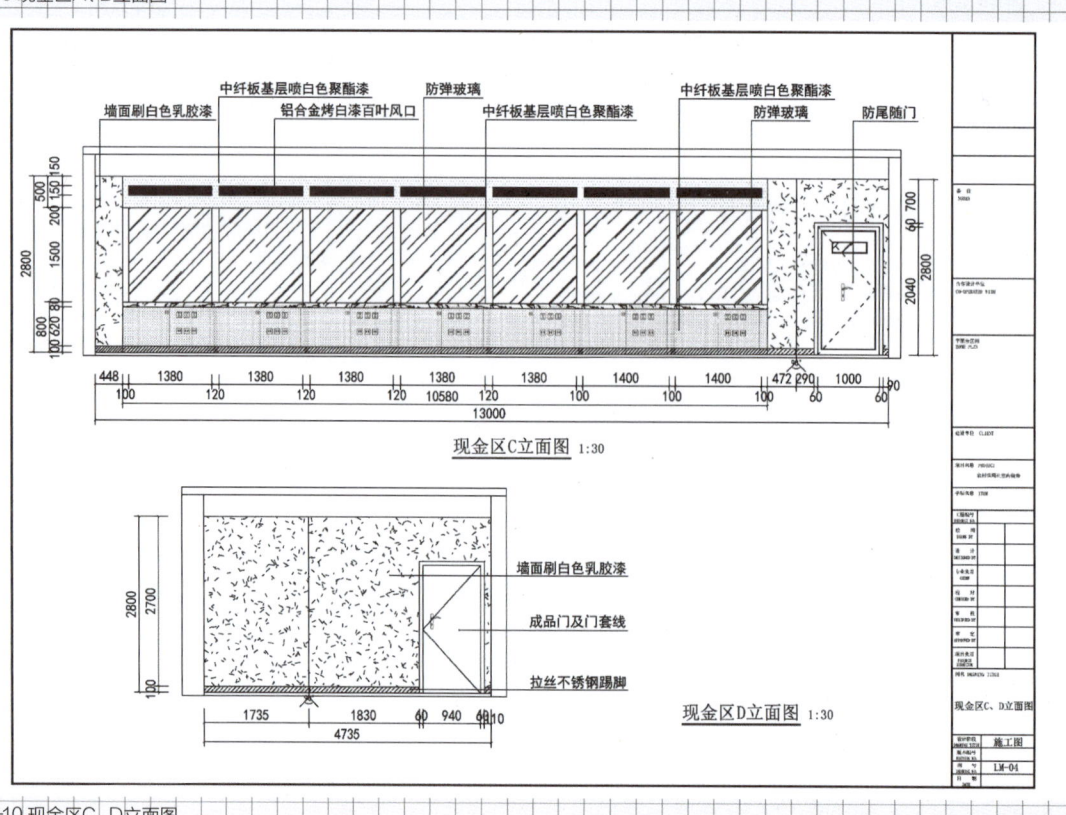

图9-3-10 现金区C、D立面图

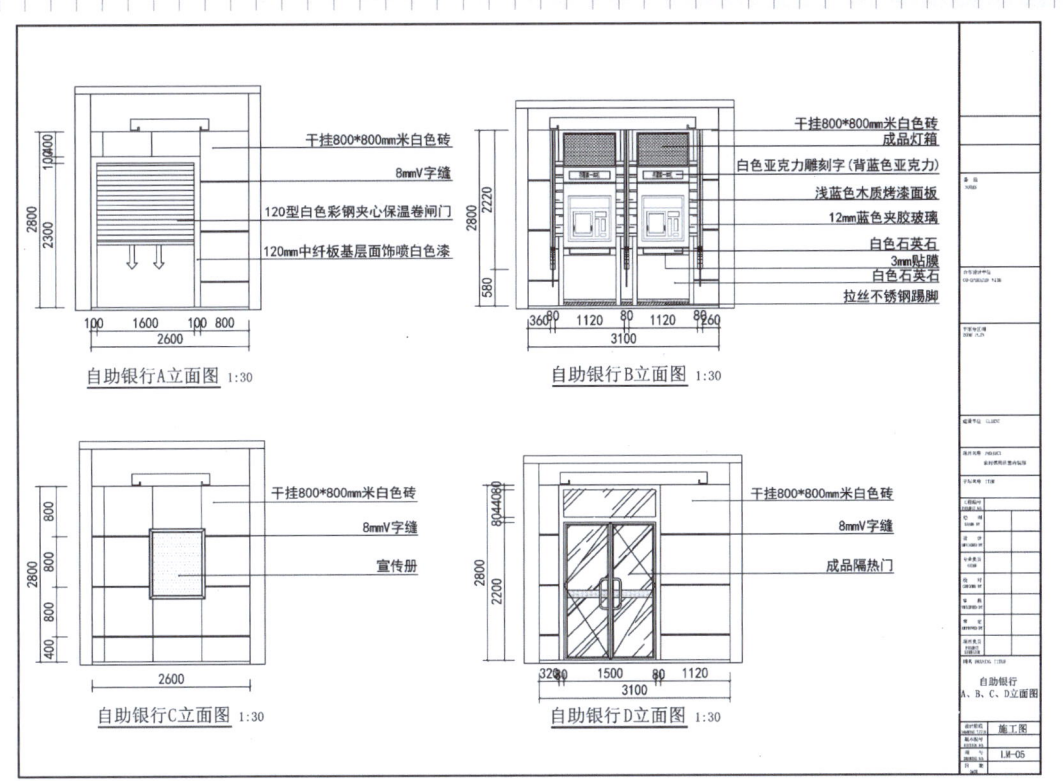

图9-3-11 自助银行A、B、C、D立面图

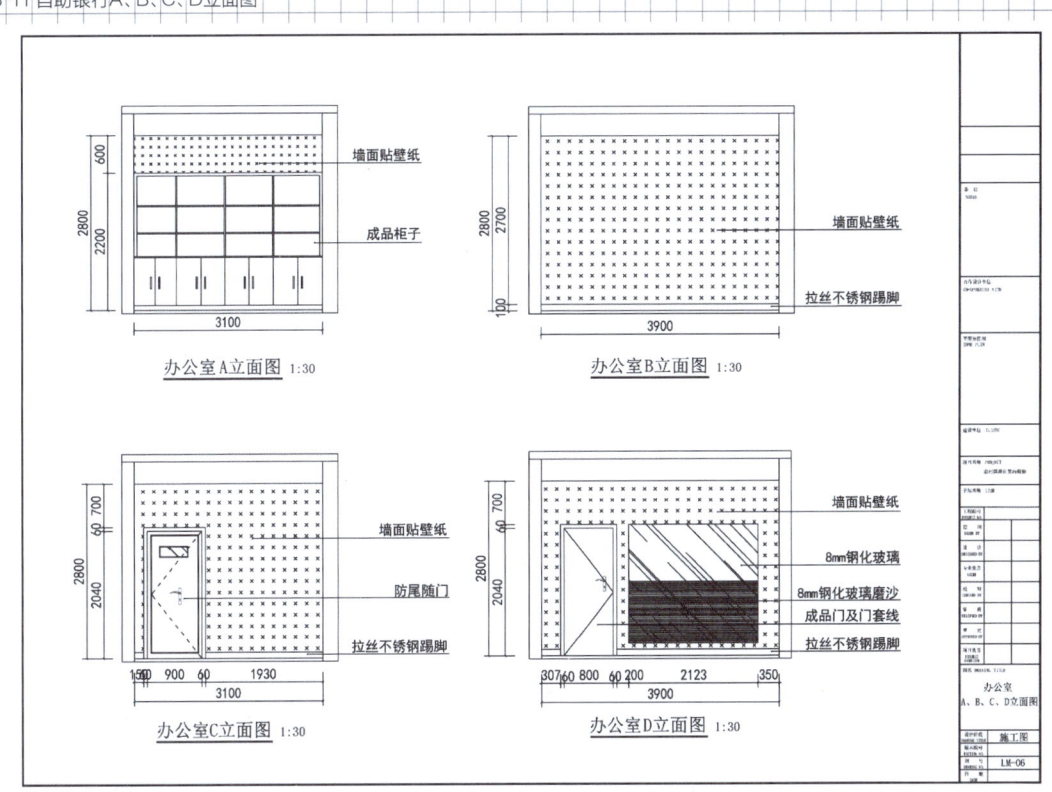

图9-3-12 办公室A、B、C、D立面图

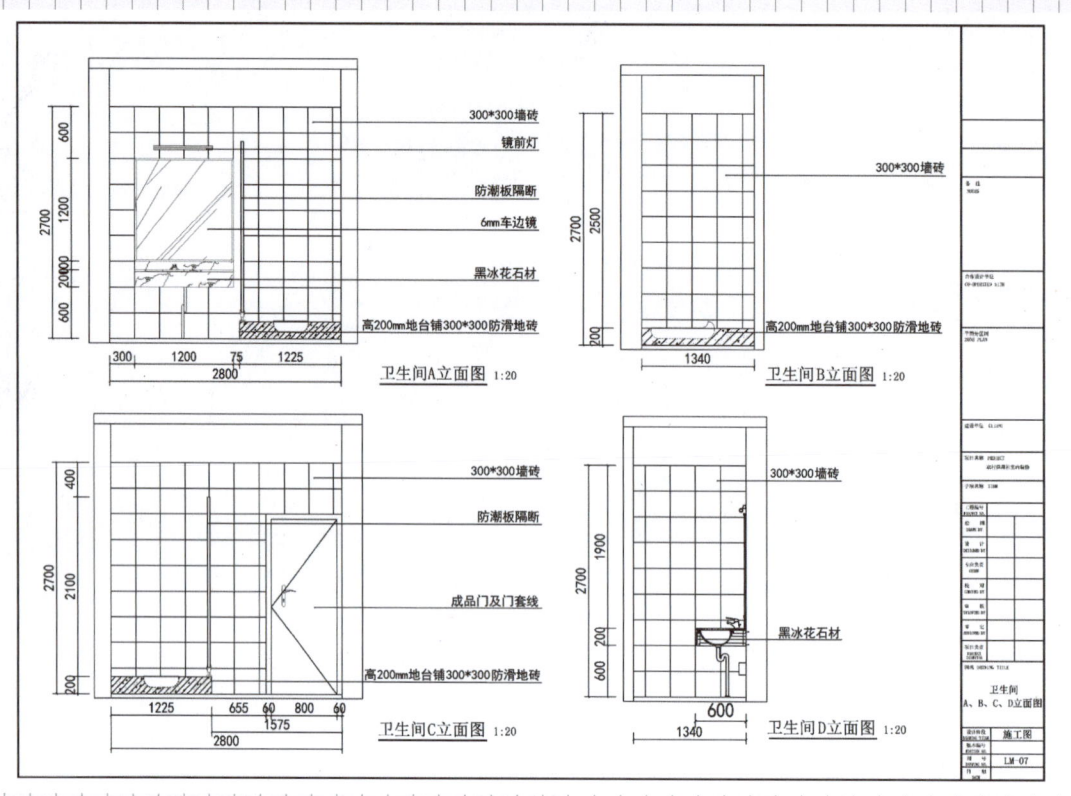

图9-3-13 卫生间A、B、C、D立面图

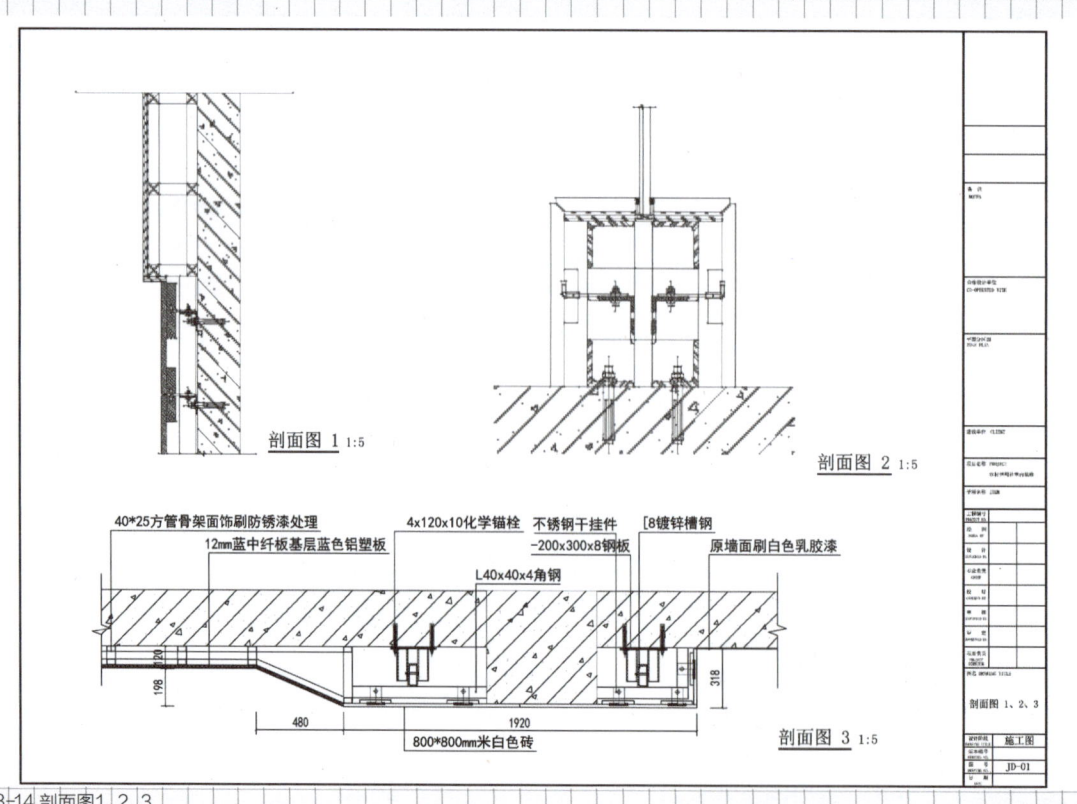

图9-3-14 剖面图1、2、3